AMRA

TANJA MATTHÖFER

Maria Magdalena

Erwachensweg und Leben mit Jeshua

AMRA

Eine Originalausgabe im AMRA Verlag
Auf der Reitbahn 8, D-63452 Hanau
Hotline: + 49 (0) 61 81 – 18 93 92
Service: Info@AmraVerlag.de

Herausgeber & Lektor	Michael Nagula
Einbandgestaltung	Guter Punkt
Layout & Satz	Birgit Letsch
Druck	CPI books GmbH

ISBN Printausgabe 978-3-95447-412-7
ISBN eBook 978-3-95447-413-4

Hier finden Sie eine Playlist mit Videos der Autorin:
https://youtube.com/playlist?list=PLqv6XJVMEHmh1_khRk7WrAEyVh-X-f6xG

Ebenfalls von Tanja Matthöfer im AMRA Verlag erhältlich:
Maria Magdalena. Herzensweg und Leben im aufgestiegenen Sein
Channeling. Universalschlüssel zur Geistigen Welt

Für alle Menschen.

Du bist ein lebendiger Teil der göttlichen Quelle.
Du bist schöpferisches Bewusstsein.
Du bist fähig, durch deine
Herzensentscheidungen Energien zu lenken
und Realitäten zu erschaffen.

Vertraue deinem Herzen und deinen Fähigkeiten
und du wirst die Welt in Liebe segnen und verändern,
wo auch immer deine Füße den Boden berühren.

Inhalt

Vorwort

Der Aufstiegsprozess ist wohl einer der herausforderndsten wie auch zugleich faszinierendsten Prozesse, die wir als Menschen auf der Erde erleben können. Er bedeutet wahre Freiheit, denn unser bislang begrenzter Fokus erweitert sich wieder in unser göttliches, unbegrenztes Bewusstsein. Und ebenso bedeutet er, die inneren Wunden zu heilen und festgefahrene Sichtweisen loszulassen, die uns so lange Zeit im Leid gehalten haben, um die wohl tiefste Öffnung in unser wahres Selbst vertrauensvoll zuzulassen.

Was in dem Buch *Perle des Herzens – dein göttlicher Kern* mit einzelnen Geschichten von Maria Magdalena über Jeshuas Wirken begann, setzt sich hier als Erzählung ihres Lebensabenteuers des spirituellen Erwachens fort.

Sie erschien mir erneut, um mir in berührenden Begegnungen ihre Lebens- und Aufstiegsgeschichte zu übermitteln. Diesmal trug mich die Reise auf eine kleine Inselgruppe, deren sanfte Geborgenheit mir genau die richtige Umgebung bot, um ihre Durchgaben zu empfangen. Die Channelings waren sehr intensiv, ich durfte die Erlebnisse durch ihre Augen betrachten und auf verschiedensten Ebenen meines Seins miterleben.

Die wundervollen Einblicke in die Multidimensionalität und ihren Weg lösten bei mir tiefe Veränderungen, erweiterte Wahrnehmungen und einen starken Anschub meines eigenen Aufstiegsprozesses aus. Viele der Bewusstseinsöffnungen, die sie beschreibt, sind auch für mich bereits Wirklichkeit geworden. Sie lassen mich die Existenz ganz neu begreifen und schenken mir ein Erleben, wie ich es mir nie erträumt hätte.

Auch du kannst die Bewusstseinsräume ihrer Erzählungen nutzen, um deine Wahrnehmung dieser Ebenen zu fördern, beim Lesen spielerisch in sie hinein zu fühlen und deine eigenen »Teilerleuchtungen« anzuregen oder bereits zuzulassen. Ihre Worte möchten dich auf eine intensive Reise zu deiner eigenen Göttlichkeit einladen.

Obwohl Maria Magdalena auch einige Details aus ihrem irdischen Leben berichtet, möchten hier jedoch weniger die geschichtlichen Ereignisse im Vordergrund stehen, sondern vielmehr ihre Gefühls- und Erkenntniswelt, die in der heutigen Zeit des Bewusstseinsaufstiegs sehr inspirierend für uns sein kann. Die Beschreibung ihres Weges kann uns helfen, die tiefgreifenden Wandlungen durch das Erwachen besser zu verstehen und leichter damit umgehen zu lernen. Sie schildert Stationen ihres Weges, die uns während unseres eigenen Aufstiegsprozesses begegnen können und schenkt wertvolle Einblicke, wie sich ein multidimensionales Bewusstsein anfühlt und erleben lässt.

Auch Maria Magdalena benötigte viele Jahre, um ihre emotionalen Wunden zu erkennen und zu heilen. Sie wie auch Jeshua waren als ganz normale Menschen mit verschiedenen Ängsten, Nöten und Sorgen inkarniert. Dieses Buch möchte dir einen Einblick schenken, was sie auf diesem Weg erlebt und wie sie ihre Herausforderungen gemeistert haben. Wir dürfen sie von dem Sockel der Unerreichbarkeit herunterholen, auf den wir sie möglicherweise gestellt haben, und sie neu betrachten. Nutzen wir ihre Geschichte doch als wunderbare Inspiration und die Einblicke in ihr aufgestiegenes Bewusstsein als etwas, worauf auch wir uns freuen können.

In der heutigen Zeit können wir endlich wieder leichter in die Wunder eintauchen, die uns ein erhöhtes Bewusstsein zu schenken vermag und die Maria Magdalena und Jeshua einst auf Erden vorgelebt haben. Unser Erwachensweg beginnt zumeist mit der Frage nach dem Sinn des Lebens oder einer schweren Krise und verläuft über das Loslassen alter Verletzungen in die allmählich immer stärker werdende Erkenntnis unseres wahren göttlichen Selbst. Wir gehen den Weg, bis eines Tages alle Teile unseres Seins bereit sind, unser göttliches Bewusstsein zu empfangen. Diese Verbindung wird uns ein erfülltes Erleben auf Erden schenken, wie wir es uns zunächst kaum vorstellen können. Die Liebe, die in allem enthalten ist, wird wieder zugänglich und kann uns als fortlaufender Strom erreichen, der uns bedingungslos versorgt. Der alte Erfahrungszyklus auf einer Basis von Trennung und Leid schließt sich ab und führt uns zurück in die Arme unserer eigenen Göttlichkeit. Vertraue dir, und der für dich passende Weg wird sich in seiner vollkommenen Schönheit vor dir entfalten können.

Du kannst die von Maria Magdalena erlebten Schritte während des Lesens als Übung für dich anwenden, mit ihnen mitschwingen und sie für dich wirken lassen.

Ich wünsche dir auf deinem Weg von Herzen das Beste und deine eigenen Erlebnisse voller Wunder. Auch wenn er neben den Höhen sicherlich einige Tiefen enthält, in denen wir unsere tiefsten Wunden erlösen, belohnt er uns doch unbeschreiblich und nachhaltig. Während die alten Tränen trocknen, wird das Herz unvorstellbar reich beschenkt.

Einführung

Maria Magdalena hat auf ihrer Erwachensreise teilweise bewusste Astralreisen erleben dürfen, auf denen sie höhere Bewusstseinsebenen erkunden konnte. Dies waren Besonderheiten auf ihrem Weg und sehr hilfreich in einer Zeit, als die Bewusstseinsöffnungen noch schwieriger waren als heute. Niemand benötigt derartige Erlebnisse, um erwachen zu können. Ihre Schilderungen möchten dir in diesem Buch lediglich dazu dienen, eine Vorstellung von den höheren Seinsebenen zu bekommen und sie besser erfassen zu können. Erkenntnisse und höhere Bewusstseinszustände können genauso gut über meditative, innere Reisen, bei denen man mit dem physischen Körper verbunden bleibt, oder auf andere Weise gefördert werden.

Weiterhin könnten die Schilderungen der Meditationsreisen von Maria Magdalena beim Lesen den Eindruck erwecken, als ob es sich bei ihrem inneren Erleben etwa um ein farbiges Sehen, wie beim Betrachten eines Fernsehbildes, handeln könnte. Ich möchte dir gerne versichern, dass innere, mediale Wahrnehmungen über die Gefühlsebenen laufen und eher eine Mischung aus Gefühlen, Ahnungen und spontanem Wissen sind, aus denen sich eine Art inneres Bild zusammensetzt. Erst mit wachsender Übung werden sie dann immer deutlicher. Dass jemand in einer Meditation farbige Bilder wie in einem Kinofilm sehen kann, gehört eher zu den Ausnahmeerscheinungen. Solche starken Eindrücke könnten uns viel zu früh von unseren gewünschten Lebenserfahrungen ablenken.

Mir liegt diese Erklärung sehr am Herzen, denn ich möchte nicht, dass du dich verunsichert fühlst, weil du vielleicht noch keine derartigen Erlebnisse hattest. Die Texte möchten dich gerne einladen, deine Gefühle und Wahrnehmungen sanft weiter zu öffnen. Aus meinen Seminargruppen weiß ich nur allzu gut, dass sich die Schilderung innerer Wahrnehmungen meistens so anhört, als würde jemand über ganz außergewöhnliche Fähigkeiten verfügen, die niemand erreichen kann. Erst wenn ich erkläre, was Wahrnehmungen tatsächlich sind, und dass sie nur in einem Bericht meistens sehr spektakulär klingen, entspannen sich die Teilnehmer und kommen wirklich mit ihnen in Kontakt. Warte also bitte nicht auf innere, farbige Filme, denn bereits alle vagen Ahnungen, Gefühle, schemenhaften Vorstellungen, Ideen und Assoziationen gehören zu deiner erweiterten Wahrnehmung. Wenn ich dich jetzt bitte, an einen Apfel zu denken, nimmst du ihn sogleich wahr. Irgendwo existiert das Bild des Apfels, vielleicht nur als eine schemenhafte Idee, doch sie ist da. Das ist bereits »inneres Sehen«, nur damit du eine Vorstellung davon bekommst. Die Wahrnehmung höherer Bewusstseinsebenen kann ein faszinierendes Erleben sein, jedoch läuft sie über unser Gefühl. Verbleibst du zu sehr im Kopf oder im Nachdenken, kann sie nicht richtig fließen. Spüre einfach locker in deinen Körper hinein, dies bringt dich auf die Gefühlsebene.

Jeder Erwachensweg ist zutiefst individuell und genau richtig für denjenigen, der ihn erlebt. Während es für einige Menschen wichtig sein kann, auf ihrem Weg Einblicke in vergangene Leben zu erhalten, Heilwege oder Sternenleben zu erforschen, mögen andere ihre Erleuchtung im Spüren ihrer inneren Stille, dem Ausleben ihres Familienlebens, in ihrer Berufung oder auf andere Weise erlangen. Auch bei dem stillen Anblick einer Landschaft können tiefe Erkenntnisse angeregt werden, die einen Bewusstseinssprung ermöglichen. Die Wege zur Erleuchtung sind so vielfältig wie wir selbst.

Eine wichtige Grundlage des Erwachens ist es, in eine innere Stille zu finden, in der wir uns selbst wieder fühlen können. Wir dürfen lernen, auch negative Empfindungen anzunehmen, statt sie wegzudrücken, denn dadurch können sie sich wieder in positive Gefühle wandeln. In positiven Gefühlen heben sich unsere Schwingungen an, wir werden im Hier und Jetzt präsent und erlauben ganz von allein die fortschreitende Integration unseres göttlichen Bewusstseins.

Dass auf unserem Weg auch eine Menge negative Gefühle aus alten Verletzungen an die Oberfläche kommen, ist nur natürlich. Wenn sich negative Emotionen regen, so möchten sie einfach nur gefühlt und anerkannt werden, damit sie sich lösen können. Du kannst sie innerlich wie kleine Kinder umarmen, sie mit Sanftheit umgeben, ihnen erlauben in dir »weich zu werden«, und sie werden sich wandeln können.

Die Impulse und hohen Bewusstseinsräume in den einzelnen Kapiteln können deinem eigenen Erwachensprozess Anschub verleihen und deine Wahrnehmung unterstützen. Sie können dir helfen, erhöhte Bewusstseinszustände auf spielerische Weise zu erkunden. Da es gechannelte Texte sind, enthalten sie sehr vielfältige Schichten von Energien und Informationen, die sich mit etwas Abstand immer wieder neu lesen lassen, weil du in der Zwischenzeit eine Entwicklung erlebt hast. Wenn du magst, kannst du dich von diesem Buch längere Zeit begleiten und es immer wieder neu für dich wirken lassen.

Erlaube beim Lesen einfach allen Gefühlen, Assoziationen und inneren Bildern zu sein.

Ich wünsche dir von Herzen ganz viel Freude
beim Lesen, Fühlen und Erleben!

1

Das heilige Versprechen der Quelle

»Der größte Schmerz entsteht aus der gewaltigen Begrenzung unserer Göttlichkeit, in die wir selbst für bestimmte Erfahrungen einwilligen.«

Das heilige Versprechen der Quelle

Seit Anbeginn der Zeit existiert ein heiliges Versprechen der göttlichen Quelle, einer jeden Seele den freien Willen und die göttliche Freiheit zu schenken, alle nur erdenklichen Erfahrungen in den unendlichen Schöpfungswelten erleben zu können.

Es ist das heilige Versprechen, dass keine Seele in ihren Erfahrungen jemals verloren sein wird. Ganz gleich, wie weit sich die Seelen von ihrem göttlichen Bewusstsein auch trennen mögen, eines Tages werden sie sich wieder an ihre göttliche Herkunft erinnern.

Eines Tages wirst auch du einen Punkt auf der Erde erreichen, an dem die gewünschten Erfahrungen, innerhalb bestimmter Begrenzungen deines Bewusstseins, gemacht worden sind, und es regt sich eine Sehnsucht, nach etwas zu suchen, das du scheinbar noch nicht kennst. Diese Suche gilt der Rückverbindung mit deinem wahren göttlichen Selbst. Auf dieser Ebene öffnet sich dein unbegrenztes, multidimensionales Bewusstsein, das du in Wahrheit bist. Ebenen der göttlichen Wirklichkeit, jenseits der irdischen Realität, offenbaren sich schrittweise und werden wieder zugänglich. Dein ganz individueller Erwachensweg, als Mensch auf der Erde, beginnt. Dein göttliches Selbst hat das heilige Versprechen an den Menschen in dir weitergegeben und wartet geduldig darauf, bis alle Trennungsschleier geklärt sind, und du es wieder ganz in dir aufnehmen kannst.

Zu bestimmten Zeiten sendet die göttliche Quelle Boten in die verschiedensten Welten, um die Seelen an ihren göttlichen Ursprung zu erinnern, wenn sie dazu neigen, sich zu sehr mit der erlebten Welt zu identifizieren. Es gibt Zeiten, in denen Seelen inkarnieren, um dieses heilige Versprechen zu erfüllen. Sie sind Boten des Lichtes, der göttlichen Bewusstheit und der göttlichen Worte. Sie tauchen zu den erforderlichen Zeiten in allen erschaffenen Welten auf.

Mir, Maria Magdalena, war lange Zeit nicht bewusst, dass meine Seele die Aufgabe angenommen hatte, einer dieser Botschafter auf der Erde zu sein. Jede Seele, die bereit ist, kann den Weg wählen, sich als Botschafter zu erfahren. Es ist nur eine von unendlichen Erfahrungen, die uns bereichern. Ich ging den Weg gemeinsam mit Jeshua und anderen wundervollen Menschen an unserer Seite. Wir waren eine Gruppe, die inkarnierte, um die Menschen zu dieser Zeit wieder an ihre wahre, göttliche Herkunft zu erinnern.

Wenn sich eine Seele an einen Körper bindet, erlebt sie die prachtvolle Schöpfung nicht mehr nur als ein Beobachter, sondern begibt sich direkt in die jeweilige Welt hinein. Das erzeugt eine tiefe Bindung an den Körper und die Gesetze der ausgewählten Welt. Diese Art von Erfahrung ist einzigartig, doch gleichzeitig können die Identifikationen mit der jeweiligen Welt so mächtig sein, dass die Seele die Wirklichkeit ihrer göttlichen Herkunft vergisst und in der künstlichen Realität zu verharren beginnt. Wird der göttliche Ursprung nicht mehr wahrgenommen, kann in diesem Zustand der Trennung Leid erschaffen werden.

Die göttliche Quelle vernahm den tiefsten Ruf aus den Herzen der Menschen, das göttliche Licht auf der Erde wieder zu schauen und sandte Boten. Dies war der Grund, weshalb Jeshua sich auf seinen besonderen Weg einließ. Es war eine Möglichkeit zu zeigen, dass selbst die größte menschliche Grausamkeit dem reinen göttlichen Geist nichts anzuhaben vermochte. Jeshuas göttliches Selbst konnte seinen Körper bewusst loslassen, indem er seine Identifikationen löste. Und er konnte ihn auferstehen lassen, indem er die Energie seines irdischen Körpers in seine Göttlichkeit aufnahm und ihn als Teil seines Selbst erkannte.

Waren die Seelen zu stark mit den Begrenzungen des menschlichen Bewusstseins identifiziert, so war ihnen eine bewusste Einwirkung auf die irdische Realität nicht mehr möglich. Die Menschen erlebten sich im Leid und als vermeintlich in der Materie gefangen. Sie glaubten, ohne Macht und materielle Güter nicht überleben zu können. Sie hatten sich von ihren Herzensgefühlen und dem Zugang zu ihren göttlichen Fähigkeiten entfernt und suchten ihr Heil in den äußeren Gegebenheiten der Welt.

Jeshua lebte vor, dass Liebe die stärkste Kraft war und dass das göttliche Selbst, im Einklang mit dem menschlichen Sein, wahre Wunder vollbringen konnte. Es war das Wunder der göttlichen Verwirklichung eines erwachten Menschen auf Erden.

Mein Weg an Jeshuas Seite

Ich verbrachte viele meiner Lebensjahre an Jeshuas Seite. Nur selten waren wir kurze Zeit getrennt. Manchmal zog er sich zurück, um in sich zu gehen und neue Horizonte für sich zu eröffnen. Er erklärte mir, dass er in diesen Zeiten Botschaften von Engeln und lichtvollen Lehrern empfing. Sehr lichte Wesen seien bei ihm und er wäre nicht alleine. Diese Zeiten waren sehr wichtig, um seine göttliche Verkörperung weiter zu integrieren. Aus ihnen bezog er sein Wissen über unseren weiteren Weg und die anstehenden Begegnungen. Er empfing Unterricht und neue Einsichten. Sein Körper wurde gesegnet und aufgeladen. Er sah stets sehr erfrischt aus, wenn er aus diesen Tagen des Rückzugs heimkehrte.

Unser Heim war überall. Wir reisten viel und nur wenige Male blieben wir einige Monate an einem Ort. Wir lebten in einfachen Unterkünften, doch fehlte es uns an nichts und wir liebten das naturverbundene Leben. Wir hatten einander, die Natur und unser Leben selbst. Wir hatten unsere gemeinsame Liebe und mehr brauchte es nicht.

Jeshua benötigte eine gewisse Zeit, um mir zu helfen, mein Herz zu öffnen und es ganz für sich zu gewinnen. Er half mir in vielen intensiven Monaten, einige meiner tiefsten Verletzungen zu heilen, bis ich mich ihm gegenüber öffnen konnte.

Ich brauchte Zuwendung und Sanftheit, denn Härte hatte ich in all den Jahren, bevor ich ihn kennenlernte, bereits genügend erfahren. Wir lachten viel miteinander, uns verband ein Gefühl der reinen Unschuld und der Freude am Leben. Wenn wir zusammen waren, brachte es eine ganz reine Ebene des Seins in mir hervor. Hier existierte keine Verletzung, alles fühlte sich rein und unversehrt an. Wir fühlten uns tief und liebevoll verbunden. Ich hätte mir kein schöneres Leben vorstellen können.

Es war kein Zufall, dass wir uns in dieser Lebenszeit trafen. Es war eine Entscheidung unseres tiefsten Herzens und die Schwingung unseres göttlichen Kerns brachte uns zusammen. Weit vor diesem Leben hatten wir beschlossen, den Weg gemeinsam zu gehen. Jeder von uns hatte seine Aufgabe und seinen Anteil am gemeinsamen Gelingen. Erst zusammen war unser Licht vollständig und konnte zur damaligen Zeit eine Veränderung in das Bewusstsein der Menschheit einbetten.

Lange Zeit hatte ich in meinem Leben keine bewusste Erinnerung an vergangene Leben oder an die Wirklichkeit der Lichtwelten. In manchen Träumen meiner Kindheit zeigten sich erste Einblicke. Manchmal träumte ich von wundervollen, lichten Welten mit wogenden Landschaften. Doch ich hatte noch keine Ahnung, dass sie die Erinnerung an eine Wahrheit waren.

Ich nahm bereits sehr früh Gefühlsnuancen in den Menschen wahr, die anderen verborgen blieben. Ich nahm ihre Absichten und Herzensausrichtung wahr. Ich wusste schon sehr früh, dass es mehr zwischen Himmel und Erde gab, als meine Augen erblicken konnten. Erst während meiner intensiven Erwachenszeit, nachdem unsere Kinder schon selbständiger waren, kamen meine Erinnerungen an andere Leben auf der Erde, an Existenzen in den Lichtreichen und Sternenwelten in gemeinsamen Meditationen und Astralreisen mit Jeshua, wie auch in stillen Momenten mit mir selbst, wieder zurück. Auch Jeshua erinnerte sich zunächst nicht an seine vollständige Geschichte. Er erhielt in seinen ganz jungen Jahren nur so viele Einblicke, wie es wichtig für ihn war.

Ich erlebte viele schöne, leichte Momente in meinem Leben als Maria Magdalena wie auch sehr schmerzliche, die mich veranlassten, so tief in mein Inneres zu blicken, mich selbst so grundsätzlich zu hinterfragen und neu zu entscheiden, wie ich es nie für möglich gehalten hätte.

Meine zweifellos unbeschwerteste Zeit, vor Jeshuas irdischem Tod und meinem Erwachen, war diejenige, in der ich mich gemeinsam mit ihm und zunächst wenigen Begleitern auf Wanderschaft befand. Diese gesegnete Zeit erstreckte sich über viele Jahre und wir brachten die Botschaft eines freien Lebens zu den

Menschen. Erst später kamen weitere, ständige Begleiter hinzu, die den Weg und die Botschaft mit uns teilten, mutige Menschen, die gemeinsam mit uns versuchten, in der damaligen Zeit ein neues Lebensmodell zu erschaffen, das die eigenen Potenziale frei auszuleben erlaubte. Ich war erfüllt vom Pioniergeist eines neuen Abenteuers, das zwar herausfordernd, aber auch unvergleichlich bereichernd war.

Es ging nicht einmal so sehr um Erleuchtung in der damaligen Zeit, wobei einige sie tatsächlich erlangten, sondern darum, den Menschen liebevoll eine neue Freiheit zu zeigen und Wunden zu heilen, die ihren Selbstwert und ihre wahren Qualitäten verdeckten. Wir waren eine Gemeinschaft, in der ein jeder seine Qualitäten, die er besaß, einbringen und ausleben konnte. Wir zogen nicht umher, um Menschen zu belehren, sondern um ihnen das vorgelebte Beispiel einer neuen Lebensmöglichkeit nahe zu bringen. Wir strahlten Liebe, Achtsamkeit und ein freies Lebensgefühl aus, das die meisten Menschen zu dieser Zeit noch nicht kannten. Sie waren meist auf ihre althergebrachten Werte, Traditionen, starren Arbeits- und Sichtweisen festgelegt. Wir zeigten ihnen die Möglichkeit, aus einem geöffneten Herzen heraus frei zu fühlen und zu handeln. Wir lebten Qualitäten von Vertrauen, Herzensliebe und Freiheit vor, die zu einem mitfühlenden Umgang mit allen Menschen und Wesen führten.

Wir achteten jeden Einzelnen liebevoll in seinem Potenzial. Niemand war größer oder geringer als ein anderer, gleich welchen Standes er auch war, ganz gleich was seine Vergangenheit erzählte oder was seine Zukunft prophezeite. Wir lebten in einem Bewusstsein des Jetzt und einer Gemeinschaft, in der ein jeder seinen ganz besonderen Wert besaß. Nicht, weil er etwas scheinbar Besonderes vollbracht hatte, sondern ganz einfach, weil er von Natur aus ein wertvolles, göttliches Wesen auf Erden war.

In dieser stillen, achtsamen Anerkennung konnten die wahren Qualitäten eines Menschen zutage treten. Ein jeder Mensch, ein jedes Wesen bringt besondere Begabungen und Fähigkeiten mit in diese Welt, die dem großen Ganzen dienen. Kann ein Wesen seine Potenziale nicht entfalten, so fehlt ein wichtiger Beitrag.

Wir berührten die Herzen der Menschen und ihre göttliche Einzigartigkeit. Auf diese Weise öffneten wir Türen zu ganz neuen Möglichkeiten ihres Lebens. Das Licht unseres Bewusstseins bot die Inspiration der Befreiung. Die Menschen konnten sich aus dem starren Käfig der Traditionen, der harten Pflichten und des respektlosen Umgangs miteinander lösen, der sie so unglücklich machte. Ihr Bewusstsein hatte sich so sehr verengt, dass sie ein begrenztes Leben in einer inneren Gefangenschaft führten. Die Verbindung zu ihrem göttlichen Sein, über ihr Herz, konnte die verschlossenen Türen wieder öffnen.

Seit unseren Inkarnationen als Jeshua und Maria Magdalena haben einige Entwicklungen auf der Erde stattgefunden. Viele Dinge haben sich verändert und die Bewusstheit der Menschen ist gewachsen. Die Menschheit erreicht derzeit eine Phase der Entwicklung, in der die Verbindung ihres göttlichen Seins mit ihrem menschlichen Selbst fortschreitet. Es ist eine Zeit, in der ein Aufstieg des Bewusstseins als nächste, globale Entwicklungsstufe vorgesehen ist und von einigen Menschen sogar ein Aufstieg mit dem Körper realisiert werden kann.

Dieser Weg war für mich eine einzigartige Abenteuerreise der ständigen inneren Wandlung. Alles, was ich während der göttlichen Verwirklichung des Menschen Jeshua an SEINER Seite erleben durfte, offenbarte meinen eigenen göttlichen Kern. Es erlaubte mir einen immer intensiveren Kontakt zu meinen Herzensqualitäten und ließ mich meine Göttlichkeit wieder spüren. Ich sah schwere menschliche Schicksale und erlebte, in welche scheinbar aussichtslosen Lebensumstände sich Menschen in ihrer Unbewusstheit hineinbewegen konnten. Die manifestierte Realität war stets ein Spiegel ihrer inneren Entscheidungen und Überzeugungen. Hielten sie sich selbst für unwürdig, so existierten sie in beinahe unwürdigen Lebensumständen. Fanden sie einen achtsamen Umgang mit sich selbst und anderen, so öffneten sich neue Türen zu ungeahnten Möglichkeiten ihrer Freiheit und Entfaltung.

Oft konnte ich fühlen, wie sehr die Menschen sich selbst verletzten, wenn sie den Vorgaben der damaligen Gesellschaft blind folgten und nicht den Mut fanden, ihrer inneren Stimme zu vertrauen. Es machte mich oft traurig, sie leiden zu sehen, während ich ahnte, dass es gar kein allzu großer Schritt in ihre Befreiung wäre. Doch wenn sie nicht bereit waren, ließen wir sie in ihrem erschaffenen Schicksal, denn dann war es ihr Weg, dies eines Tages selbst zu erkennen. Jeshua lehrte mich liebevoll, jeden Schritt und jede Entscheidung eines Menschen zu achten und zu ehren, weil er ein Recht auf einen freien Willen hat. Doch oftmals waren die Früchte aus ihren Erfahrungen längst ausgereift und die Menschen verharrten dennoch in einem Zustand der Begrenzung. Sie hatten sich so sehr mit ihrem Leid identifiziert, dass sie den Weg ihrer Befreiung aus eigener Kraft nicht mehr erkennen konnten. Wir versuchten ihnen zu helfen, soweit sie es annehmen konnten.

In der damaligen Zeit waren die Energien noch tieferschwingend, das Bewusstsein war nur wenig geöffnet. Dennoch waren die Menschen in der Lage, mit einer entsprechenden Inspiration recht schnelle Veränderungen zu erreichen. So wurde ich Zeugin schwieriger Lebensumstände und erlebte auch, wie leicht sich diese wieder auflösen konnten, sobald sich die Menschen in der Tiefe ihres wahren Seins erkannten und spürten.

Wunder geschahen.

Und so geschah auch mein eigenes Wunder, eine Weile nachdem der Mensch Jeshua seinen irdischen Körper zunächst verließ, um in seinem aufgestiegenen Lichtkörper zurückzukehren. Ich blieb noch viele Jahre auf der Erde und sie waren die lehrreichsten für mich, denn nun begann mein eigener Erwachensprozess.

In Jeshuas ständiger Gegenwart blickte ich nur wenig auf mein eigenes Erwachen. Ich erlebte die Wunder, die er vollbrachte, und seine hell aus ihm strahlende Göttlichkeit, deren Licht ich mit meinen inneren Sinnen in manchen Momenten sehen und fühlen konnte. Wir lebten eine glückliche und erfüllte Partnerschaft, schenkten drei wunderbaren Kindern das Leben, und doch nahm ich mich selbst noch nicht genügend wahr. Es gab keine Notwendigkeit für mein weiteres Erwachen, denn alles Gute war durch Jeshua bereits gegeben und hüllte mich wie ein wohlig warmer Mantel ein. Erst später war es an der Zeit, mir selbst die Wunder eines wiedererwachten Bewusstseins zu schenken.

Klare Nächte unter Sternen

Als ich Jeshua, mit Anfang zwanzig, zum ersten Mal an einem Flussufer begegnete, hatten sich bereits einige Männer um ihn herum versammelt. Sie fanden Interesse an seinen Lehren und lauschten wohlgefällig seinen Worten. Auch sie trugen schon tiefes Wissen in sich und suchten nach weiteren Antworten. Jeshua vermittelte ihnen die Lehren der bedingungslosen Liebe und schenkte ihnen Einblicke in ihr multidimensionales Sein. Er lehrte sie, die Wahrheit in ihren Herzen zu finden, und half ihnen, ihr göttliches Wesen zu erkennen.

Sehr oft betrachteten sie in den gemeinsamen Stunden den klaren Sternenhimmel und Jeshua initiierte Einweihungen, die es ihnen ermöglichten, sich für höhere Wissensbereiche und Bewusstseinsebenen zu öffnen. Diese Männer waren offen für seine Worte und es war eine sehr schöne und ruhige Zeit für uns. Sie sollte uns gut darauf vorbereiten, unser Wissen und Licht auch den Menschen zu vermitteln, die noch weniger offen dafür waren – Menschen, die so tief in die Abtrennung von ihrem göttlichen Bewusstsein eingetaucht waren, dass ein Kontakt unbewusst schmerzhaft für sie war, und die deshalb versuchen würden, sich mit lauten Worten, Taten und Gesten dagegen zu wehren.

SEINE Botschaft berührte den göttlichen Kern tief im Herzen der Menschen und mit ihm die Wirklichkeit ihrer göttlichen Existenz.

Jeshua verkörperte das Licht seiner Göttlichkeit durch sein menschliches Sein und brachte diese Botschaft zu den Menschen. In dieser Verwirklichung war ER wie ein geöffnetes Fenster, durch das sie selbst erschauen konnten, wie eine gelebte Verbindung von göttlichem Selbst und Menschsein aussah.

Während der Inkarnationen auf der Erde wurden die Menschen so sehr von ihrem göttlichen Bewusstsein getrennt, dass sie ihr wahres Wesen völlig vergaßen. Tiefes Vergessen umhüllte ihr Sein. Es gab keine Schuld, keine Seele hatte irgendetwas falsch gemacht. Es war ein ganz natürlicher Vorgang der Urtrennung, sich eines Tages aus dem Bewusstsein der innersten Lichtreiche der göttlichen Quelle zu lösen und sich in individuellen Erfahrungen zu erleben. Die Urangst der Trennung blieb im menschlichen Unter- und auch Überbewusstsein bestehen und aus ihr entwickelten sich immer weitere Formen der Angst. Und so berührte unsere Botschaft nicht nur das Herz, sondern auch die tiefsten Ängste in den Menschen. Sie berührte unterschiedliche Gefühle von Schuld, Scham, Einsamkeit, Angst, Verzweiflung und viele weitere, die darauf beruhten, sich einst aus dem Einheitsbewusstsein der Quelle gelöst zu haben und in die individuellen Erfahrungen hineingegangen zu sein.

Die Seelen wussten auf ihrer Erfahrungsreise zunächst nicht, wie sie sich wieder mit ihrem ursprünglichen Quellbewusstsein vereinen könnten. Ihr Weg diente dazu, ihr eigenes Quellselbst zu erkennen, ihre wahre Größe, Göttlichkeit und Qualität zu erfahren. Die Erde bot eine Möglichkeit, die Wunden der Urtrennung und sogar Verletzungen aus anderen Existenzebenen jenseits der Erde zu erkennen und zu heilen. Doch zu unserer Zeit blickten die Menschen größtenteils in die reine Negativität ihrer Verletzungen und erschufen daraus ihre Lebensgeschichten.

Manche waren in dem Erkennen ihres göttlichen Seins schon weiter fortgeschritten und diese gehörten zu den ersten, die sich um Jeshua versammelten. Sie erkannten sein Licht, schätzten es und teilten auch ihr eigenes Wissen mit ihm und in der Gemeinschaft. In dieser Zeit begegnete ich Jeshua und wurde voller Liebe und Achtung in diese gesegnete Gemeinschaft aufgenommen. Ich erlebte seit langen Jahren erstmalig wieder Sicherheit und konnte ankommen. Mein tief verletzter Selbstwert begann zu heilen und durch seine liebevolle Geduld konnte ich Vertrauen zu ihm und der Gemeinschaft fassen.

Wir zogen oft weit in die gelbe, sandige Landschaft unseres Landes hinaus. Wir unternahmen Wanderungen in einsame Wüstengebiete hinein. Hier existierte keinerlei Ablenkung. Die reine Kraft des Seins, des Kosmos und der Quelle wurden hier besonders gut spürbar. Es gab kaum etwas, woran sich das Auge festhalten konnte. Das Land war still und so wurde es auch in unseren Herzen ausreichend still, um uns höheren Bewusstseinsebenen zu öffnen.

Die ersten Male, in denen ich das erlebte, bereitete es mir Schwierigkeiten, mich darauf einzulassen. Ich spürte förmlich, wie sich mein Herz verkrampfte, als mir alte Wunden bewusst wurden. Oft brach ich in Tränen aus und fragte mich immer mehr, was denn wohl mit mir los sei. Warum war ich eigentlich auf der Erde? Bevor ich zu dieser Gemeinschaft gefunden hatte, fühlte ich mich oftmals so allein, unpassend und fremd. Noch wusste ich nicht, dass die kommenden Ereignisse mir die wohl faszinierendste Reise meines Lebens eröffnen würden, wie ich sie mir in meinen kühnsten Träumen nicht hätte vorstellen können.

2

Das Licht der Gaben

»Alle Erfahrungen bereichern die Seelen
und die göttliche Quelle. Sie schenken eine
wundervolle goldene Weisheit, die fortlaufend
neue Potenziale der Schöpfung öffnet.«

Das Erkennen meiner Bestimmung

In der Stille der Landschaft und unserer wundervollen Gemeinschaft kamen meine aufgewühlten Gefühle und Gedanken allmählich zur Ruhe, und Jeshua und ich kamen uns näher. Ich liebte es, wenn er sich mit seiner ruhigen Art zu mir setzte. Obwohl er stets vollkommen ausgeglichen erschien, konnte ich spüren, dass in ihm genau wie in mir das Herz eines sanften Rebellen schlug. Er trug eine große Kraft in seinem menschlichen Sein, die niemals aufgeben würde. Eine Kraft, die ihn den Weg durch alle Höhen und Tiefen gehen lassen würde, soweit es eben nötig wäre.

Ich spürte seine Kraft, in ihr fühlte ich mich sicher. Sie ließ mich wissen, dass auch mit mir alles in Ordnung war. Alles, was andere Menschen je an mir verurteilt und abgelehnt hatten, weil ich nicht dem untergeordneten Frauenbild und ihren Vorstellungen entsprach, konnte ich hier von mir abstreifen. Alle Bewertungen anderer wurden mir zunehmend unwichtig, denn ich konnte meinen eigenen Wert immer deutlicher spüren.

»Was würdest du mit deinem Leben gerne tun?«, fragte mich Jeshua eines Abends, als wir beisammen saßen. »Ich bin hier bei euch und möchte Teil eurer Gemeinschaft sein. Dies ist jetzt mein Leben«, antwortete ich ihm etwas verwundert.

»Das meine ich jedoch nicht«, entgegnete Jeshua sanft. »Ich meine deine wirklich tiefen Wünsche, das was du wirklich für dich ausleben möchtest.« Er stocherte mit einem kleinen Ast ruhig in der Glut unseres Feuers.

Ich sah ihn fragend an und begann darüber nachzudenken. Mir wurde zunehmend bewusst, dass ich in dieser Hinsicht tatsächlich noch keine Entscheidung getroffen hatte. »Ich glaube, ich habe meine Wünsche und Träume irgendwann aufgegeben und versucht mich in das Gesellschaftsbild einzufügen«, antwortete ich ihm ganz leise nach einer Weile und erkannte meine Resignation.

»Es ist noch ein Wunsch in dir …«, setzte Jeshua unser Gespräch fort, »… und er entspringt wirklich deinem Herzen. Er ist noch da, selbst wenn du ihn vor langer Zeit beiseitegelegt hast.« Ich hielt einen Moment inne. Die göttliche Wahrheit strahlte so sehr aus seinen Worten heraus, dass sie mich direkt erreichte und eine Erkenntnis tief in mir anregte. Ich konnte meinen längst verloren geglaubten Lebenswunsch wieder fühlen. Ich sah mich in Gemeinschaften, ich wollte bei den Menschen sein und ich sah mich mit ihnen sprechen. Ich erinnerte Momente, in denen ich Frauen bei ihren Geburten unterstützte, ich konnte ihnen Mut zusprechen und einfach bei ihnen sein. Ich liebte es zutiefst, wenn mit den Neugeborenen ein helles, reines Licht in die Welt hineinkam. Ich liebte die Reinheit und die sanfte Liebe, die alle Kinder ausstrahlten. Sie war so anders, als die verengte Härte, welche die Erwachsenen so sehr belastete und ihr Gemüt verdunkelte.

»Wenn doch alle wie diese neugeborenen Kinder sein könnten«, dachte ich. Ich spürte deutlich ihr wundervolles Licht. Ich spürte die helle, göttliche Bewusstheit und Verbundenheit. Dieses einladende Gefühl war es, was ich in die Welt bringen wollte!

»Du kannst ihnen einen Weg vorleben, liebe Magdalena, den sie noch nicht kennen und den sie selbst in ihren Träumen noch nicht zu gehen wagen. Du kennst die wahre Kraft der Frauen, du weißt wie du ihre Barrieren der Angst aufweichen kannst, denn du hast sie selbst durchlebt. Ich bin so froh, dich wiedergefunden zu haben. Gehe den Weg mit mir gemeinsam, wenn du möchtest.«

Es fühlte sich so richtig an, hier war ich angekommen. Ich wollte kein anderes Leben und konnte mir auch nichts anderes mehr vorstellen. Mein Herz sprach zu mir, ich fühlte mich wohl und geborgen. Diese Nacht brachte mich in Kontakt mit meiner Bestimmung, die ich auf Erden leben und erfüllen wollte. Das war es, was mich in diesem Leben glücklich machen würde. Ich blickte in Jeshuas Augen und spürte, dass uns ein tiefes Herzensband einte. Dies waren genau der richtige Platz und die richtige Zeit für mich auf der Erde.

Tief in meinem Herzen faszinierte mich Jeshua. Bei keinem anderen Mann hatte ich je diesen besonderen Respekt mir gegenüber, Achtung, Dankbarkeit und ein ehrliches Interesse an mir gespürt. Das abwertende Frauenbild war tief in die Gesellschaft eingeprägt und die Menschen wuchsen mit diesen Sichtweisen auf. Sie wurden erzogen, sich auf den harten Überlebenskampf auszurichten. Ich erlebte Mütter, denen das Herz brach, wenn Väter ihren Söhnen Härte zeigten, um sie auf das Leben vorzubereiten. Die Angst vor Übergriffen und Kriegen saß tief in den Menschen. Sie versuchten ihre Familien und ihr Überleben zu schützen.

Die Frauen wurden zu vielen Gelegenheiten von den Männern ausgeschlossen, sie hatten zu bestimmten Versammlungen keinen Zutritt. Die Männer blieben oftmals unter sich. Auf diese Weise wurde eine strikte Trennung erschaffen. Ich spürte mein ganzes Leben lang, dass es nicht natürlich war, diese Trennung zu leben und dass daraus große Schwierigkeiten entstanden. Die Männer wurden von ihrer weiblichen Kraft abgeschnitten, die ihnen tieferes Mitgefühl und einen Zugang zu ihren innersten Gefühlen ermöglicht hätte. Die Trennung sollte sie stärken, damit sie das Gefühl besäßen, ihre Sicherheit im Leben durch einen Kraftaufwand kontrollieren zu können. Doch diese Trennung stärkte sie nicht, sondern erschuf in Wahrheit nur Gewalt, Härte und Ungerechtigkeit. Der männlichen Kraft fehlten nun das Mitgefühl, die Liebe und der annehmende Nährboden der weiblichen Kraft als Basis einer gesunden Entfaltung. Auch deshalb wurde es wichtig, die Stellung der Frau in der Gesellschaft zu stärken. Die Frauen waren auch Mütter. Sie waren die ersten, die dafür sorgen konnten, dass ihre aufwachsenden Söhne den Kontakt zu ihrem Herzen aufrechterhalten konnten.

»Du kannst die Frauen erreichen«, sagte Jeshua zu mir, »noch viel mehr als ich. Du weißt welche Worte du an sie richten und wie du sie stärken kannst. Sie sind entmutigt und verbieten sich selbst das Wort. In jeder Einzelnen wohnt so viel Weisheit, Güte und Qualität. Sie sind wichtig, damit die Familien auf einer gesunden Basis erblühen können und unsere Gesellschaft eine Veränderung erfahren kann. Erkennst du wie wichtig es ist, dass wir zusammen wirken?« Er reichte mir die Hand und ich spürte seine kraftvolle Wärme. Ich schaute ihm in die Augen und wurde bestärkt, meine wahren Fähigkeiten zu erkennen, die ich längst in mir spürte. Hier würde ich sie in einer sicheren Umgebung ausleben können.

Meine ersten Kontakte mit den Frauen, denen wir begegneten, waren berührend und manchmal auch beängstigend. Manche von ihnen waren so eingeschüchtert, dass sie entweder in einen völligen Rückzug und eine Opferhaltung gingen oder aber, dass sie sich, fast wie von Sinnen, zu wehren versuchten. Blickte man manche Frauen auch nur an, so wollten sie am liebsten vor Furcht im Erdboden versinken, denn die Kraft eines starken Rückgrats war ihnen genommen worden. Andere versuchten möglichst unauffällig zu bleiben, sie beschuldigten schnell andere, um die Aufmerksamkeit von sich selbst abzulenken.

Hier war ein solches Ungleichgewicht entstanden und ein Dickicht an verworrenen Gefühlen und Handlungen, dass es mir manchmal beängstigend erschien. Ich lernte von Jeshua ruhig zu bleiben. Es war wichtig, diesen Frauen zu zeigen, dass sie mir und unserer Gruppe vertrauen konnten. Hier gab es keine Verurteilungen, keine Ausgrenzung und keine Strafen, und so fanden immer mehr Frauen den Weg zu uns. Nur sehr wenige blieben eine längere Zeit fest bei unserer Gruppe, die meisten setzten sich vorübergehend zu uns und empfingen unsere Worte. Doch ihre Herzen trugen weiter, was sie hörten, und viele Samen unserer Worte und Taten gingen im Verborgenen auf. Unsere Begegnungen verliefen viele Jahre unauffällig und fast unmerklich bereiteten sie die Menschen vor.

Diese Zeit gab Jeshua und mir genügend Raum, uns darauf vorzubereiten später sehr vielen Menschen eine deutliche Botschaft zu verkünden und ihnen die Wunder des göttlichen Seins offen zu zeigen.

Das Paar an unserem Lager

Je mehr meine eigenen inneren Wunden heilten, desto besser konnte ich andere Menschen verstehen und erreichen. Ich konnte ihre Herzen berühren und sie konnten sich mir vertrauensvoll öffnen. Nie werde ich den Moment vergessen, als eine junge Frau zu uns kam. Sie trug ein in eine Decke gewickeltes Neugeborenes in ihren Armen und drückte es ganz fest an ihr Herz. Sie hatte es, gut verborgen vor ihrer Familie, zur Welt gebracht. Es war ein Kind der Schande, wie es bezeichnet wurde, denn es entstammte keinem geregelten Bündnis. Sie hatte zarte Bande der Liebe zu einem jungen Mann geknüpft, für den seine Familie anderes plante. Sie war Mutter mit Leib und Seele. und ich sah an dem Glanz in ihren Augen, dass dieses Kind ihr größter Stolz war. Auch ihre Seele verstand nicht, dass es in den Augen der Gesellschaft nicht recht war. Sie hätte alles für dieses Kind getan und ihr Herz war erfüllt von Liebe. Zugleich sah ich eine unglaubliche Angst in ihr. Sie wusste, dass sie nicht mehr zu ihrer Familie zurückkehren konnte und so fand sie den Weg zu uns. Sie hatte bereits Misshandlungen auf offener Straße von Fremden erfahren, die sie allein und von der Geburt erschöpft umherirren sahen. All das ertrug sie tapfer und nun konnte sie bei uns ankommen.

Sie blieb an unserer Seite und unterstütze mich. Sie sprach mit den Frauen über ihre Würde und ihre wahre Liebe zu den Kindern. Auch ich lernte aus dem wunderbaren Licht, das ihre Seele mit zur Erde brachte. Sie verkörperte die großartigen Herzensqualitäten einer Mutter, die ihr Kind zutiefst liebte, und die fähig war, sich aus den unbarmherzigen Ansichten zu erheben, denn sie erkannte die Wahrheit ihres Herzens. Für sie existierte keine Schande, denn dieses Kind war ihr Herzenswunsch. Auch der Vater des Kindes fand einige Zeit später zu uns und er war einer der ersten Männer an unserem Lager, die sich der gängigen Meinung wiedersetzen und offen ihren wahren Gefühlen folgten. Die beiden verkörperten ein wundervolles Paar und ihr Licht bereicherte unsere Gruppe.

Die Rollen der Männer und Frauen

Wir wussten alle, dass durch die strikte Trennung der Rollen von Männern und Frauen in der Gesellschaft, ein Zugang zum göttlichen Selbst erschwert wurde. Es war an der Zeit diese Gegensätze ganz grundsätzlich zu erlösen, damit die Menschen die Vollständigkeit in sich erkennen konnten.

Jeder Mensch trägt sowohl weibliche wie auch männliche Energien in sich, denn erst diese beiden Kräfte gemeinsam, bringen Schöpfung hervor. Während die männliche Kraft Ideen, Impulse, Orientierung, Klarheit und Aktivität schenkt, so stellt die weibliche Kraft den sicheren Nährboden zur Verfügung, der diese Impulse empfängt und sie mit genügend Liebe, Achtung, Mitgefühl, Ruhe und Fürsorge beschenkt, damit sie sich entwickeln können. Neue Impulse benötigen Zuwendung und Zeit, um wachsen zu können. Aktivitäten, wie auch Reifezeiten wechseln sich ab und werden von den inneren Kräften des Menschen, den weiblichen wie den männlichen, gelenkt.

Durch die strikten Rollenzuweisungen und Verbote wurden Männer und Frauen einander entfremdet. Sie konnten ihre wahren Qualitäten nicht mehr richtig erkennen und sie nicht verbinden. Was in der heutigen Zeit bereits selbstverständlicher erscheint, war zu meiner Zeit als Maria Magdalena eines der größten Probleme, die ein Erwachen der Göttlichkeit im menschlichen Sein erschwerten. Es benötigte viel Einsatz und Beharrlichkeit, diese dichten Mauern um die Herzen zu erweichen.

Die Gesellschaft, in der ich aufwuchs, empfand ich oft als fremd und unwirklich. Ich wusste, dass sehr viel mehr Menschlichkeit in den Herzen schlummerte. Die verletzenden und missachtenden Sichtweisen der Traditionen, der Auseinandersetzungen und der Kriege hatten sich wie schwere Schlingen um ein friedliches Miteinander gelegt. Es war eine Verwirrung entstanden, die einen achtsamen Umgang miteinander immer mehr ausschloss. Es war an der Zeit, die Menschlichkeit wieder zu erwecken, damit sie das wahrhaftige göttliche Selbst empfangen konnte. Das göttliche Sein war reinste Liebe, vollkommen jenseits aller Verletzungen, und konnte sich, durch die dicke Schicht der inneren Wunden und begrenzten Sichtweisen, nicht mehr mit dem Menschen verbinden. Es lag bei den Menschen, innere Veränderungen zuzulassen, um sich für die reinste Schwingung seiner Göttlichkeit überhaupt wieder öffnen zu können.

Durch mein Wirken bereitete ich auch meinen eigenen Weg des Erwachens vor. Jeshua liebte die Menschen. Er sah ihr wahres, leuchtendes Sein. Er liebte die Menschen, die Tiere, die Pflanzen, die Landschaften und alle Wunder der Schöpfung. Er liebte ein jedes Geschöpf auf der Erde, so wie auch die göttliche Quelle die gesamte Schöpfung liebt. In seinem Gewahrsein gab es keine Unterschiede und keine Trennung. Es gab Lebensentscheidungen, die ein Mensch traf und der einzige Unterschied war, ob er die Entscheidungen für seine Taten und Gefühle aus seinem reinen Herzen traf oder aus einem von fremden Regeln bestimmten Verstand. Und selbst dieser Unterschied durfte erfahren werden, bis sich eines Tages die Göttlichkeit im Herzen der Menschen wieder regen und sie in ihre Erwachensreise führen würde.

Heilmeditation: Das Licht deiner Gaben

Lasse dich in deine innere Stille hineinsinken. Jeder Atemzug trägt dich in dein Gefühl. Vor dir eröffnet sich deine innere Seelenlandschaft. Tauche in sie ein und lasse dich an diesem wundervollen Ort nieder. Hier öffnet sich eine einladende Landschaft, in der du ankommen kannst. Vielleicht zeigt sich dir ein Strand, ein Wald, ein See oder ein anderer Ort, an dem du dich wohlfühlst. Lasse dich hier nieder und fühle die Sicherheit und Geborgenheit. Berühre den Boden mit deinen inneren Händen und verstärke den Kontakt. Es ist deine Wohlfühloase, die Landschaft deiner inneren Mitte.

Pause

Bitte nun, dass sich vor dir in dieser Landschaft das Licht deiner Gaben, die zu dir gehören und mit denen du die Welt bereicherst, zeigt.

Pause

Dehne deine Wahrnehmung in die Landschaft hinein aus und finde das Licht deiner Qualitäten. Vielleicht liegt es wie ein Paket oder eine Lichtkugel vor dir. Nimm es auf deine Weise wahr und nähere dich ihm behutsam.

Pause

Nimm das Lichtpaket in deine Hände und betrachte es. Berühre es und fasse mit deinen inneren Händen dort hinein. Spüre die Energie und das Gefühl, die in diesem einzigartigen Licht existieren. Lasse das Licht deiner Gaben, über deine inneren Hände in dein Sein fließen und erlaube, dass es deinen gesamten Körper wohlig durchströmt. Dieses wundervolle Gefühl schwingt nun in deinem gesamten Sein. So fließen Informationen deiner Qualitäten zu dir, die du mit in dieses Leben gebracht hast. Diese Übertragung regt an, dass sie dir schrittweise bewusst werden können. Spüre und empfange.

Pause

Bleibe in dem Wohlgefühl des Lichtes und bitte nun um innere Eindrücke und Bilder, was deine Gaben sind. Welche Qualitäten bringst du mit in diese Welt? Hast du eine Gabe für einen einfühlsamen Umgang mit Menschen, einen klaren Durchblick oder findest du deine Verwirklichung in deiner Familie? Was hat dir schon immer Freude bereitet? Deine Gaben und Qualitäten erfüllen dich stets mit sanfter Freude und einem inneren Wohlgefühl. Lasse alles in dir auftauchen, was sich dir jetzt zeigen möchte.

Pause

Die Verbindung mit dem Licht deiner Gaben wird dich auf deinen Weg führen, sie in die Welt zu bringen. Frage nun in ihr Licht hinein, wie sie sich in deinem Leben ausdrücken möchten. Erlaube wiederum, dass innere Bilder und Eindrücke in dir entstehen.

ᏊᏕ *Pause*

Deine besonderen Gaben verströmen sich durch dich, sie inspirieren die Welt und andere Menschen. Sie müssen keine herausstechenden Talente sein. Auch deine pure Freude am Leben ist eine deiner Qualitäten. Dein Licht ist wichtig auf diesem Planeten. Du bist nicht zufällig hier. Auch dein Licht bereichert das gesamte Sein auf der Erde. Lasse dir dieses bewusst werden.

Das größte Geschenk, das du dir selbst und der Welt geben kannst, ist es, dich selbst zu leben. Verstecke dich nicht, lebe deine Qualitäten! Vielleicht kannst gut zuhören, bist einfühlsam oder verspürst einen Zugang zu Menschen, Kindern, Tieren oder der Natur? Es gibt vielfältigste Qualitäten, erkenne sie für dich.

Wenn du noch nach einem beruflichen Ausdruck für deine Gaben suchst, so bitte darum, dass entsprechende Hinweise in dir auftauchen. In welchem Beruf oder in welcher Selbständigkeit könntest du deine Qualitäten am besten ausdrücken? Was bereitet dir wirklich Freude im Herzen? Nimm alle inneren Impulse und Bilder an.

ᏊᏕ *Pause*

Verbinde dich immer wieder mit dem Licht deiner Gaben und lasse es in dich einfließen. Es wird in dir wirken und seine Informationen werden sich schrittweise entfalten können. Der Kontakt wird versuchen dir zu zeigen, was deine Qualitäten sind und wie du sie auf der Erde ausleben kannst. Achte auf alle inneren und äußeren Hinweise.

3

Die Grenzen des Todes überwinden

»Das menschliche Sein erscheint auf der Erde endlich, doch umarmt von der wahren Göttlichkeit wird es mit in die Unsterblichkeit erhoben, denn es ist ein immerwährender Teil des gesamten Selbst.«

Jeshuas Umgang mit seinem irdischen Tod

Als Jeshua etwa fünfundzwanzig Jahre alt war, wurde ihm eine erste Vision seiner Zukunft offenbart. Er sah seinen Weg und das Geschenk, das er den Menschen damit machen konnte. Er sah auch die tiefe Demütigung und das Leid seines irdischen Körpers. Er sah die Umstände seines Todes, die sich erfüllen sollten und erkannte auch seine eigene Wachstumsmöglichkeit darin. Nun war er als Mensch reif genug, um sie zu akzeptieren und sich bewusst für diesen Weg entscheiden zu können. Da er seinen freien Willen besaß, hätte er auch einen anderen Weg wählen können. Ein Engel bereitete ihn durch die Vision vor und sie beschäftigte ihn viele Wochen lang. Er sprach nicht mit mir darüber und sie lag wie ein deutlicher Schatten auf ihm. Es brauchte seine Zeit, bis er die Chance daraus begriff und über die Identifikation mit der Endlichkeit seines Körpers vollständig hinausgehen konnte.

In jenen Tagen und Nächten begegneten ihm die kollektiven Ängste der Menschheit, den irdischen Tod als einen endgültigen Punkt ohne Wiederkehr zu betrachten. Ein Punkt, hinter dem nichts Weiteres mehr zu existieren schien.

Der Tod stellte für die Menschen eine beängstigende Dunkelheit und ein vermeintliches Nichts dar. Diese Wahrnehmung entstammte ihrer Unwissenheit darüber, was sich jenseits dieser Schwelle wirklich befand und sie war von altem Leid geprägt. Ein schwerer Schleier aus Leid, Erkrankungen, Epidemien, Kriegen, Misshandlungen, Schmerzen und gewaltsamen Toden hatte sich um die friedliche Wahrheit gelegt und sie mit Ängsten bedeckt.

Auch Jeshua durfte erst lernen, mit diesen Ängsten umzugehen und sie für sich als unwahr zu erkennen. Es waren nicht nur seine eigenen Ängste, sein menschlicher Teil schwang auch in den Empfindungen der anderen Menschen mit, denn seine Seele war ebenso wie sie, durch eine Geburt in einen Körper inkarniert. Dadurch hatte er in die Gesetze dieser Welt eingewilligt und die Prägungen des kollektiven Bewusstseins der Menschheit berührten auch ihn. Ganz gleich wie weit er auch bereits erwacht war, als Mensch durfte er lernen zu unterscheiden, was er als Prägung aus dem Kollektiv angenommen hatte und was wirklich zu ihm gehörte.

Das menschliche Sein, in dessen Gewand die Seele schlüpft, erscheint auf der Erde endlich, doch umarmt von der wahren Göttlichkeit wird es mit in die Unsterblichkeit erhoben, denn es ist ein immerwährender Teil des gesamten Selbst. Erst mit dieser vollständigen Erkenntnis erlöste sich der Schatten in Jeshua und machte auch an dieser Stelle dem Licht seines göttlichen Bewusstseins Platz. Der neue Raum und die wunderbare Weisheit, die darin verborgen lag, wurden erkannt. Jeshua nahm diesen Punkt als eine innere Neugeburt wahr.

Die Menschheit hatte bereits sehr viel Leid in all den vergangenen Jahrtausenden erfahren. Die Leben auf der Erde waren durchaus schwierig geworden und mit Themen des Überlebens, des Krieges und der Krankheiten belastet. Das unsterbliche göttliche Sein erfuhr auf der Erde nun die sterbliche Endlichkeit eines menschlichen Gewandes. Dadurch, dass die Menschen damals nur wenig mit ihren höheren Bewussteinsebenen verbunden waren, hatten sich die Türen für schmerzliche Erfahrungen weit geöffnet. Die Menschen identifizierten sich vollkommen mit ihren Körpern und Verletzungen und hielten sie für ihren einzig wahren Zustand. Diese Begrenzungen vernebelten ihr lichtes Bewusstsein und ließen sie eine immer leidvollere Realität erleben. Sie blieben in den alten Verletzungen verhaftet. Todesängste, Rachegefühle, Verlustängste, Gier, Eifersucht, Neid und viele weitere negative Emotionen, entstanden aus diesen Identifikationen. Taten wurden aus unverheilten Verletzungen angetrieben und nicht mehr länger aus dem Herzen inspiriert.

Das göttliche Selbst hatte in diesen Zeiten zu wenig Zugang zum menschlichen Sein, um dieses Ungleichgewicht zu erlösen, das zu immer mehr Leid und Krankheiten führte. Die Seelenkraft konnte nicht mehr regenerierend auf den menschlichen Körper einwirken, denn die Verbindung war einfach zu schwach.

Das Licht der Göttlichkeit würde den menschlichen Körper eigentlich sehr lange Zeit gesund und vital erhalten können. Die Körperzellen waren ursprünglich darauf eingestellt, bei bester Vitalität und Gesundheit eine sehr lange Lebensspanne auf der Erde zu erleben. Die Menschen konnten diesen Schatz nun nicht mehr nutzen, denn die Angst vor der Endlichkeit hatte ihr Bewusstsein begrenzt. Sie hielten sich in ihrer Gesamtheit für endlich, doch dieses war ein Missverständnis. Ihr menschlicher Körper könnte vielleicht vergehen, doch sie würden als freies Bewusstsein weiterleben und weitere, wundervolle Leben im göttlichen Meer der unendlichen Möglichkeiten erfahren können. Die Schönheit des Erfahrungsschatzes ihrer Leben würde sie auf ewig mit einer goldenen Essenz der Weisheit bereichern, an denen ihre besondere Erfahrung stets zu erkennen wäre.

Dies ist die wahre Essenz, die Blüte aller Leben, die ewig in der Seele leuchtet.

Und selbst der Körper der Menschen war ein Teil von ihnen, den sie nicht mehr als solchen erkannten. Auch ihr menschlicher Körper wurde einst aus ihrem göttlichen Bewusstsein erschaffen und es war möglich, seine verdichtete Form wieder in das Licht zu wandeln, aus dem er bestand. Aus diesem Licht konnten die menschliche Form und viele weitere immer wieder neu erschaffen werden.

Jeshua sprach zunächst nicht mit mir über seine Schatten und Ängste. Eine ganze Zeit verschwieg er, was eines Tages auf ihn zukommen würde. Er behielt es still für sich, und erst als er seine menschlichen Ängste geklärt hatte, setzte er sich überhaupt wieder an unser Lager. Es hätte mich geängstigt, zu früh mit ihm über seine Zukunft zu sprechen. Ich hätte diesen Punkt damals noch nicht verstanden und er hätte mir für einige Jahre die Lebensfreude und Zuversicht rauben können. Und so erfuhr ich erst kurze Zeit vor seiner Kreuzigung davon. Jeshua sprach behutsam mit mir, erklärte mir seine erleuchteten Einblicke und dass es kein wirkliches Ende für ihn sein würde. Er würde weniger Schmerzen verspüren, denn er konnte sein Bewusstsein in seinen Lichtkörper verlagern und würde wie ein Beobachter erleben, was mit seinem irdischen Körper geschah. Die Menschen um ihn herum würden jedoch ein anderes Bild sehen. Sie glaubten Leid zu sehen, Demütigung und Qual. Doch sein erhobener Geist war in Wahrheit frei davon.

Als ich die Botschaft über seinen bevorstehenden Tod erfuhr, reagierte ich wie betäubt. Es erschien mir unwirklich und ich konnte noch nicht vollständig erkennen, dass die Schwelle des irdischen Todes kein Ende war. Es war nur ein Loslassen des Körpers. Der Körper war ein Teil des Selbst, dessen Form lediglich dazu diente, an den Erfahrungen der Erde teilnehmen zu können. Es war schon eine große Herausforderung, die Begrenzung durch einen derart festen Körper annehmen zu können. Der freie, ausgedehnte Geist erfuhr plötzlich einen materiellen Körper und wurde durch die Einwilligung in eine Inkarnation an die Gesetze und Regeln der Erde gebunden. Der Tod war nur ein Ausgang aus einer eigentlich künstlichen Welt, ein gesegneter Übergang zurück in göttliche Wirklichkeit, damit die Seelen auf der Erde ihre wahre Herkunft nicht noch weiter vergessen würden. Er war eine Kreation des Übergangs, um jeder Seele zur richtigen Zeit einen Ausstieg aus der selbst erschaffenen Erdenrealität zu ermöglichen. Es war nötig eine Pause zwischen den Erdenleben einzulegen, um sich der göttlichen Wirklichkeit wieder bewusster zu werden.

Ich konnte diese Wahrheiten damals noch nicht ganz begreifen. Alles erschien mir unwirklich. Was würde mit unseren beiden kleinen Töchtern geschehen? Bald sollte er nicht mehr da sein, so wie ich ihn kannte! Er sollte sterben! ER, der das göttliche Licht auf Erden verkörperte! Wie konnte ER das zulassen? In welche gütigen, sanften Augen könnte ich blicken? Wer würde den Weg an unserer Seite mit uns gehen? Es erschien mir so endgültig und unabwendbar.

Tiefe Verzweiflung stieg in mir hoch, ich spürte eine Beengung, die mich zu erdrücken schien. Ich schien gewaltsam in einem starren Käfig aus Angst gefangen zu sein, aus dem ich mich nicht befreien konnte und hier begegnete ich meiner eigenen, unerlösten Schattenschwelle des Todes.

Die Schattenschwelle des Todes – Erlösung der kollektiven Ängste

Als ich von Jeshuas bevorstehender Kreuzigung erfuhr, was dies der schlimmste Moment in meinem Leben als Maria Magdalena. Ich hatte Obdachlosigkeit am eigenen Leib erfahren, ich hatte Verzweiflung, Trauma und Hoffnungslosigkeit erlebt, doch dieses Gefühl war unvergleichlich mit allem, was bisher geschehen war.

Es zog mir mehr als nur den Boden unter den Füßen weg. Ich erlebte Gefühle, die ich kaum aushalten konnte. Es war, als würde sich eine riesige, schwarze Wand aus aller nur erdenklichen Angst, Schmerz und Sinnlosigkeit vor mir eröffnen. Es war mehr als mein schlimmster Albtraum.

Ich konnte nicht entrinnen, ich fühlte mich vollkommen gefangen. Ich verkroch mich und krümmte mich zusammen. Ich wollte niemanden sehen. Nur unsere Töchter nahm ich zu mir, soweit ich meine Fassung halten konnte. Meine Freundinnen kamen zu mir, doch ich zog mich für mehrere Tage vollkommen zurück. Ich ging ganz in meinen schlimmsten Schmerz hinein. Was für einen Sinn machte das alles? Wieso fragte ich überhaupt nach einem Sinn? Was ich hier empfand, erschien unlösbar.

Doch in diesem tiefsten Tal ohne erkennbaren Ausweg, gab es etwas ganz weit im Hintergrund meines Bewusstseins, das mich sanft berührte und mir Kraft verlieh. Es gab mir das Gefühl, dass es irgendwie weitergehen würde. Nicht greifbar, nur ganz zart im Hintergrund, aber dennoch ließ es mich weitergehen.

Nach einer Weile der Verzweiflung hinterfragte ich meine Ängste genauer. Woher kamen diese Gefühle eigentlich? Es erschien mir, als spräche Jeshua zu mir, doch es war meine eigene innere Stimme, die mir Trost gab und eine neue Richtung weisen wollte. Ein Teil von mir wusste, dass er es nicht war, doch die Zuwendung tat mir unendlich gut und Jeshua war mir der vertrauteste Lehrer.

»Was du fühlst, sind nicht nur deine eigenen Gefühle«, wurde mir der Klang der inneren Stimme bewusst. »Deshalb erscheint es dir unlösbar. Es ist eine Ansammlung der düsteren Gefühle und Erfahrungen der gesamten Menschheit. Sie erlebten leidvolle Wege des Sterbens durch schwere Epidemien, durch Gewalt und körperliche Qualen. Sie haben ihre göttliche Herkunft vergessen und sehen nach dem Tod keinen weiteren Weg für sich.« Bereits diese ersten Sätze begannen die Schwärze in mir zu klären. Ich fing an zu verstehen. Mir war, als würde sich Jeshuas Weisheit mit meiner eigenen verbinden und zu mir sprechen, und so durchströmten weitere Worte mein Gewahrsein.

»Die Angst der Menschen vor dem Tod ist ein Maßstab für den Grad ihrer Bewusstheit und der Verbindung zu ihrer Seele. Je weiter ein Mensch von seinem wahren Sein abgetrennt ist, desto größer ist seine Angst vor dem Tod, denn in diesem Niemandsland gibt es keinerlei Wissen über den ewigen Fortbestand des Seins und die unendlichen Möglichkeiten der Erfahrungen. Der Tod streift den festen Köper erlösend ab und das Bewusstsein geht in seinen natürlichen, freien Zustand zurück. Es löst sich aus der begrenzten Form und den angenommenen, einengenden Sichtweisen, um sich auf weitere Erfahrungen einlassen zu können. Der größte Schmerz entsteht aus der gewaltigen Begrenzung unserer Göttlichkeit, in die wir selbst für bestimmte Erfahrungen einwilligen.«

Diese Worte lösten tiefe Heilung in mir aus. Deshalb war sein Tod mir so ausweglos und sinnlos erschienen. Ich fühlte die gebündelte Angst des kollektiven Bewusstseins. Viele dieser erdrückenden Gefühle gehörten gar nicht zu mir, und so trat ich einen großen Schritt davon zurück. Wenn das hier nicht die Wahrheit war, musste sie woanders liegen. Ich erkannte, dass ich mich immer schlechter fühlte, je mehr ich meine Aufmerksamkeit auf der kollektiven Angst hielt. Es war ein vollkommen trostloser

Zustand. Er war mit Trauma der Menschheit angefüllt und da ich ihn alleine nicht erlösen konnte, gab es scheinbar kein Entrinnen. Doch hier wollte ich auf keinen Fall verweilen. Erste Erinnerungen an die gemeinsame, schöne Zeit mit Jeshua und unseren Kindern bahnten sich wieder den Weg in mein Bewusstsein. Hier wollte ich sein!

Ich trat einen Schritt zurück und versuchte mich wieder auf etwas Positives auszurichten. Alles was ich fokussierte, würde sich verstärken, so hatte Jeshua es mich selbst gelehrt. Die Weisheit lag darin, von dem Leid zurückzutreten und zu fühlen, welche Überzeugungen wirklich zu mir gehörten. Erst hier kam ich wieder mit den wundervollen Gefühlen meiner Göttlichkeit in Kontakt und konnte etwas verändern.

Die übermächtige, schwarze Wand wich allmählich zurück und alles, was nach mehreren Tagen noch übrigblieb, war ein dunkles Gefühl in meinem Bauch. Es fühlte sich wie eine verschlossene Tür an. Ich hatte sie selbst verschlossen, um bestimmte Erfahrungen auf der Erde machen zu können. Ich hatte mich einst selbst von meinem göttlichen Bewusstsein getrennt. Niemand anderes hatte es getan. Ich selbst hatte diese Tür verschlossen, das erkannte ich nun. Ich betrachtete sie und wandte mich ihr zu. Ich erlaubte mir, den Schmerz und die Begrenzung zu fühlen, die in ihr enthalten war. Ich wandte mich dem Schmerz liebevoll zu und spürte, wie er sich zu lösen begann. Meine Verletzung spürte die Liebe meiner Zuwendung und begann zu heilen. Ich öffnete die Tür, und ein Gefühl von lichtem Blau eines sonnigen Himmels strömte mir entgegen. Ich atmete frische Luft. Mehr musste ich in diesem Moment gar nicht wissen. Meine Erschöpfung durch die inneren Kämpfe war sehr groß gewesen und friedlich erlöst schlief ich nun in den nächsten Tag hinein.

Es lag eine so tiefe Weisheit in den damaligen Worten meiner Seele. Ich hatte, wie alle anderen Menschen auch, vor meinen irdischen Leben selbst in eine Abtrennung von meinem umfassenden göttlichen Bewusstsein eingewilligt, sonst hätte ich die Erfahrungen auf der Erde nicht als real erleben können. Mir wurde erst viele Jahre nach dieser Botschaft wirklich klar, was dies in allen Details bedeutete, und dass ich es selbst steuern konnte. Diese ursprüngliche Begrenzung könnte ich in den erschaffenen Welten als Opferhaltung ausleben oder meine wahre Kraft erkennen und mich wieder daraus befreien. Ich war im Ursprung kein Opfer und ich selbst konnte meine Begrenzungen auch wieder öffnen. Ich könnte zu einem göttlich inspirierten Wesen erwachen, das seine Realität auf der Erde ganz bewusst erschafft!

Heilung der Ängste aus vergangenen Leben

Mein Heilprozess in diesen schweren Tagen und Nächten war noch nicht vorüber. Nachdem ich von den kollektiven Ängsten der Menschheit zurückgetreten war, kamen unerlöste Wunden an die Oberfläche und ich fiel in einen weiteren Kampf hinein – Jeshua sollte mir genommen werden! Verzweiflung stieg in mir hoch, denn ich wusste, dass es nicht in meiner menschlichen Macht lag, etwas daran zu verändern. Ich stand dem hilflos gegenüber. Und Jeshua wollte nicht einmal kämpfen. Er hatte den Punkt seiner vollständigen Akzeptanz erreicht. Er hatte seine Entscheidung bereits getroffen.

In mir erhob sich der rebellische Kampf dafür umso mehr. Sollte ich für uns Beide kämpfen? Gab er unsere Liebe einfach so auf? War ihm ein Ziel, das ich damals noch nicht einmal richtig verstand, wichtiger als unser gemeinsames Leben und unsere Familie? Dies waren einige der dunkelsten Nächte in meinem Leben. In ihnen lernte ich zu erkennen, wie sich nur in der Akzeptanz jeglicher Kampf auflösen und die wunderschöne, erlösende Wahrheit ans Licht kommen kann.

Mein innerer Kampf wurde von sehr vielen Aspekten aus meinen verschiedensten Leben angefeuert. Ich hatte bereits in anderen Leben schmerzhafte Verluste erlebt. Ich hatte Eltern, Kinder und geliebte Menschen früh verloren und konnte diesen Umstand in keinem jener Leben wirklich akzeptieren.

Ich wollte es nicht wahrhaben. Ich suchte nach dem Sinn und fand ihn nicht, denn ich suchte am falschen Ende. Ich erlebte nur, dass sich mein Leben ohne diese Menschen schal, leer und leblos anfühlte. Was für ein Sinn sollte das sein? Ich konnte nicht erkennen, dass eine große Chance für mich darin lag. Die Chance, meine eigene Lebendigkeit zu finden, anstatt sie von anderen Menschen abhängig zu machen. Ich könnte aus mir selbst heraus glücklich sein. Sein Fortgang war in Wahrheit ein großer Dienst der Liebe, um mich in meine Unabhängigkeit zu bewegen, die ich nur in meiner eigenen, inneren Quelle finden konnte.

Es war dringend an der Zeit, mich von allen äußeren Einflüssen zu lösen und mir selbst zu vertrauen. Nur hierüber konnte ich den Zugang zu meinem göttlichen Selbst überhaupt wiederfinden. Dies war meine eigene, innere Quelle und sie könnte niemals versiegen. Sie war an keinerlei äußere Umstände gebunden. Sie war vollkommen frei und existierte ewig aus sich selbst heraus. Um mich wahrhaftig mit ihr zu verbinden, musste ich lernen endlich auf eigenen Füßen stehen.

Ich hatte die Abhängigkeiten selbst erschaffen, denn ich glaubte, dass ich andere Menschen bräuchte, um mich geborgen, geliebt und sicher zu fühlen. In den damaligen Leben sah ich nur die Begrenzung. Geburt und Tod. Wurde mir etwas genommen, so würde nichts Neues hinzukommen – so dachte ich jedenfalls. Mein Leben würde sich durch den Verlust dieser geliebten Menschen verschlechtern. Doch dies war nur meine begrenzte Überzeugung. In einigen Leben blieb ich in dem Fokus dieser Traurigkeit haften und erschuf mir tatsächlich Leben, in denen ich mich einsam, verlassen und traurig fühlte.

Nun war ich erneut mit einem schweren Verlust konfrontiert. Der bevorstehende Fortgang der Liebe meines Lebens forderte mich erneut heraus. Ganze Welten brachen für mich unversehens zusammen. Würde ich diesmal loslassen können?

Ich kämpfte viele Tage und Nächte mit meinen inneren Dämonen. Es waren keine fremden Wesen, sondern es waren meine eigenen verzweifelten, wütenden, weinenden und panischen Anteile, die um keinen Preis je wieder einen solchen Schmerz erfahren wollten. Sie erschienen wie Dämonen, ihre Gesichter waren fast bis zur Unkenntlichkeit verzerrt. Ich träumte in schwarzer Farbe, von dunklen, allesverschlingenden Abgründen. Gefesselte Gestalten mit verbundenen Augen standen vor tiefen Gruben und Dämonen stießen sie hinein. Die Dämonen waren meine Sturheit, die keine Akzeptanz zuließ. Eigentlich war sie meine wundervolle Lebenskraft, die sich durch die Verletzungen in Sturheit verwandelt hatte. Ich erlaubte, dass mich die Sturheit ständig in Wiederholungsschleifen meiner alten Lebensgeschichten hineinwarf. Ich beharrte auf meinem vermeintlichen Recht, die verlorenen Menschen wiederzubekommen. Welch ein Irrtum! Durch das beharrliche Festhalten an dieser trübseligen Überzeugung erschuf ich mein Leiden ausschließlich selbst!

Diese qualvollen Nächte machten mir die gewaltige Anstrengung deutlich, die mich diese Haltung kostete. Ich kämpfte gegen mich selbst und meine Verletzungen. Die Erfahrung der Endlichkeit machte mir große Angst. Ich hatte mich viel zu sehr mit den Verletzungen meines menschlichen Selbst identifiziert. Es war an der Zeit, wieder einen Zugang zu meinem wahren Wesen zu erhalten, denn ansonsten würde ich die alten, traumatischen Erfahrungen ständig wiederholen und mich weiterhin quälen.

Erst nach einigen dieser Nächte gab ich allmählich auf. Ich war am Ende meiner Kräfte. Die schweren Träume laugten mich aus und die Angst fesselte mein ganzes Sein. Jeshua sprach immer wieder behutsam mit mir und legte mir nahe zu betrachten, wie reichhaltig ich mein Leben doch auch selbst ausfüllen könnte. Ich ließ allmählich zu, es mir zumindest einmal vorzustellen. Was bedeutete mir sonst noch etwas in meinem Leben? Unsere Kinder wären noch bei mir, unsere größte Freude und Liebe. Die wundervolle Natur fiel mir ein. Hier hatte ich mich schon immer wohl gefühlt. Die Sonne würde weiterhin genauso wärmend auf mich scheinen. Ich könnte die Gegenwart der Tiere und die Düfte der Pflanzen genießen. Es gäbe andere Menschen, die in meinem Leben erscheinen würden. Wäre es nicht auch eine schöne Überraschung zu sehen, was das Neue mit sich bringen würde? Allmählich begannen meine Widerstände aufzuweichen und machten einer immer größer werdenden Akzeptanz Platz.

Ich spürte immer deutlicher, dass meine vergangenen Leben in ihren Geschichten gefangen waren. Für sie war der Schmerz die einzig existierende Realität. Ich selbst hielt sie dort immer noch fest, denn ich hatte die alten Erfahrungen noch nicht losgelassen. Je mehr ich mich entspannte und sie losließ, desto mehr Befreiung fanden auch die vergangenen Leben. Ich spürte meine Anteile um mich herum. Sie steckten in den erlebten Geschichten fest und fanden keine Lösung, bis ich sie ihnen zeigen konnte. Ich fühlte, wie meine erkennende Entspannung zu ihnen ausstrahlte und wie sie sich besinnen konnten. Ihre Gegenwehr, ihr Kampf lösten sich, denn meine liebevolle Zuwendung war jetzt bei ihnen. Ich meisterte diese Herausforderung und blieb präsent. Ich gab ihnen den Halt, den sie brauchten. Sie suchten den Halt bei anderen Menschen und jetzt fanden sie ihn endlich bei mir. Nur hier konnte mein gesamtes Selbst, die wahre Sicherheit, finden. Mein jetziges Selbst, das sich als Maria Magdalena auf den Weg der Meisterschaft begeben hatte, schenkte den Anteilen aus meinen anderen Leben nun endlich einen sicheren Halt.

Das erleuchtete Selbst eines aufgestiegenen Meisters ist in der Lage, alle Anteile seines Selbst zu erreichen, ihnen eine heilsame Veränderung zu erlauben und gleichsam Freiheit zu schenken. Dies war das erste Mal, dass ich einen frühen, zaghaften Eindruck meiner Meisterschaft erhielt. Es fühlte sich herrlich und entspannt an. Ich musste nichts mehr kontrollieren.

Ich konnte den Tod eines geliebten Menschen nicht verhindern, denn es war stets die freie Entscheidung seiner eigenen Seele. Es war seine heilige Verabredung mit seinem höchsten göttlichen Plan. Es lag lediglich an mir, dass ich das Geschenk daraus noch nicht erkennen konnte. Ich konnte die Menschen nicht aus dem Tode zurückholen, nur weil ich sie nicht loslassen konnte, das wurde mir jetzt bewusst. Ich spürte plötzlich die Lebendigkeit und Schönheit meines eigenen Seins und all die Möglichkeiten, die ich noch erleben könnte. Das Loslassen dieser Abhängigkeiten war der wichtigste Schritt, der mein weiteres Erwachen erst ermöglichte.

Endlich spürte ich meine eigene Fülle und Kreativität. Ich würde mein Leben auf andere Weise neu entfalten können. Ein umfassendes Gefühl der Freiheit durchströmte mich. Meine Aspekte heilten und beruhigten sich. Ihre leidvollen Geschichten konnten sich jetzt endlich verändern. Da unser wahres Wesen in der Zeitlosigkeit existiert, veränderten sich durch meine Erkenntnis meine alten Lebensgeschichten durch Zeit und Raum hindurch. Ihre Gefühle waren nun nicht mehr länger Traurigkeit und Kampf, sondern eine gelöste Entspannung, Leichtigkeit, Vertrauen, Liebe und Freude. Auch meine zukünftigen Leben müssten sich nun nicht mehr länger auf der Basis von Traurigkeit und Verzweiflung aufbauen. Sie erhielten die Chance zu einer Entwicklung neuer, befreiter Lebensgeschichten.

Heilmeditation: Die Schattenschwelle des Todes erlösen

Lasse dich in deine innere Stille sinken. Dein göttliches Selbst umarmt dich mit seiner Liebe und du kannst dich vertrauensvoll fallenlassen. Lasse alle Kontrollen los und vertraue dich der wärmenden Liebe an. Mit jedem Einatmen atmest du die nährende Liebe deines göttlichen Selbst, die dich umgibt. Mit jedem Ausatmen durchströmt sie deinen gesamten Körper. Spüre und empfange.

ↀ *Pause*

Denke nun an das Thema Tod und was es für dich bedeutet. Welches Gefühl kommt dabei hoch? Vielleicht erinnerst du dich an einen schmerzhaften Verlust, den du bereits erlebt hast. Vielleicht spürst du eine Angst oder ein anderes unangenehmes Gefühl, vielleicht Ungewissheit oder ein vermeintliches Nichts. Möglicherweise tritt eine Ansammlung negativer Gefühle hervor.

ↀ *Pause*

Werde dir bewusst, dass dieses wahrscheinlich nicht alles deine eigenen negativen Gefühle sind. Du trägst möglicherweise Gefühle und Ansichten anderer Menschen über den Tod mit dir. Vielleicht hast du ihre Ängste als deine eigenen angenommen.

Der Tod stellt für die meisten Menschen eine Grenze dar, die sie nicht überschauen können. Diese Grenze ist lange mit Ängsten und Schmerzen des Verlustes gespeist worden. Hier wohnen mitunter Hoffnungslosigkeit, Projektionen des Schmerzes, der Angst und der Verzweiflung. Einige Gefühle und Eindrücke hast du möglicherweise auch aus deinen vergangenen Leben mit dir genommen. Vielleicht hast du geliebte Menschen durch Krankheit oder zu einem Zeitpunkt verloren, an dem du noch nicht genügend eigene Stabilität für ein sicheres Lebensgefühl entwickelt hattest.

Gehe in die innere Absicht, dass nun alle Gedanken und Gefühle, die zu anderen Menschen gehören, aus dir abfließen und dass sie in gereinigter Form dorthin gehen, wo sie wirklich hingehören. Spüre, wie alles abfließt und lasse geschehen.

ↀ *Pause*

Spüre, welches negative Gefühl bezüglich des Todes noch in dir übrig ist. Stelle es geistig vor dich und nimm seine Erscheinungsform wahr. Frage es jetzt, welche Farbe es zur Heilung benötigt. Lasse die Farbe, die sich passend anfühlt und die dir spontan einfällt, nun zu ihm fließen und lasse sie wirken. Gib allen inneren Wahrnehmungen und Gefühlen Raum und lasse geschehen. Beobachte, wie sich das negative Gefühl verändert. Es darf heilen, vielleicht wird es heller, leichter oder löst sich bereits auf.

೧೨ *Pause*
Frage dich nun, welchen Klang es benötigen würde, um weiter zu heilen. Nimm den passenden Klang wahr und lasse ihn durch das negative Gefühl vor dir hindurch schwingen. Vielleicht durchschwingt dich der Klang zarter Glöckchen, eine Harfe, eine Trommel oder sphärische Musik. Der passende Ton wird in dir auftauchen. Lausche ihm und lasse geschehen.

೧೨ *Pause*
Dein negatives Gefühl darf sich verändern, bis es sich gut für dich anfühlt. Vielleicht bleibt ein Gefühl der Leichtigkeit übrig oder eine sanfte Freude oder ähnliches. Lasse es durch deinen gesamten Körper fließen und genieße es. Spüre und fühle.

೧೨ *Pause*
Nun kannst du über die Schwelle sehen. Stelle dir vor, wie du entspannt darüber hinwegblickst und erkennst, dass es hinter ihr weitergeht. Wenn du dich noch unsicher fühlst, kannst du deinen Schutzengel hinzubitten und ihr schaut gemeinsam hinüber.

Hier gibt es in Wahrheit kein Leid und auch kein Nichts. Alles Leid war nur vorhanden, weil du es aus alten Überzeugungen und Verletzungen unbewusst selbst erschaffen und dorthin projiziert hast. Vielleicht hast du dich selbst in einem vergangenen Leben dazu verurteilt Trauer und Schmerz zu fühlen, weil du keinen Halt in dir finden konntest. Vielleicht konntest du geliebte Menschen nicht loslassen und deinen Fokus nicht wieder auf die Freuden deines Lebens ausrichten.

Wenn ein Mensch aus deinem Leben scheidet, so war euer weiterer Weg auf der Erde, in diesem Leben, nicht weiter füreinander bestimmt. Das heißt nicht, dass er dich nicht liebt. Er hat dich nicht einfach verlassen. Sein Tod ist eine Erfahrung, die ihm selbst und seinen Lieben den Impuls einer Veränderung schenkt. Vielleicht hast du in vergangenen Leben Schmerzen bei einem körperlichen Tod erlitten. Die Möglichkeiten, welche die Ängste vor dem Tod speisen sind vielfältig.

Schaue nun über die vermeintliche Grenze des Todes hinaus. Sie existiert nicht mehr, denn du hast den Schmerz und das Leid losgelassen. Sie hatten die Grenze erschaffen. Jenseits dieser Schwelle warten einfach die Liebe und Freude deines ewigen Seins auf dich. Hinter der Schwelle reicht dir dein ewiges, göttliches Sein strahlend und liebevoll die Hände. Es kommt wie eine wundervolle, goldene Lichtgestalt auf dich zu und begrüßt dich freudig. Nimm es wahr und empfange seine Liebe.

Pause

Hier beginnt ein neues Erleben, ein neuer Teil der Reise. Alles geschieht zur richtigen Zeit. Empfange die ewige Liebe, die dort existiert. Du hast die Schattenschwelle des Todes für dich überwunden. Empfange die Liebe und wundervollen Möglichkeiten deines Seins und lasse diese wundervollen Gefühle tief in dich und dein Leben einsinken. Du bist hier, um dein wundervolles Leben zu genießen. Du bist willkommen, dein Leben im Hier und Jetzt zu gestalten!

Spüre und empfange.

Wenn du später bemerkst, dass noch weitere negative Gefühle bezüglich des Todes oder des Sterbens für dich spürbar werden, dann wiederhole diese Heilmeditation. Es ist gut möglich, dass hier mehrere Verletzungsebenen verborgen liegen und dass es der Erlösung weiterer Schichten bedarf.

4

Neue Hoffnung – Die Auferstehung

»Das erleuchtete Selbst eines aufgestiegenen Meisters ist in der Lage, alle Anteile seines Selbst zu erreichen, ihnen eine heilsame Veränderung zu erlauben und gleichsam Freiheit zu schenken.«

Erste Eindrücke des meisterlichen Selbst

Nach meinen Erkenntnissen an der Schattenschwelle des Todes, spürte ich die tiefe Essenz der Selbstliebe. Ich konnte fühlen, dass sich mein göttliches Sein in Wahrheit so sehr liebte, dass es sich immer wieder die schönsten Erlebnisse und Lebensgeschichten schenken wollte. Ich selbst hatte diesen wundervollen göttlichen Ausdruck, durch meine fehlende Akzeptanz, in seinem natürlichen Fluss blockiert und Leid erzeugt. Mein göttliches Selbst war von der Begeisterung erfüllt, immer wieder neue Erfahrungen, als Ausdruck seiner Liebe zu sich selbst und allen anderen Wesen, zu erschaffen. Denn alle Schöpfung fließt ja aus dem Innersten der göttlichen Quelle, aus der tiefsten Liebe heraus. Die Quelle liebt sich und alle Teile der Schöpfung auf unbeschreibliche, innigste Weise.

Ganz gleich was auch geschah, diese Selbstliebe würde mich immer beschenken wollen. In ihr war alles gut. Verbunden mit ihr, könnte ich den Verlauf meiner Lebensgeschichten selbst lenken. Ich wäre nicht länger den Auswirkungen meiner Ängste ausgeliefert, ohne jegliche Kontrolle über mein Leben.

Ich hatte bei meinen Verlusten stets den Eindruck, als sei mir durch eine äußere Macht etwas genommen worden. Aus dieser Überzeugung heraus, hatte ich selbst keinerlei Kontrolle darüber, sondern musste hinnehmen, was geschah. Ich haderte mit dem Schicksal und gab äußeren Instanzen die Schuld dafür. Dadurch erlebte ich einen ständigen Kontrollverlust, Ohnmacht und Hilflosigkeit.

Jetzt, wo ich die tiefe Selbstliebe in meinem göttlichen Kern wieder spüren konnte, erkannte ich, dass ich von hier aus selbst entscheiden konnte. In diesem Moment bekam ich einen tiefen Eindruck der weisen, liebevollen Lenkung meines Lebens. Es war keine willentliche Kontrolle, keine begrenzende, anklagende Willensausübung des unerleuchteten Menschen in mir, sondern eine freie Gelassenheit aus meinem göttlichen Selbst.

Ich konnte Entscheidungen tief in meinem Bauch und Herzen treffen und den Energien erlauben, dass sie mir dienten und meinen Herzenswunsch in der erlebten Realität manifestierten. Ich begann zu erkennen, dass mein eigenes Bewusstsein die Energien und Manifestationen lenkte. Verbunden mit dieser wundervollen Erkenntnis saß ich selbst wieder am Steuer meines Lebens. Zuvor hatte ich alles aus der Perspektive meines begrenzten, menschlichen Bewusstseins betrachtet und von hier aus konnte ich auch nur begrenzte Lösungen sehen. Mein göttliches Sein offenbarte mir nun ganz andere Perspektiven und es veränderte mein Erleben. Hier lag die wahre Schönheit und Harmonie. Ganz gleich was auch geschehen würde, ich würde wieder glücklich sein. In diesem Leben, wie auch in meinen vergangen und zukünftigen Leben, denn ich hatte einen entscheidenden Punkt erkannt.

Ich spürte ein zartes Gefühl wahrer Meisterschaft. Mein auf die Erde fixiertes Bewusstsein konnte kurz beiseitetreten und es mich wahrnehmen lassen. Es war schon immer da. Ich durfte lediglich lernen, es hervorkommen zu lassen. Versteckt hinter Bergen von begrenzten Glaubenssätzen wartete meine innere Meisterin voller Liebe auf mich. Hier offenbarte sich mir eine wesentlich größere Schönheit, die alles andere unwichtig erscheinen ließ. Ich konnte sie nur für wenige Augenblicke zulassen, doch dieser Eindruck reichte aus, um mich wissen zu lassen, wonach ich in diesem Leben wirklich suchte und wie ich es erreichen könnte. Welch ein erleuchteter Einblick! Die Erlösung in meinem Herzen war groß. Nun konnte ich auch diese Herausforderung annehmen. Auch, wenn das Gefühl der Meisterschaft erst einmal wieder verschwand, wusste ich, dass nun vieles leichter und anders sein würde, als es zuvor erschien.

Ich würde an Jeshuas Seite bleiben und den Weg mit ihm weiter gehen, so weit er uns eben tragen würde. Und so öffnete mir meine Akzeptanz die Tür, erleben zu dürfen, wie der Mensch Jeshua seinen Lichtkörper auf der Erde verwirklichte und aus ihm heraus seinen festen Körper mühelos wieder neu erschaffen konnte. Nachdem Jeshua mich einige Tage bei mir gelassen hatte, begann er mir nun wieder näher zu kommen.

Ich genoss die Nähe und die wärmenden Gespräche.

Der irdische Tod Jeshuas

Ich lebte mein Leben an Jeshuas Seite. Wir spürten eine tiefe Liebe zueinander, von dem Moment an, als wir uns begegneten.

Sein offenes Herz und seine sanftmütige Art halfen mir, meine Verletzungen zu heilen und mir selbst wieder zu vertrauen. Mein Herz fühlte sich bei ihm sicher. Ich liebte diesen Mann und vertraute ihm bedingungslos. Er liebte mich und unsere Kinder. Reinstes Glück strahlte aus ihm, wenn er mit unseren Kindern spielte und sie in seinen Armen hielt.

Mein Herz bestätigte mir jeden Tag die Wahrhaftigkeit unserer Verbundenheit. Im Lichte seiner Wegweisungen lernte ich, den Impulsen meiner Herzensgefühle zu vertrauen und sie auszuleben. Mein Bewusstsein erweiterte sich immer mehr, wenngleich mein Erwachen noch einige Zeit in der Zukunft vor mir lag.

Jeshua war ein wundervoller Vater und Ehemann, und wenige Monate vor seinem Tod empfing ich ein weiteres Leben, unseren Sohn, von ihm. Freunde und Vertraute kümmerten sich mit um unsere Kinder und standen eng an meiner Seite. Wir hielten die Kinder und auch meine erneute freudige Erwartung gut vor der Öffentlichkeit verborgen.

Als sein irdischer Körper am Kreuz starb, war ich da. Ich sah ihn die ganze Zeit. Der Schmerz des Augenblicks zerriss mich fast. Ich hatte schwer damit zu kämpfen, mich an seine beruhigenden Worte zu erinnern, in denen er mir versicherte, dass sein Leiden gedämpft sein würde. Konnte ich tief in meiner Sicherheit verbunden bleiben, so spürte ich die Liebe seines göttlichen Seins, das seinen Körper friedlich umgab. Wenn ich zu sehr auf seinen geschundenen Körper und in meine Angst blickte, so zerriss es mir fast das Herz.

Ich schrie innerlich. Meine Augen füllten sich mit Tränen der Fassungslosigkeit. Wie konnten Menschen sich gegenseitig nur solche Qualen zufügen? Wie versteinert mussten die Herzen sein, um so etwas zulassen zu können? In diesen Augenblicken größter Verzweiflung, spürte ich trotz allem erneut eine Gewissheit in mir, dass es gut werden würde. Es gab ein stilles Gefühl, das mir erlaubte weiterzugehen. Ich konnte seine Quelle nicht erkennen, ich wusste nur ich war sicher. Es erschien mir wie ein

Engel in weiter Ferne, der mich trotzdem sicher hielt. Es war wie ein Hauch, der sich mir wieder entzog, wie eine Melodie, die wieder verklang. Und doch existierte dort etwas, das mich unübersehbar stärkte. Ich kannte die Existenz dieser lichten Gestalt von irgendwo her, ihr Licht berührte mein Innerstes und war doch nicht von dieser Welt.

Ich konnte den Moment deutlich spüren, in dem Jeshua seinen Körper verließ und etwas zurückblieb, das sich zunächst wie eine leere Hülle anfühlte. Jeshuas Essenz war auf eine andere Ebene der Bewusstheit übergegangen und dennoch umgab sie seinen Körper so strahlend wie immer. SEIN besonderes Licht hüllte seinen Körper ein und verlieh ihm eine berührende Ausstrahlung. Sein Bewusstsein war jedoch nicht mehr fest im Körper verbunden, sondern umgab ihn.

Ich spürte die Ohnmacht der Menschen. Ich nahm wahr, wie sie ihn verhöhnten, um ihren eigenen Schmerz zu verbergen. Es waren einige Menschen hier, deren wahre Überzeugung nicht der Hohn und Spott waren. Sie hatten aber auch nicht den Mut ihre Wahrheit zu leben. Zu übermächtig erschien ihnen die Gewalt der Soldaten.

Eine eigenartige Atmosphäre lag in der Luft. Das körperliche Leiden, auch der anderen Gekreuzigten, erfüllte die Luft. Das menschliche Leid lag wie ein schwerer, dunkler Schleier in der Atmosphäre. Der Himmel verdunkelte sich und gab der Dunkelheit in den Herzen einen äußeren Ausdruck. Jeshua war ein Meister der Elemente und sie reagierten auf den Zustand seines Körpers. Sie spiegelten die Bedrückung, die Anklage, das Unrecht und die Unbewusstheit der Menschen, die blind ihren begrenzten Idealen nachstrebten.

Als sein Körper den Rest seiner Seelenverbindung aushauchte, schien sich alles zu konzentrieren. Die Atmosphäre war so dicht, dass ich nach Luft rang. Mir wurde schwindelig. Der Unterschied zwischen dem freien, göttlichen Bewusstsein und der Unerträglichkeit des menschlichen Leidens in einem abgetrennten Bewusstsein von der Göttlichkeit war unglaublich deutlich in der unheilvollen Atmosphäre zu spüren.

Doch die meisten Menschen wandten sich ab. Sie taten genau das, was sie auch vorher getan hatten. Sie entschieden sich für ihre Unbewusstheit und verbargen ihre Wahrheit weiter hinter dunklen Schleiern. Ein tiefes Grollen erfüllte die Luft. Die Kraft der Gegensätze entlud sich. Die Kluft zwischen dem durch die Trennung entstandenen Leid und dem freien, göttlichen Bewusstsein wurde noch deutlicher.

Der dunkle Himmel und das tiefe Grollen waren Ausdruck der düsteren Kluft. Die Menschen hatten sich selbst und ihre göttliche Quelle vergessen. Sie fanden keinen Halt im Außen, denn die Illusion einer künstlich erschaffenen Realität bot ihn nicht. Diese Haltlosigkeit trieb sie in immer dunklere Entladungen ihrer Kräfte, in immer chaotischere Richtungen. Sie hatten jegliche Achtung vor sich selbst und anderen verloren. Wie sonst wären sie imstande gewesen ein anderes Wesen derartig zu quälen? Ohne Verbindung zu sich selbst spürten sie kein Mitgefühl, sie waren zu kalten Spielfiguren geworden, die in eine Dunkelheit blickten und den düsteren Fantasien ihrer Verzweiflung Ausdruck gaben.

Manche der Anwesenden ergriff es nun, ein paar begannen zu weinen und zu verstehen. Sie wandten sich wieder um und warfen sich in der Überwältigung ihrer Erkenntnis zu Boden. Sie schrien ihr bislang unterdrücktes Leid heraus. Sie erkannten. Andere gingen einfach.

Jeshua hatte mir versichert, ihm würde nichts geschehen, doch ich sah seinen gequälten Körper, der auch ein Teil von ihm war. Ich senkte meinen Kopf und hoffte, dass es schnell vorübergehen möge. Ich begab mich in meinem Bewusstsein auf eine Ebene jenseits des Leidens und erinnerte mich an unsere wundervollen, gemeinsamen Erlebnisse. Dort wollte ich existieren, für diese Erlebnisse hatte ich mich entschieden. Ich wollte nicht in der Dunkelheit des Leidens verharren, denn es gehörte nicht mehr zu meiner Wahrheit. Und dennoch spürte ich leise Zweifel in mir. Würde ich ihn in diesem Leben vielleicht doch nicht mehr wiedersehen? Noch einmal erlösten sich alte Ängste in mir. In diesen bangen Stunden zwischen Hoffnung und dem Vertrauen, dass es eine Zukunft geben würde, verstand ich nun plötzlich. Derart in der Trennung verhaftet, konnten die Menschen eine glückliche Existenz, gemeinsam mit ihrer Göttlichkeit, einfach nicht wahrnehmen. Verbunden mit ihrem wahren Sein könnten sie eine andere Realität auf Erden erzeugen. Sie würde sie aus ihren Überlebenskämpfen herausführen und ihnen ein erfülltes Leben schenken können. Ich spürte, wie schwierig ein Glaube ohne sichtbare Beweise war. Mir wurde bewusst, dass auch ich die Wirklichkeit meiner Göttlichkeit, nur schrittweise begreifen würde. Erst dann würde ich sie, als unumstößliche Gewissheit, wieder in mir fühlen und erkennen. Dann gäbe es keinen blinden Glauben mehr. Alles Vertrauen würde sich auf selbst erlebten Tatschen neu begründen können. Mit jedem bewussten Schritt würden sich mir neue Einsichten offenbaren.

Ich trug an diesem Tag eine wichtige Erkenntnis davon. Ich verstand die Not der unbewussten Menschen. Ich konnte begreifen, weshalb sie zu solchen Grausamkeiten fähig waren. Ich erkannte das blinde Umherirren, und noch heftiger entflammte der Wunsch in mir, mein Bewusstsein zu öffnen und den Menschen die erlösende Botschaft zu überbringen. Ich wusste, dass sich nun mein eigener Erwachensweg fortsetzen würde.

Mir wurde bewusst, dass unsere Seele nur ein Gast auf der Erde ist. Alle erlebte Realität bezieht sich zunächst auf die Gesetze der besuchten Welt. Doch diese Realität steht nicht unumstößlich fest. Unser göttliches Bewusstsein vermag sie zu verändern. Es gibt eine Wahrheit hinter dem künstlichen Schein aller erschaffenen Welten. Unsere Seele kann in jeder Welt, zu jeder Zeit, ihre ganz eigene Realität kreieren. Dies ist der Lohn des freien Geistes. Ich wusste, dass noch ein ganzes Stück des Weges vor mir lag und im Hintergrund spürte ich Jeshuas bestätigendes Lächeln, das mir so vertraut war.

Tapfer versuchte ich den Kontakt zu meinen guten Erinnerungen und Gefühlen zu bewahren. Ich blickte auf seinen blutenden Körper und sah die Würde und die Liebe in ihm. Ich sah ihn als einen Teil seiner strahlenden Göttlichkeit und hielt dieses Bewusstsein aufrecht. Dies war das Beste, was ich für ihn tun konnte und auch die weisen Menschen, die an diesem Tag bei mir waren, taten dasselbe. So verharrten wir still, bis alles vorüber war und sein Körper freigegeben wurde.

Wir bereiteten ihm eine würdige Bettung.

Die Tage bis zu Jeshuas Auferstehung

Was während der Zeit seiner Auferstehung geschah, blieb meinen menschlichen Augen verborgen. Ich nahm mir die Freiheit zu trauern, denn ein bedeutendes Kapitel seiner Erfahrung als Mensch war nun vorüber. Ein wichtiger Lebensabschnitt hatte seine Erfüllung gefunden und endete hier. Seine Aufgabe war erfüllt.

Dadurch, dass er sich bewusst für den Weg einer körperlichen Geburt entschieden hatte, tauchte auch Jeshua zunächst wieder in die Identifikationen mit einem menschlichen Selbst, einem Körper und den Gesetzmäßigkeiten der Erde ein, so wie alle anderen Menschen auch. Sein Bewusstsein und sein Körper waren bereits in einem anderen Leben aufgestiegen. Er hätte auch, ohne eine Geburt, einfach auf der Erde erscheinen können. Doch dann hätte er nicht dieselben Voraussetzungen mit den Menschen teilen und ihnen nicht so nahe sein können. Und so willigte er in den Weg ein, den er dann auch ging.

Jeshua lebte eine göttliche Verwirklichung vor, unter denselben begrenzenden Bedingungen, an die auch jeder andere Mensch zunächst gebunden war. Dadurch konnte er ihnen zeigen, dass es auch für sie eine Möglichkeit der Rückverbindung zu ihrem göttlichen Selbst gab. Es war möglich, alle angenommenen Begrenzungen wieder zu erlösen. Erst im Laufe seines Lebens ließ er die Identifikationen mit seinem Körper und den Gesetzen der Erde wieder los und war wieder fähig, sein Bewusstsein aus seinem Körper lösen zu können.

Die Gewissheit eines neuen Lebens mit Jeshua war erst ein kleiner Teil meines Bewusstseins. Ich hoffte darauf, doch er war noch nicht Teil meiner Gewissheit. Und so trauerte ich und zog mich zurück. Ich stimmte mich auf seinen Körper ein und nahm ein helles Licht war. Ich empfing innere Eindrücke, dass seine göttliche Lichtgestalt die Hände über seinen Körper hielt und seine Energien in sich aufnahm. Ich träumte, dass Jeshua liebevoll mit seinem Körper sprach und dass sein Körper ihm seinen Schmerz klagte.

Wir waren so innig verbunden. Auf den inneren Ebenen nahm ich wahr, was geschah, auch wenn ich es mit meinen menschlichen Augen nicht sehen konnte. Mein Herz spürte, dass alles in Ordnung war. Mein menschliches Bewusstsein, das die gesamte Wahrheit noch nicht erschauen konnte, litt jedoch, und ich schlief mit tränenverschleierten Augen irgendwann erschöpft ein.

In meinen Träumen sah ich ihn im Frieden, seinen Körper heilend. Sein Körper, als ein Teil seines göttlichen Seins, benötigte Heilung und Vertrauen. Er trug Traurigkeit und Entsetzen über die erlittene Pein in sich und erhielt nun die nötige Zuwendung. Auch wenn Jeshuas Bewusstsein sich von dem Leid lösen konnte, so erfuhr er doch einen Teil des Schmerzes und der Demütigung über seinen Körper. Sein Körper war er selbst, aus einem anderen Blickwinkel des Seins. Die unendliche Liebe von Jeshuas Göttlichkeit heilte sein menschliches Sein und seinen Körper nun behutsam unter seinen Händen.

Die Verbindungen, die sein Licht zu einem festen Körper verdichtet hatten, lockerten sich. Die Energien, aus denen sein Körper bestand, begannen wieder frei zu schwingen und die feste

Form loszulassen. Sein fester Körper wandelte sich in seine ursprüngliche Lichtschwingung zurück. Nur ein gewisser Teil ging an die Mutter Erde. Hier, kurz vor seiner Auferstehung, integrierte er die Energie seines irdischen Körpers in sein göttliches Sein. Nun war er wieder vollkommen frei. Sein Bewusstsein war in keiner Weise mehr an einen irdischen Körper gebunden.

Ich wachte am nächsten Morgen auf und Jeshua lächelte mir aus einem Traum entgegen. Ich spürte unsere Liebe. Ich genoss unser vertrautes Beisammensein und erst einige Sekunden später durchfuhr mich die erschreckende Erinnerung an die irdische Realität. Ich begann meinen Tag und suchte Zuflucht in der Natur. Auch Jeshua liebte die Reinheit der Natur. Hier kam der Geist am besten zur Ruhe und unsere Körper konnten Kraft tanken. Weitab vom Trubel der Menschen, die sich in den aufgeregten Ebenen ihres Verstandesbewusstseins befanden.

In der Natur war Stille und Freiheit, hier wurde der friedliche Kontakt zu meinem wahren Sein leichter möglich. Wir wanderten so oft durch die wundervollen Landschaften und lehrten auch am liebsten in der freien Natur.

Zeit der Trauer

Die Zeit verging, ich zog mich in meiner Trauer zurück. Doch in jenen Tagen erfuhr ich viele wundervolle Erkenntnisse. Sie öffneten mir den Blick auf mein wahres Selbst immer mehr. Die Schleier begannen sich weiter zu lüften und ich erkannte deutlich, dass die Traurigkeit lediglich meinen begrenzten Sichtweisen entsprang. Ich konnte nur diesen kleinen Ausschnitt des Lebens sehen. Der Mensch in mir war noch nicht in der Lage, das größere, vollkommene Bild zu erkennen. Dort gab es noch eine andere Wahrheit. Die Wahrheit, dass mein ewiges Sein seinen wundervollen göttlichen Kern in den Händen hielt und noch für unendlich viele Leben und Körper bereit war.

Die Schleier meiner Traurigkeit öffneten sich, und ich blickte in eine sonnige Ebene meiner Bewusstheit. Dort war das Leben in vollkommener Ordnung. Hier fühlte ich mich wohl und geliebt. Hier wusste ich, dass Jeshua nicht wirklich fort war. Blieb ich auf dieser Ebene meiner Bewusstheit, würde ich den Kontakt zu ihm halten können, auch ohne vollständig in meiner Meisterschaft zu stehen. Doch es sollte noch anders kommen, ich danke dem Leben und der Vorsehung meiner Göttlichkeit dafür.

Ich blickte in den sonnigen Himmel. Ein paar Vögel sangen um mich herum. Nun spürte ich keine Verzweiflung mehr, sondern wärmendes Vertrauen. Irgendwie würde es nun weitergehen. Ich begann mich selbst wieder zu spüren.

Ich schloss die Augen und ließ die Sonne in mein Gesicht scheinen. Ich wollte in dem hellen Gefühl verweilen, dass mein Leben weiterfließen und mir weitere Freuden offenbaren würde. Irgendwann. In diesem Moment lag nicht in meinen Händen, was nun geschehen würde. Ich hatte keinerlei Vorstellung und es blieb mir nichts anderes übrig, als zu vertrauen. Und so ging ich in den Tag hinein.

Kein Mensch begegnete mir und doch – ich fühlte mich nicht einsam. Ich war von einem erlösenden Gefühl erfüllt, und es erlaubte mir, mich sanft aufzurichten.

Ich ging ohne genaues Ziel, denn der Mensch in mir hatte keine Vorstellung davon. Ich spürte, dass mich etwas Größeres umgab. Diesem Gefühl gab ich mich hin, das Geschehen lag nicht mehr unter meiner Kontrolle und so ließ ich die Kontrollen los. Ich ging einfach, getragen von einem Gefühl, dass sich größer und sicherer anfühlte, als mein menschliches Sein. Dieses Gefühl kannte die Richtung und es ließ mich einfach weitergehen. Es führte mich zur Kammer seines Grabes und dort sah ich zum ersten Mal für einen kurzen Moment seinen lichten Körper. Er war noch nicht in einer festen Form und ich konnte ihn nicht berühren. Es erschien mir noch unwirklich, doch war ich eine erste Zeugin seiner Wiederkehr. Dieser Eindruck entzog sich mir wieder, und ich begann mich zu fragen, ob ich wohl geträumt hätte.

Wiedersehen

Einen Tag später zog es mich zu einem wundervollen Garten. Ich stand plötzlich an seinem Eingang. Etwas in mir sträubte sich und wollte fortgehen, doch etwas anderes berührte mich und lud mich ein zu bleiben.

Und dann sah ich ihn. Ich dachte zunächst, ich würde eine Vision gespeist aus meiner Sehnsucht erleben, doch ich war von Vertrauen erfüllt. Hinter einem Baum trat er plötzlich hervor und er erschien mir unwirklich. Ich sah seine Gestalt. Ich sah seinen Körper, der gleichzeitig so feinschwingend wirkte, dass er nicht zu dieser Welt zu gehören schien. Es war, als wären alle Schleier, die einen Menschen von der Wahrnehmung der göttlichen Wirklichkeit trennten, beiseite gezogen.

Sein Körper begann langsam Gestalt in der Realität anzunehmen, in der er mir begegnen konnte. Er wirkte zeitlos, Liebe und Güte strömten aus seinem Gesicht, so wie ich ihn kannte und liebte. Eine freudige Leichtigkeit umspielte ihn und es schien, als wäre nie etwas Besonderes geschehen.

Ich bemerkte, dass ich Schwierigkeiten mit dieser Art seiner Präsenz hatte. Ich konnte sie kaum einordnen. Mir wurde schwindelig. War er nur eine Erscheinung? Träumte ich? Mein Bewusstsein brauchte eine Zeit, um dieses Erlebnis anzunehmen. Durch die enorme Ausstrahlung seiner Gegenwart öffnete sich mein Blick in die göttliche Wirklichkeit und ich spürte, wie mein Bewusstsein die irdische Realität in jenem Augenblick losließ. Es war als hätten sich, in einem zeitlosen Moment, alle Bezugspunkte meines Bewusstseins auf der Erde gelöst. Ich hatte mich mit der irdischen Realität vollkommen identifiziert. Mein menschlicher Blick kannte nichts anderes. Landschaftsformen, vertraute Farben, unsere Wohnstätten, die Menschen, all diese Formen bildeten Bezugspunkte, die mir Halt gaben und die sich nun in einem einzigen Moment auflösten. Erst allmählich spürte ich wieder Boden unter meinen Füßen.

Er kam auf mich zu, um mich behutsam zu umarmen. Er sagte nichts mit menschlichen Worten, aber ich fühlte den Klang seiner Stimme in mir. Sie erfüllte mich, es waren keine Worte nötig. Eine umfassende Erklärung durchströmte mein Sein in Form einer Erkenntnis. Er hatte das Spiel mitgespielt, um einen neuen Weg des Bewusstseins aufzuzeigen und um die göttlichen Wunder sichtbar zu machen.

In einer fernen Zukunft wären diese Dinge für die Menschen wieder begreiflich, sie wären sogar selbst fähig einen Aufstieg ihres Bewusstseins, gemeinsam mit ihrem Körper, zu vollbringen. Doch in den Begrenzungen unserer Zeit erschienen sie wie ein unerklärliches Wunder. Dabei befand Jeshua sich in dem natürlichsten Zustand von uns allen. Nicht er war anders als wir, sondern die anderen Menschen existierten in einem Bewusstsein außerhalb der göttlichen Wirklichkeit. Wir befanden uns in der Täuschung einer Welt, die unsere Seelen erfahren wollten, während er wieder das wahre Sein lebte.

Mein Bewusstsein veränderte sich in dieser Begegnung. Ich hatte genügend damit zu tun, beide Ebenen miteinander zu verbinden und mich selbst darin wiederzufinden. Ich hatte viele Wunder an seiner Seite erlebt, doch dies hier war noch einmal etwas ganz anderes und stellte mein bisheriges Bewusstsein gründlich auf den Kopf. Ich bemerkte, dass es gar nicht so leicht war, gewohnte Überzeugungen loszulassen. Ich hatte seinen leblosen, geschundenen Körper in meinen Armen gehalten. Ich hatte um ihn getrauert. Ich spürte, dass er nicht wollte, dass ich leiden würde und auch für mich sollte sein Weg ein erleuchtendes Ereignis sein. Ich konnte mein Bewusstsein neu ausrichten. Es ging nicht um den Schmerz, sondern um die Erkenntnis meiner eigenen Göttlichkeit.

Es gab also einen Fortbestand unserer irdischen Verbindung, wenn auch auf eine ganz neue Weise, denn wir beide hatten entschieden, den Weg gemeinsam weiterzugehen. Ich genoss die Umarmung. Zuerst spürte ich nur Präsenz und Licht, doch dann konnte ich seine körperlichen Konturen immer deutlicher fühlen. Ich spürte seine warme Haut. Er wurde berührbar für mich. Meine menschlichen Sinne konnten ihn wieder erfassen und eine tiefe Erleichterung und Freude überkamen mich. Frieden stellte sich ein.

Es gab so viel auszutauschen und seine Übermittlungen strömten weiterhin in mein Sein. Ohne Worte, getragen von Liebe, in einem gemeinsamen Moment. Inniglich vereint. Untrennbar, als wäre es nie anders gewesen. Wir würden den Weg gemeinsam weiter gehen, es gab noch Erfahrungen, die auf uns warteten. Unser Abenteuer auf der Erde war noch nicht abgeschlossen und wir hatten es gemeinsam so entschieden. Wir dienten in Liebe den Menschen, wir dienten unserer eigenen Erfahrung und der Erfahrung der göttlichen Quelle, dem Kollektiv aller Wesen. Es war uns eine tiefe Freude unsere Erkenntnis mit anderen zu teilen und die Wahrheit des göttlichen Seins auf der Erde einzubringen.

Jeshua hatte mit seinem irdischen Tod bewusst einen Teil seines Seins hingegeben. Sein Körper, als ein Teil von ihm, erlebte den Schmerz und bewahrte ihn. Jeshua gab ihm genügend Zeit, um im Lichte seiner Göttlichkeit zu heilen und um sich selbst für die Erfahrung vergeben zu können.

Jeshua erschien nicht nur mir, sondern auch anderen Menschen, seinen Schülern und Begleitern. Es gab mehrere Gruppen von Menschen, denen er sich zu erkennen gab. Auch sie erhielten die Vision der Ewigkeit des göttlichen Bewusstseins. Es berührte sie alle, es öffnete ihre Herzen und ihren Horizont.

Sein irdischer Körper verschwand, Jeshua wandelte die Energie, aus der seine feste Form bestand und nahm sie vollständig zu sich. Er integrierte seinen menschlichen Körper vollkommen und war nun in der Lage, seinen Körper auf der Erde frei zu manifestieren. Er war vollkommen frei. Er war für nichts mehr greifbar, keine Macht der Welt hätte ihn je wieder einsperren können. Er war ein erleuchteter Meister, der seine göttliche Verwirklichung, und er hatte seine Wahl ganz bewusst getroffen. Mit diesem Weg war er in der Lage, das Bewusstsein einiger Menschen so sehr zu berühren und zu verändern, dass sie die Botschaft weitertragen würden. Sie sollte eine leuchtende Inspiration für die Herzensöffnung und Bewusstwerdung sehr vieler Menschen sein.

Jeshua verbrachte einige Wochen damit, seinen Schülern und Freunden an den unterschiedlichsten Orten zu zeigen, dass das wahre, göttliche Sein eines jeden Wesens unvergänglich war. Er war das lebendige Beispiel, dass alle Menschen das Potenzial hatten ihre Göttlichkeit auf Erden zu verwirklichen. Die Botschaft erreichte sie klar und deutlich. Es gab einen eindeutigen Beweis, der nicht nur ihr Herz erfüllte, sondern auch den Verstand überzeugte. Damit beschloss sich dieses Kapitel seines Lebens.

Und unsere Reise setzte sich fort, wir verließen die Gegend und schenkten uns erneut eine gemeinsame Zeit. Wir bekamen unseren Sohn Samuel und zwei Söhne anderer Eltern hatten wir, wie eigene Kinder, aufgenommen. Sie vervollständigten unsere Familie, gemeinsam mit unserer ersten Tochter Sarah und unserer zweitgeborenen Tochter.

5

Die Geschenke Jeshuas

»Die Natur der Göttlichkeit ist reine Liebe. Sie ist aus reiner Liebe geboren und kann nicht anders, als vollkommene Liebe zu sein. Erkenne, dass auch du reine Liebe bist.«

Die Geschenke Jeshuas

Nach Jeshuas körperlichem Aufstieg veränderte sich alles für uns. Zuvor lehrten wir sehr viele Menschen. Wir hatten sowohl feste Schüler, die uns regelmäßig umgaben, wie auch wechselnde Personen, die unsere Nähe und Inspiration suchten. Nun lag ein neuer Lebensabschnitt vor uns.

Einigen Begleitern und Schülern gab sich Jeshua wenige Tage nach seinem irdischen Tod zu erkennen. Sie gehörten zu seinem engsten Kreis und er wollte sie weiter lehren. Er gab so viel Wissen und Erfahrung an sie weiter, wie sie nur aufnehmen konnten. Sie erlangten in jenem Leben keine vollkommene Erleuchtung und das war auch nicht so vorgesehen. Sie erreichten einen sehr hohen Grad an Bewusstheit und Teilerleuchtungen, denn sie sollten später ihre ganz eigenen Schüler finden, die für einen vollständig aufgestiegenen Lehrer noch nicht bereit waren. Und so war es ein Dienst ihrer besonderen Liebe, ihre eigene Erleuchtung für einige Zeit zurückzustellen und die göttliche Wahrheit zu lehren. Sie teilten ihre persönlichen Erfahrungen mit all jenen, die bereit waren.

Jeshua verbrachte viel Zeit mit ihnen, sie lachten gemeinsam und lernten voller Freude und Begeisterung. Noch sechs weitere aufmerksame Schüler weilten einige Jahre bei ihnen. Wann immer sie zusammentrafen, verbreitete sich eine heitere und sonnige Stimmung. Selbst wenn es regnete, schien es, als würde ein sonniger Schein sie umgeben. Sie kreierten gemeinsam ein ganz besonderes Bewusstsein, welches auf der Erde eingebracht werden wollte. Jeshua gab sich unter den Menschen nicht weiter zu erkennen, jedoch holte er weiteres Licht auf die Erde und hinterlegte es in verschiedenen Dimensionen, verknüpft mit verschiedensten Orten. Er speiste göttliche Informationen der Erleuchtung und des Erwachens in verschiedene Realitätsebenen der Erde ein.

Die irdische Realität ist von diesen Informationsbändern durchdrungen. Sie sind wie ein feines Lichtgewebe. Wenn ein Mensch bereit ist, kann er sich mit diesen Frequenzen verbinden, in die Jeshua das Licht des Erwachens einspeiste. Der Mensch würde es als eine lichtvolle Anhebung seines Seins empfinden, ohne es vielleicht näher einordnen zu können. Je nach Bewusstseinsgrad, würden sich diese aufgenommen Informationen allmählich entfalten und ihn sanft in weitere Bewusstseinsöffnungen und Erfahrungen hineinführen. Die Menschen würden an bestimmten Orten, die mit diesen Informationen verbunden waren, einfach von diesem Licht berührt, wenn ihre Seelenimpulse sie dorthin zögen. Doch ist es auch möglich sich auf diese Frequenzbänder einzustimmen und die Informationen, auch unabhängig von den örtlichen Ankerpunkten, aufzunehmen.

Das Licht dieser besonderen Bänder, die fein in das Gewebe der Realität eingewebt sind, leuchtet durch diese Zeilen hindurch und Jeshua verbrachte viel Zeit damit sie zu füllen. Sie sind ein Teil seines Erbes auf Erden. Da sich sein Bewusstsein in der Zeitlosigkeit befand, konnte er die Menschen erblicken, die hiermit in Kontakt kommen würden. Er sah das zukünftige Potenzial der Erde und er wusste, dass Menschen kommen würden, um diese Impulse zu empfangen. Zeit und Raum existieren auf diesen Ebenen nicht, denn das geöffnete Bewusstsein blickt frei durch alles hindurch.

Wenn du möchtest, stimme dich auf diese Frequenzbänder ein und es wird vielleicht so sein, als schautest du direkt in sein liebevolles, weises Gesicht. Empfange die dort hinterlegten Lichtinformationen. Atme sie einfach ein und lasse ihre Schwingungen in deinen Zellen wirken. Kommuniziere mit Jeshua. Fühle dich frei, denn diese Informationen wurden für die Entfaltung der Liebe und Freiheit auf Erden hinterlegt.

Erkennen der Selbstliebe

Als wir schließlich weiterzogen und das Land auch öfter verließen, brach ich den Kontakt zu meinen Schülerinnen und Schülern eine Zeitlang ab. Ich verspürte zunächst keinen weiteren Impuls mehr zu lehren. Jetzt ging es um unsere Familie und meinen weiteren Erwachensweg. In meinem Aufstiegsprozess verlor selbst meine ursprüngliche Lebensaufgabe an Bedeutung. Sie hatte ihren Zweck für mich bereits erfüllt. Meine ganze Ausrichtung galt jetzt nur noch der Rückverbindung mit meinem göttlichen Sein.

Mein Wissen würde ich später an meine Kinder wie auch an einige Schüler meiner direkten Umgebung weitergeben.

Die Frauen nahmen die Lehren tief in ihren Herzen mit sich und trugen den Wert ihrer weiblichen Kraft durch die Zeiten hindurch, damit er nicht in Vergessenheit geraten würde. Sie eröffneten Wege der Heilung für eine göttlich inspirierte Zukunft. In einer Zeit, in der Frauen als geringwertig betrachtet wurden, und diesen Glauben tief in sich verankert hatten, konnte mein geheiltes Herz ihnen den Weg in ein neues Bewusstsein zeigen. Sie nahmen tiefes Heilwissen mit sich und erschufen daraus neue Wege.

Ich hatte stets mit großer Hingabe gewirkt und viel über Liebe und Heilung gelehrt. Immer mehr näherte ich mich einem Punkt zu erkennen, dass ich mich selbst dabei oft außer Acht gelassen hatte. Die anderen waren mir stets wichtiger und dahinter konnte ich mich selbst kaum mehr wahrnehmen. Es war, als würde ich mich selbst ständig ein Stückchen verlassen, wenn ich mich zu sehr mit anderen Menschen beschäftigte.

Traurigkeit stieg in mir auf. Ich erkannte immer mehr, wie wenig ich mir selbst doch anscheinend bedeutete. Doch war das die Wahrheit? Ich spürte nach. Ich lenkte mich einfach zu sehr von mir selbst ab. Immer wieder stellte ich mich zurück und dachte gar nicht mehr an meine Bedürfnisse. Mir schien es auch an nichts zu mangeln, denn eine Zeitlang nahm mich selbst kaum noch wahr. Jetzt wurde es mir bewusst wie noch nie.

Ich wandte mich an Jeshua, und er blickte mich an. »Es ist an der Zeit, es zu erkennen, mein Liebstes. Ach, könntest du die Schönheit deines Wesens nur so sehr erkennen und lieben, wie ich es vermag …« Er lächelte liebevoll. »Die Natur der Göttlichkeit ist reine Liebe. Sie ist aus reiner Liebe geboren und kann nicht anders, als vollkommene Liebe zu sein. Erkenne, dass auch du reine Liebe bist.« Seine Worte berührten mich tief. Nach einer stillen Weile fuhr Jeshua fort. »Als Menschen vermögen wir zu erleben, wie sich einzelne Aspekte der Liebe, außerhalb der Vollkommenheit, darstellen. Wir nehmen einzelne Facetten der Liebe aus der Vollkommenheit heraus und bringen sie mit in unsere Leben hinein, um sie zu erfahren. Wir können die Abwesenheit von Liebe erfahren und ihre Anwesenheit in den unterschiedlichsten Erscheinungsformen. In deinem Erwachen ist es so wichtig, dass du dieses erkennst. Die wahre Liebe, die du bist, klopft an deine Türe. Gewähre ihr Einlass, mein Liebstes, und erkenne, dass du reine Liebe bist.« Tränen stiegen mir in die Augen. In den Momenten, in denen er sprach, stieg tiefstes Mitgefühl in mir auf. Ich konnte mich in diesen Augenblicken in meiner wahren Natur der Liebe wahrnehmen. SEINE Ausstrahlung nahm mich einfach mit hinein, denn er hatte diesen Zustand längst für sich verwirklicht.

Doch ich konnte mir dieses tiefe Erkennen noch nicht aus eigener Kraft erhalten. Ging ich aus unserer Begegnung heraus, so zogen sich wieder feine Schleier der Trennung vor mein Gefühl der umfassenden Selbstliebe. Doch ich hatte sie erschaut. Ich hatte sie wahrgenommen. Wie wunderschön sie war! Welche Hochgefühle diese Einblicke erzeugten! Ich entschloss mich, mehr davon zu erfahren. Ich nahm die Erinnerung an dieses wundervolle Gefühl tief in meinem Herzen auf.

Diese Entscheidung veränderte etwas. Sie war nun kein oberflächlicher Gedanke mehr, sondern das tiefe Gefühl eines Herzenswunsches. Ich spürte, wie sich durch diese Entscheidung eine neue Tür in mir öffnete. Sie würde mich in eine noch tiefere Erfahrung meiner Selbstliebe geleiten.

Die Grenzen des Körpers

Eines Tages bekam ich eine Erfahrung geschenkt, in der sich die Grenzen meines Körpers unerwartet auflösten. Ich hatte ihn bisher völlig selbstverständlich, als eine natürliche äußere Grenze akzeptiert, das wurde mir in dieser Erfahrung überhaupt erst bewusst. Ich hatte gar keine Vorstellung davon, ohne einen Körper existieren zu können, so sehr hatte ich mein Bewusstsein auf ihn fokussiert. Er war zu meiner selbstverständlichen Überzeugung geworden. Ich empfand meinen Körper als einen unveränderlichen Teil, der mir eine Zeitspanne der Existenz wie auch Gesundheit oder Krankheit vorgab. Durch diese begrenzte Sichtweise hatte ich einen Teil meiner Freiheit und Schöpferkraft aus der Hand gegeben.

Eines Tages ging ich in einen kleinen See. Er erschien sehr einladend und das Sonnenlicht glitzerte auf seiner Oberfläche. Die feinen Bewegungen seines Wassers luden mich ein näher zu kommen. So entschloss ich mich ein Bad zu nehmen und hockte ich mich einfach in das seichte Wasser hinein. Ich spürte das Wasser und plötzlich geschah etwas. Ich ließ mich so sehr fallen, dass ich in einen fast traumartigen Zustand hineinglitt.

Ich schwebte auf dem Rücken durch das Wasser, doch plötzlich spürte ich das Wasser nicht mehr nur als äußere Berührung. Die festen Grenzen meines Körpers schienen sich aufzulösen und ich war plötzlich eins mit dem Wasser. Alles erschien mir in diesem Moment so selbstverständlich, als sei es nie anders gewesen. Ich erfuhr beides gleichzeitig. Meinen Körper und das Wasser, es gab kein Innen und kein Außen mehr.

Mir wurde bewusst, dass mein Körper nicht wirklich fest war. Durch die Regeln und Gesetze der Erde erschien er mir nur so. Diese Vereinbarung und meine Einwilligung in diese Überzeugung, erlaubten mir, einen festen Körper wahrzunehmen. In diesem Moment fühlte er sich eher feinstofflich und durchlässig an. Ich begriff, dass der feste Körper lediglich eine Wahrnehmung meines Bewusstseins war. Ich war in einem Körper zur Welt gekommen, ich hatte meine Seele sorgfältig mit ihm verbunden und diese Überzeugung vollständig angenommen. Hier erfuhr ich nun etwas anderes und durchschaute die Illusion ein klein wenig mehr.

Dennoch erschrak ich zunächst, zuckte zusammen und hockte mit den Füßen wieder auf dem Boden, im seichten Wasser des Sees. Ich war etwas irritiert. Diese Erfahrung hatte mich sehr beeindruckt und wirkte angenehm mir nach. Ich konnte sie nicht willentlich wiederholen, aber ihr Gefühl blieb in mir erhalten. So konnte ich diesen neuen Einblick annehmen und erst langsam begreifen.

Heilmeditation: Die Geschenke Jeshuas empfangen

Lasse deine Aufmerksamkeit nach innen sinken und komme an einem wundervollen, sicheren Ort deiner Seelenlandschaft an. Lasse dich in einem Wald, an einem See oder dort nieder, wo du dich wohlfühlst. Komme an und genieße die Gefühle der Sicherheit und Geborgenheit.

Lasse alle äußeren Eindrücke los. Du bist ganz bei dir.

Pause

Dein göttliches Selbst stellt sich nun, wie ein lichter Engel, vor dich und sendet dir seine Liebe. Atme mit jedem Atemzug die Liebe deiner Göttlichkeit von vorne durch dein Herzchakra ein. Fühle die wundervolle Schwingung sanfter Liebe und lasse sie durch deinen ganzen Körper fließen.

Pause

Jeshua hat auf seinem Lebensweg Lichtinformationen über Heilung, Herzensöffnung und den Aufstiegsprozess der Menschen in die Informationsebenen der Erde eingebettet. Du kannst sie dir wie leuchtende Frequenzbänder vorstellen, welche die irdische Realität durchfließen. Wenn du dich auf sie einstimmst, kannst du ihre Informationen empfangen.

Spüre nun deine innere Absicht, mit diesen Lichtinformationen in Kontakt zu treten. Stelle dir vor, dass du innerlich durch das Gefüge der irdischen Realität hindurchschaust und diese lichten Informationsbänder erblickst. Sie schwingen harmonisch im Einklang mit der göttlichen Wirklichkeit. Dein Herzenswunsch verbindet dich mit ihnen.

∽ *Pause*

Berühre diese Lichtbänder nun mit deiner inneren Hand, dies verstärkt den Kontakt. Spüre die Energie dieser lichten Ebene durch deine Berührung. Du kannst den Text dieser Heilmeditation lesen und dabei gleichzeitig die Lichtbänder innerlich berühren. Bitte darum, dass die für dich passenden Informationen nun zu dir fließen und empfange einen wohltuenden Strom aus Energie und Lichtinformationen aus den Frequenzbändern. Erlaube, dass er sich in deinem ganzen Körper und Sein verteilen darf. Empfange den angenehmen Strom solange er fließen möchte. Wenn es genug ist, wird der Fluss von selbst enden.

Spüre und empfange.

∽ *Pause*

Vertraue allen inneren Bildern und Vorstellungen, die in dieser Verbindung auftauchen. Du empfängst die Lichtinformationen und sie werden sich schrittweise in dir entfalten können. Sie fließen nicht unbedingt als direktes Wissen zu dir, sondern es sind vielmehr göttliche inspirierte Impulse, die deinen Aufstiegsweg und deine Erkenntnisse über dich selbst unterstützen. Vielleicht werden dir Teile der Informationen direkt bewusst, vielleicht auch nicht, dies spielt keine Rolle.

Vielleicht bemerkst du einige Stunden, Tage oder Monate später Veränderungen. Vielleicht stärkt sich dein Selbstwert, ein Heilprozess oder Erkenntnisse werden unterstützt. Es darf geschehen, was auf deinem Erwachensweg jetzt gerade richtig ist und dies kann sehr unterschiedlich sein.

Du kannst in das Informationsband hineinfragen, was es für dich enthält und vielleicht empfängst du Antworten über innere Bilder, Gefühle oder einen sanften Gedankenfluss. Eine solche

Kommunikation ist sehr interessant, aber auch nicht unbedingt notwendig, um die Impulse in dir aufzunehmen. Die Lichtinformationen werden dir die richtigen Impulse schenken. Sie werden sich in deiner Zeit in dir entfalten. Empfange sie und lasse sie einfach in dir wirken.

Du bist unendlich geliebt.

6

Schöpferische Kraft – Realitäten verankern

»Ein Meister des Lebens weiß, dass er seine erlebte Realität selbst erschafft. Er erlaubt allen Energien, die in unendlicher Fülle vorhanden sind, ihm liebevoll zu dienen, eine manifeste Realität zu erschaffen und das Beste zu ihm zu bringen.«

Reise in eine Oase – Im freien Fluss des Seins

Meine gemeinsame Reise mit Jeshua führte uns eines Tages zu einer wunderschönen Oase, inmitten der Wüste. Einige Male überquerten wir die Landesgrenzen, und unser Aufenthalt in dieser Oase war ein ganz besonderes Erlebnis. Unsere Kinder begleiteten zumeist unsere Ausflüge, doch hier blieben sie bei engen Vertrauten von uns und wir wussten, dass es in bester Ordnung war.

Jeshua hatte dafür gesorgt, dass uns dieser Ort einlud, ein paar Tage zu bleiben und das Leben ganz für uns zu genießen. Ich hatte mich daran gewöhnt, dass die Dinge, die wir gerade benötigten, in unserem Leben einfach erschienen. Meine eigene Schöpferkraft und mein Vertrauen waren noch nicht stark genug mit mir verbunden, um so etwas auch selbstständig bewegen zu können. Ich ließ aber zu, dass Jeshua mich in seine Realitätsschöpfungen mit hineinnahm, und die Oase empfing uns in einem ganz besonderen Licht.

Alles in ihr erschien von Beginn an hell und einladend. Die Farbe des Wassers war erfrischend und auch der Himmel erschien in Pastelltönen.

Jeshua nahm mich an die Hand und führte mich in die Oase. Für mich war es ein großartiger Moment, und auch er war von den wundervollen Bereichen der Schöpfung, die sich uns eröffneten, immer wieder aufs Neue beglückt und überrascht.

Wir waren in dieser Oase nicht allein. Die Menschen, die hier lebten, begrüßten uns sehr freundlich und luden uns ein, eine Weile zu bleiben.

Es war eine ganz andere Welt, als ich sie bisher kennengelernt hatte und sie erzeugte ein ganz neues Gefühl in mir. Alles hier war sanft und schwang in einer erhöhten Energie. Es ermöglichte mir, ganz besondere Einblicke in das Leben und die Vorgänge der Schöpfung zu erhalten. Wir genossen unsere Zweisamkeit und Jeshua zeigte mir vieles. Er öffnete meine Augen für die kleinen Wunder der Natur, die sich hinter jedem Sandkorn und jedem Blatt verbargen.

Diese Oase war eine Perle in der weitläufigen Wüste. Hier war der geeignete Ort, um ein tieferes Gefühl für mein eigenes Sein zu entwickeln. Als ich die Wüste durchwanderte, empfing ich ein Gefühl von Weite und Einzigartigkeit. Obgleich sie unendlich weit und zunächst als ein unwirtlicher Ort erschien, so fühlte ich mich keinesfalls in ihr verloren. Das genaue Gegenteil war der Fall. Ihre vermeintliche Kargheit und immense Weitläufigkeit gaben mir ein intensives Gefühl zu existieren, anwesend und gleichzeitig geborgen zu sein. Ich nahm mein reines Bewusstsein hier stärker wahr als an allen anderen Orten.

Die Wüste unterstrich die Besonderheit und Einzigartigkeit eines jeden Wesens. Ein jedes Lebewesen, welches in der Wüste zu existieren vermag, strahlt dieses besondere Bewusstsein aus. So viel mehr Leben verbirgt sich innerhalb einer Wüste, als es zunächst erscheint. Sie spiegelt die Weitläufigkeit unseres eigenen Bewusstseins und zeigt auf, dass in dem vermeintlichen Nichts eine Unmenge an Potenzialen nur darauf warten, entdeckt zu werden.

Die Wüste erschien auf den ersten Blick leer, als gäbe es nichts weiter als Sand, Dünen und ein paar Felsen in der endlosen Weite. Doch weit gefehlt! Hinter jedem Stein und Sandkorn wartete das Leben nur auf seine Entfaltung. In der Wüste entdeckte ich das erfüllende Gefühl, innerlich einfach weit und leer zu sein, um wahrhaftig empfangen zu können. Es war das wundervolle Gefühl, dass der freie Fluss meines Lebens, mit seinen Geschenken, einfach ungehindert durch mich hindurchfließen konnte. Kein Gedanke, keine Angst und Verletzung konnten ihn begrenzen. Hier durfte ich meine reine Seinsebene erleben. Ich fühlte mein unbeschwertes Sein, in einem einzigartigen, ewigen Moment des Jetzt.

Es war wichtig für mich, diese Leere wahrnehmen zu können. Es war keine wirkliche Leere, denn es fehlte an nichts – ganz im Gegenteil, lediglich alles Komplizierte war verschwunden. Die Leere bedeutete ganz einfach, dass ich frei von einengenden Gedanken oder negativen Emotionen war. Keine hinderlichen Gedanken banden mich mehr an irgendetwas. Ich erlebte mich als reines Sein, von allem befreit.

Jeshua erklärte mir einfühlsam, dass es keine Leere war und auch keine wirkliche Leere in der Schöpfung existierte. In Wahrheit enthielt das vermeintliche Nichts die unendlichen, göttlichen Potenziale, die zunächst noch ruhten, bevor wir uns entschieden, sie zu erfahren. Die unberührten Potenziale erschienen wie eine leere Weite in einer sanften Art von Dunkelheit, denn alles ruht, solange noch kein Potenzial gelebt wird. Dann trifft unser Bewusstsein die Wahl für eine Erfahrung. Diese Entscheidung öffnet dann eines der bereits vorhandenen Potenziale, damit es sich in der Realität der Schöpfungswelten entfalten kann. Es bringt dann eine Vielfalt von Erfahrungen mit sich, die uns einladen sie mit großer Freude zu erleben, und wir bringen das Licht unserer Bewusstheit in das Potenzial hinein. Die ruhende, warme Dunkelheit erwacht zu erlebtem Licht!

Die Oase war ein Potenzial, das sich inmitten der Wüste für uns geöffnet hatte. Aus der Leere heraus offenbarte sich eine wundervolle Möglichkeit und wir nahmen die Einladung an, sie zu genießen. Unser Bewusstsein hatte diese Erfahrung gewählt und sie diente uns auf die bestmögliche Weise. Ich wurde mir meines göttlichen Lichtes, tief in meinem Herzen, intensiver gewahr. Wir tanzten und lachten gemeinsam und waren uns der unbeschreiblichen Schönheit der Schöpfung bewusst.

Die Oase spiegelte mit ihren hellen Farben, das kristallene Licht unseres Bewusstseins. Hier waren wir unserem göttlichen Licht so nahe. Dieser Ort gab mir ein Gefühl und sogar einen visuellen Eindruck meines göttlich kristallenen Seins.

Durch solche besonderen Einblicke erfuhr ich auf meinem Weg immer wieder Teilerleuchtungen, die mir halfen, mein göttliches Bewusstsein schrittweise kennenzulernen. Es gab so vieles in dieser Oase zu entdecken.

Wird ein Potenzial eröffnet und gelebt, so ergibt sich alles Weitere aus ihm heraus. Menschen begegneten uns hier und wir kamen in bewegende Kontakte.

Andere Wanderer erzählten uns ihre Geschichten und versorgten uns mit Rat und Tat für unsere weitere Reise. Ist ein Potenzial aktiv, so darf man von den Dingen, die sich daraus ergeben, angenehm überrascht sein. Dies ist die wahre Lebendigkeit der Schöpfung. Auch der Meister weiß nicht, wie sich ein eröffnetes Potenzial in allen Details entwickelt.

Er vertraut darauf, dass es ihm das Beste schenkt und dieses Vertrauen ist tief in ihm verwirklicht. Er lebt den Moment und nimmt das Beste an, das ihm daraus geschenkt wird.

Die Kraft dieses Ortes bewirkte eine tiefe Veränderung in mir, ebenso wie die Wanderung durch die Wüste. Die Wüste ließ mich den freien Fluss meines Seins spüren und schenkte mir gleichzeitig eine tief behütende Geborgenheit, die mir einen puren Kontakt zu mir selbst erlaubte. Zu bestimmten Zeiten meines Erwachensprozesses waren die Energien bestimmter Orte sehr hilfreich, denn sie vermittelten mir ihre reine Kraft. Sie konnten mir Impulse für tiefere Erkenntnisse geben. Durch das Licht der Oase, konnte ich meine Göttlichkeit fühlen. Dieser Ort diente mir zutiefst und Jeshua wusste dies. Deshalb brachte er mich hierher und ich war ihm dankbar dafür.

Mein Aufstiegsprozess geschah langsam und über viele Jahre hinweg. Es war die ursprüngliche, weise Wahl meines göttlichen Seins, denn ich wollte die Erfahrungen dieser besonderen Reise in vollen Zügen genießen. Ich entwickelte tiefes Mitgefühl für die ganz individuellen Erwachenswege anderer Menschen. Ich erhielt wertvolle Einblicke in die Abläufe des Lebens, die vielfältigen Anteile meines Seins, die Interaktionen der Menschen, Tiere, Pflanzen und Landschaften. Ich erlebte die Erde und ihre Bewohner auf eine ungeahnte Weise und jedes Erlebnis öffnete weitere Herzensfacetten in mir.

Die Oase leuchtete, mein Herz weitete sich und leuchtete. Wir strahlten. Das Leben war so wunderschön! Auch wenn ich die hohe Energie und das Bewusstsein, das mir hier begegnete, noch nicht dauerhaft aufrechterhalten konnte, so war ich doch jederzeit in der Lage, mich daran zu erinnern.

Es wies mir den weiteren Weg zu dem, was ich verwirklichen wollte: Meine Göttlichkeit auf Erden zu leben!

Die Entscheidung meines Lebens

Ich liebte Begegnungen mit anderen Menschen, sie zeigten mir so viel über mich selbst. Die Menschen begeisterten mich. Was sie wohl bewegte? Das fragte ich mich sehr oft, wenn ich in ihre Gesichter sah. Das meiste blieb verborgen, die wenigsten Menschen trugen ihr Herz zu meiner Zeit auf der Zunge oder gewährten Einblicke in ihre tieferen Gefühle. Vielen von ihnen blieben auf das Überleben und die ganz alltäglichen Dinge des Lebens fokussiert. Mir wurde immer klarer, wie sehr sich die Menschen unwissentlich selbst begrenzen konnten. Auch ich hatte dies lange Zeit getan.

Ich erlebte eine unbeschwerte Kindheit und erfuhr einen großen Vertrauensbruch, als mein Vater mich eines Tages einem Mann versprach. Ich wurde in strenge, gesellschaftliche Vorgaben hineingeboren. Wahrscheinlich würde ich heiraten, Kinder bekommen und ein Haus hüten, so wie meine Mutter es vorgelebt hatte. Ich glaubte damals, ich könnte mein Leben nicht sehr entscheidend mitbestimmen. Ich hatte noch keine andere Möglichkeit erkannt und so blieb mein Bewusstsein zunächst darauf reduziert. Erst später folgte ich meinen eigenen, inneren Impulsen, die mich auf einen ganz anderen Weg führen sollten.

Ich war etwa vierzehn Jahre alt, als ich zu spüren begann, dass mich die Aussichten, die mir für mein Leben bevorstanden, nicht wirklich glücklich stimmten. Andere Mädchen in der Nachbarschaft freuten sich auf eine baldige Vermählung. Manchen war es gleich, ob ein Mann für sie ausgesucht würde, statt dass sie ihn selbst wählen durften. Ihnen wurde gar keine andere Möglichkeit in der Familie gelassen und so konnten sie auch keinen anderen Weg für sich erkennen.

Doch mein Weg sollte ein anderer sein. Ich passte nicht in diese Vorgaben. Von Beginn an nicht. Ich fühlte mich als eine Rebellin und tief in mir regte sich ein Widerstand gegen die althergebrachten Regeln, wenngleich ich mich zunächst unterordnete. Manchmal spürte ich einen Impuls zum Ausbrechen, doch ich wusste nicht wohin. Mir fehlte jegliche Vorstellung einer anderen Möglichkeit. Was sonst würde ich mit meinem Leben wohl anfangen können?

Ich war noch nicht fähig, eine wirklich tiefe Entscheidung für mich zu treffen. Auf diese Weise stand ich nicht in meiner wahren Kraft, dies wurde mir erst sehr viel später bewusst. Ich traf nicht wirklich eine Wahl für mich, sondern ließ zu, dass andere Menschen Entscheidungen für mich trafen. Und dies geschah auch eines Tages, als mein Vater entschied, mich einem Mann zu versprechen. Er glaubte, so die Zukunft unserer Familie sichern zu können. Auch hier fügte ich mich zunächst. Der Abschied von meiner Familie war sehr schwierig. Sehr schnell bemerkte ich, dass ich mich einsam fühlte. Der Mann, dem ich gegeben wurde, hatte strenge Erwartungen an eine Frau und stand mir nicht nahe.

Ich wusste sofort, dass mein neues Zuhause ein Gefängnis war. Die Unstimmigkeiten gipfelten sehr schnell mit einem Schlag in mein Gesicht. Derart verletzt, machte ich mich endlich auf meinen Weg. Ich war so entsetzt, dass ich nicht mehr nachdenken konnte, denn sonst wäre ich vielleicht nicht gegangen. Ich hatte große Angst vor dem Unbekannten.

Ich wusste, ich konnte nicht mehr zurück zu meinen Eltern, mein Vater würde mich nicht verstehen, und so wurde erst einmal die Straße mein neues Zuhause. Ich arbeitete in manchen Häusern und genoss keinerlei Ansehen oder Dank. So eingehüllt in Leid, umgeben von Schmutz, Gestank und Abfall reifte jedoch allmählich eine immer tiefere Entscheidung in mir: So wollte ich nicht leben!

Ich ging immer wieder zu den Menschen, weil ich dort Sicherheit suchte. Ich dachte, ich könnte mich nicht alleine ernähren. So übersah ich eine Weile, dass mir mein Herz einen anderen Weg zeigen wollte. Doch dafür musste ich zunächst aus den scheinbar sicheren Häusern hinaustreten und mich in die Welt hinein wagen.

Eines Nachts ging ich diesen Schritt. Dies war kein wirkliches Leben. Ich wusste nicht, was mich erwarten würde, doch ich riskierte es einfach und ging. Ich hatte genügend Demütigung, Einschüchterung und Verletzung erlebt.

Endlich konnte ich eine tiefe Entscheidung in mir fühlen, dass es genug war. Es gab noch keine neue Vision meines Lebens und keinerlei Perspektive, aber ich vertraute nun endlich meinem inneren Gefühl und ging. Ich verabschiedete mich nicht, denn ich wollte nicht aufgehalten werden. Ich trat heimlich aus der Türe heraus, in die dunkle Nacht hinein.

Dort ging ich eine ganze Weile, bis ich so müde wurde, dass ich mich einfach hinsetzte und einschlief. Ich schlief in einem lichten Wald über viele Stunden, ich war sehr erschöpft. Als ich erwachte, wurde ich mir sofort meiner Angst gewahr. Was hatte ich getan? War es wirklich die richtige Entscheidung? Ich spürte, dass ich einfach nur glücklich sein wollte und ließ dieses nun zu meiner größten Lebensentscheidung werden.

Es war eine weise Wahl
aus meinem Herzen.

Ich wollte nicht einfach nur mein Leid mindern. Es war keine Wahl aus meinem Verstand. Ich hatte mich zutiefst über mein Gefühl entschieden wirklich glücklich zu sein, auch wenn ich noch nicht wusste, wie ich das erreichen sollte. Es war eine Entscheidung, die leere Kompromisse ausschloss. So vieles schien dagegen zu sprechen, denn ich brachte die denkbar schlechtesten Voraussetzungen mit. Ich trug schmutzige Kleidung am Leib und hatte kein Zuhause.

Ich fühlte die Entscheidung in jeder Faser meines Seins. Sie entsprang nicht nur meinem Denken, sondern sprudelte tief aus meinem Herzensgefühl heraus.

Alles in mir fühlte sich befreit an. Es fühlte sich rein und klar an. Nun blieb mir nichts anderes übrig als zu vertrauen, dass sich die richtigen Schritte eröffnen würden. Und das taten sie. Zunächst ganz langsam, aber es kam eine neue Stunde, ein neuer Tag, und ich ging meinen Weg.

Ich ernährte mich von den Früchten des Weges oder dem, was die Leute mir gaben. Ich schlief im Freien und manchmal in einem Stall. Ich ging so weit mich meine Füße trugen. Ich hatte kein bestimmtes Ziel und ging jeden Tag einfach in die Richtung, die sich gut anfühlte. Ich erlebte, dass sich meine Versorgung ergab. Ich fühlte mich von Tag zu Tag freier. Ich lernte, meine alten Vorstellungen beiseite zu legen. Noch war ich nicht angekommen, aber es ging mir bereits besser. Ich vertraute jeden Tag aufs Neue und so lehrte mich das Leben an dieser Stelle einen wichtigen Teil meiner späteren Meisterschaft.

Von da an spürte ich deutlich, dass die Dinge im Leben wirklich in Bewegung kamen, wenn ich eine klare, tiefe Herzensentscheidung traf. Mit jeder Entscheidung öffneten sich neue Türen. So konnte meine Göttlichkeit beginnen, auf die Realität meines Lebens einzuwirken. Die Herzensimpulse waren Wegweiser aus meinem göttlichen Selbst. Und so brachte mich dieser Weg zu dem Ufer eines kleinen Flusses, an dem ich Jeshua zum ersten Mal begegnete.

Als ich dort ankam, verbrachte ich zunächst viele Tage allein. Ich blickte immer wieder in das Wasser und wurde mir meiner inneren Wunden gewahr. Sie fühlten sich an wie Risse tief in meinem Sein. Der Fluss mit seinem Wasser wurde zu meinem besten Freund. Er erlaubte mir so vieles zu erkennen, wenn ich in sein klares Wasser hineinblickte, und ich begann die Splitter meines gebrochenen Herzens langsam wieder zusammenzusetzen. Mit jedem Morgen, den ich begrüßte, fühlte ich mich frischer und vollständiger. Ich verweilte dort, bis eines Tages ein Mann an das Flussufer trat, Jeshua. Als ich ihn erblickte, spürte ich, dass es eine besondere Begegnung war. Etwas, tief in meinem

Herzen, fühlte sich in seiner Gegenwart sofort wohl und geborgen, doch als Frau wagte ich kaum ihn anzublicken. Ich senkte meinen Kopf fast beschämt und schaute wieder auf das friedlich strömende Wasser. Fast eingeschüchtert verharrte ich einfach, Ängste stiegen in mir hoch, wieder durch andere Menschen verletzt werden zu können. Doch Jeshua war ganz anders. Er setzte sich einfach still neben mich und aus ihm strahlte eine sanfte Herzenspräsenz, die mir unendlich gut tat.

Er hatte die Fähigkeit, die Göttlichkeit tief im Herzen eines jeden Menschen zu berühren. Und während er neben mir saß, begannen meine inneren Herzenssplitter bereits zu heilen. Mir war fast, als würde er die Umgebung in ein sanftes warmes Licht tauchen und ich fühlte mich ohne Worte seit langer Zeit erstmals wieder wohl und geborgen. So saßen wir einfach beisammen, ohne weitere Blicke, und dann ging er wieder. Ich blieb zurück, doch ich fühlte mich nicht mehr allein, sondern in wohlige Geborgenheit gehüllt. Drei Tage später traf ich ihn wieder, als ich ganz in der Nähe ein paar Früchte pflückte. Er war mit mehreren Begleitern dort und lud mich ein, mich an ihr Lager zu setzen. Und ich blieb. Hier begann die Zeit meiner tiefen, inneren Heilung und die Zeit, die Wunder miterleben zu dürfen, die er den Menschen und auch Tieren damals schenkte.

Begegnung auf einem Marktplatz

Auf meinem Weg bin ich vielen Menschen begegnet, ich mochte die Menschen, genau wie Jeshua. Die wenigsten verurteilten mich, ich kam durch Jeshua wieder in meine innere Sicherheit und erfuhr sehr viel Zuspruch.

Während meines Aufstiegsprozesses durchlief ich immer wieder Phasen, in denen ich mich am liebsten verborgen habe. Sobald es mir möglich war, trat ich dann wieder hervor. Ich erinnere mich an ein Erlebnis, ganz zu Beginn meines Weges mit Jeshua. Meine inneren Wunden waren noch nicht sehr gut verheilt und ich strahlte noch alten, unerlösten Schmerz aus. Entsprechend begegneten mir Menschen mit einer ähnlichen Art von Schmerz. Unbewusst versuchten sie ihn zu verbergen, doch wenn sie auf jemanden mit derselben Wunde trafen, so begannen sie instinktiv, ihre eigene Wunde zu verteidigen. Ihr Unterbewusstsein brachte diese Schutzmechanismen hervor. Sie konnten ihre eigene Wunde nicht sehen, doch sie konnten sie durch mich spüren. Dies löste Ablehnung mir gegenüber aus, denn sie wollten ihren eigenen Schmerz noch nicht betrachten. Die Ablehnung und Abscheu, die sie eigentlich für sich selbst empfanden, entlud sich auf mich.

Ich war zutiefst schockiert, als ich damals nichtsahnend auf einem Marktplatz stand. Wir waren in ein Dorf gegangen, um frisches Essen zu holen und unser Lager zu versorgen. Plötzlich kam eine kleine Gruppe Frauen auf mich zu. Es hatte sich herumgesprochen, dass wir durch die Lande zogen, Menschen Zuflucht bei uns gewährten, heilend tätig waren und lehrten. Doch nicht immer war den Menschen Genaueres bekannt und so verbreiteten sich auch zahlreiche Gerüchte. Manche Menschen verstanden unser Wirken nicht und es machte ihnen Angst. Und so kamen an diesem Platz mehrere Frauen auf mich zu und griffen mich unversehens an. Sie beschimpften mich als Verdorbene und Heimatlose. Sie dachten ich sei eine Art Gefangene des Lagers. Sie selbst hatten solche Erniedrigungen als Frau ertragen müssen, dass sich die gesamte Abscheu aus ihrer erlittenen Herabwürdigung nun auf mich entlud.

Es fühlte sich an, als sei ein großes Gefäß mit Schmutz über mir ausgegossen worden. Ich war wie erstarrt und konnte nicht antworten. Ich spüre eine Unfähigkeit mich zu bewegen oder zu wehren. Mein Körper erinnerte sich an die schrecklichen Momente, die ich bereits selbst erfahren hatte, und an die Demütigungen in meiner Rolle als Frau. Die damaligen Vorstellungen der Gesellschaft hatten mir ein Frauenbild aufgedrängt, dem ich nicht entsprechen konnte. Ich hatte mich eine Weile darum bemüht und wäre fast daran zerbrochen. Ich war ja davon gelaufen, um mich selbst wiederzufinden.

Nun kam einiges wieder hoch. Glücklicherweise waren Begleiter in meiner Nähe, die mich schützten und fortbrachten. Doch die Erniedrigung nahm ich mit mir. Zurück am Lager verharrte ich zunächst in diesem Schmerz.

Jeshua bemerkte meinen unglücklichen Zustand und half mir herauszufinden, welcher Teil von mir selbst noch in Ablehnung gefangen war. Wo hatte ich mir noch nicht verziehen für alle Verletzungen, die ich je zugelassen hatte? Welche Gefühle gehörten wirklich zu mir selbst und welche hatte ich von anderen Menschen übernommen?

Ich sank in eine tiefe, innere Einkehr. Ein Teil von mir wollte die Augen nie wieder öffnen. Doch ich blieb bei mir, ich wollte mich nicht länger verschließen. Ich sehnte mich nach Erlösung und Frieden. Ich fragte mich, welcher Teil in mir noch Schmerz empfand und sogleich tauchten einige Gesichter aus meiner Vergangenheit vor meinen inneren Augen auf. Menschen die mich abgelehnt und beschimpft hatten. Menschen, deren Anordnungen ich befolgen sollte, weil sie sich selbst den harten Regeln der Gesellschaft unterworfen hatten. Ich spürte, wie ihre Anschuldigungen noch an mir hafteten. Ich wurde mir einer Ladung von Gefühlen gewahr, die nicht zu mir gehörten. Ich segnete diese Menschen nun liebevoll, ließ ihre Gefühle und Anschuldigungen aus mir abfließen und löste mich aus ihren Urteilen. Darunter fand ich meine eigenen Gefühle wieder. Eine große Anspannung fiel von mir ab und wohltuende Erleichterung breitete sich in mir aus. Ich fühlte mich wie auf Federn gebettet, eine unglaubliche Last war gewichen.

Ich spürte noch tiefer in mich hinein und fragte mich, wo ich mein Selbstwertgefühl finden würde. Ich wurde mir plötzlich bewusst, dass ich es an die Menschen, die mich anschuldigten, verloren hatte. Mein Selbstwertgefühl befand sich nicht mehr in meinem Zentrum, wo sein richtiger Platz gewesen wäre, sondern es schien weit um mich herum verteilt. Andere Menschen konnten unbewusst spüren, dass ich nicht sehr gut mit meinem Selbstwertgefühl verbunden war. Nun wurde es mir bewusst. Ich ließ es wie einen angenehmen Strom zu mir zurückfließen und fand mich in einem sanften Gefühl von Liebe und Selbstannahme wieder. Ich atmete tief ein und ließ mich davon erfüllen. Neue Erkenntnisse stiegen in mir auf. Das war ich. Solche wundervollen Gefühle gehörten zu mir! Ich blühte auf. Dies war eine meiner stärksten Erfahrungen ganz zu Beginn meines Weges, die mich weitergehen ließ. Sie war eine unmittelbare Begegnung mit meinem wahren Wesenskern. Ich hatte einen wichtigen Teil meines Selbst wiedergefunden.

Wie wundervoll es sich anfühlte! Mein Sein strahlte. Ich erhielt einen ersten Einblick, welche unbeschreibliche Wonne und Glückseligkeit eine Verbindung mit dem wahren Selbst mit sich brachte. Alle guten Gefühle, die man sich nur vorstellen konnte, waren bereits in mir vorhanden und noch sehr viel mehr als das. Es war nun meine Aufgabe, sie wieder an die Oberfläche zu bringen. Ich erkannte, dass es ein Weg der Herzensheilung und der Bewusstwerdung war, den ich auf einer höheren, weisen Ebene für mich selbst vorgesehen hatte.

7

Akzeptanz & Herzensheilung

»Akzeptanz erlöst den Kampf und stellt inneren Frieden her. Der Fluss des Lebens beinhaltet immer verschiedene Lösungen und Möglichkeiten.«

Botschaft der Selbstliebe

Auf meinem Weg erkundete ich die innersten Reiche der Selbstliebe. Was war die Selbstliebe überhaupt? Zu Beginn meines Lebens als Maria Magdalena hatte ich kaum eine Vorstellung von ihr.

Ich wurde in einfachen Verhältnissen geboren und wir lebten ein schlichtes, beschauliches Leben. Mein Vater konnte uns durch die Kraft seiner Arbeit gut versorgen. Auch wenn wir nicht viel hatten, so waren wir doch glücklich. Die Sonne schien über unserem Haus, sagte man damals und meine Kindheit war noch unbeschwert. Ich bewegte mich mit meinen beiden Schwestern viel in der Natur, wir halfen bei Stallarbeiten, den Arbeiten im Haus und beim Hüten der Tiere.

Zunächst schien nichts unsere Kindheit zu trüben. Eines Tages verletzte sich mein Vater am Fuß. Fortan konnte er unsere kleine Familie nicht mehr ganz aus seiner eigenen Kraft ernähren. Meine Mutter war sehr zurückhaltend, ihr Platz war daheim bei unserer Familie, die sie hingebungsvoll versorgte. So kamen Ängste vor Armut in meine Familie hinein. Mein Vater konnte sein Schicksal nur schwer akzeptieren, er begann die Schuld dafür anderen zuzuweisen. Zweifel und Sorgen verdunkelten sein Gemüt zusehends. Eines Tages versprach er mich einem Mann. So glaubte er seine Familie versorgt. Über diesen Weg gelangte ich zu dem Ufer des Flusses, an dem ich Jeshua begegnete. Seine liebevolle Zuwendung brachte mich wieder in Kontakt mit mir und ich lernte behutsam, mich mit meiner eigenen Liebe zu erfüllen, an die ich den Glauben schon fast verloren hatte.

Meine Eltern gaben uns ein gutes Heim und beide kamen aus sehr strengen Traditionen. Meine Eltern liebten mich, doch konnte ich es nicht immer spüren. Ihre Aufmerksamkeit war in der materiellen Versorgung gebunden, mehr bei meinem Vater, als bei meiner Mutter. Dies hatte ihren Fokus eingeschränkt und sie erlaubten sich nicht mehr frei in die Herzen ihrer Kinder zu blicken. Ich verübelte es ihnen nicht, denn andere Dinge erfüllten uns. Wir hatten ein schönes Zuhause und die Gaben der Natur sorgten reichlich für uns. Ich liebte den warmen Sand, die Bäume, die Tiere, unser kleines Zuhause und die Natur.

Durch die Verletzung meines Vaters veränderte sich die Situation und ich erlebte, wie es war, ein vertrautes Zuhause zu verlieren. Ich fühlte mich entwurzelt und haltlos. Als mir Jeshua begegnete, erlebte ich durch ihn erstmals eine tiefe, anerkennende Liebe. In seinem Licht wurde alles leicht und frei. Alles erschien klar und liebevoll. Eine unbeschreiblich intensive Liebe strahlte wie hellstes Licht aus ihm heraus. Sie entsprang keiner äußeren Quelle, sondern leuchtete aus seinem Innersten. Erst durch unsere Gespräche verstand ich, dass er diese Liebe durch sich selbst verwirklichte. Ich begriff erst allmählich, dass er imstande war, sein Herz und Sein so weit zu öffnen, dass er der reinen, göttlichen Liebe erlauben konnte, frei durch ihn auszustrahlen. Er stellte ihr keinerlei Ängste entgegen. Die Liebe floss ohne Widerstände ganz frei durch ihn hindurch.

»Wie hast du es vollbracht in diesen Zustand zu kommen?«, fragte ich Jeshua damals. Wir saßen eines Abends gemeinsam am wärmenden Feuer. »Es war nicht so leicht. Es gibt verschiedene Wege«, antwortete er lächelnd und blickte auf die Glut. Dann wandte er sich mir zu. »Ich habe eine Mutter und einen Vater, die mir ihre ganze Liebe schenken konnten von Beginn meines Lebens an. Ich wuchs in ihrem wundervollen Licht auf. Ihre Liebe trug mich durch die Zeit meines Heranwachsens. Ich kannte es gar nicht, ohne ihre Liebe zu sein. Auf diese Weise war es leicht für mich, Liebe zu fühlen und zu erkennen. Doch es war eine andere Sache, sie in meinem eigenen Inneren zu entdecken und sie für mich selbst zu empfangen.« Ich bemerkte wie ihn eine kindliche Freude umspielte, als er an die vergangenen Erlebnisse zurückdachte.

»In meiner frühen Jugend kam ein Tag, als ich eine Weile von Zuhause fortzog. Meine Mutter sprach eines Tages zu mir, eine höhere Eingebung hätte ihr verkündet, ich sollte eine Zeit allein in die fernen Wälder gehen. Sie vertraute dieser Botschaft und wusste, dass es wichtig war ihr zu folgen. Bis dahin hatte ich viel Zeit mit meinem Vater verbracht. Ich hatte seine Werke unterstützt und handwerkliche Künste entfaltet. Ich liebte diese schönen Tage mit ihm. Er war ein zutiefst in sich ruhender Mensch. Er liebte das kreative Tun, es erfreute ihn sehr. Er liebte es, mir immer wieder Neues zu zeigen, und ich war jeden Tag freudig darauf gespannt.

Meine Mutter hatte ein sehr weit geöffnetes Bewusstsein. Die tiefe Weisheit hoher Lehren leuchtete aus ihren Augen. Sie war fähig mit den göttlichen Ebenen zu kommunizieren. Es kam der

Tag, an dem wir der Botschaft des Engels folgten, und so gab mir meine Mutter etwas Essen mit auf den Weg. Wir verabschiedeten uns und wussten, dass es nur für eine begrenzte Zeit sein würde. Und so zog ich aus in die Ferne.

Ich liebte das Wandern in der freien Natur. Ein Wald mit seinem lichten Schatten und sonnigen Plätzen war ein einladender Ort, der mich freudig empfing. Es gab Quellen, die mich labten und genügend Speisen, die mich stärkten. Ich war stets versorgt und spürte deutlich, dass mein Leben geführt war. Alles was ich benötigte, war bereits da. Ich machte mir nie Gedanken darum, obwohl es bei vielen Menschen in meinem Umfeld ganz anders war. Es existierte Armut, besonders durch Erkrankungen der Menschen. Die Menschen trugen viele Ängste und Nöte, doch ich wuchs in einer sicheren Umgebung auf, denn meine Eltern hatten sehr viel Liebe und Vertrauen in sich verwirklicht.

Nun verbrachte ich einige Wochen in diesem Wald und wusste zunächst nichts Bestimmtes mit mir anzufangen. Ich setzte mich einfach hin und wartete, dass irgendetwas geschehen würde. Eines Tages kam ein kleiner Vogel angeflogen, der sich über mich auf einen Ast setzte. Er zwitscherte fröhlich und es schien, als sei er genau zu mir gekommen.

Ich spürte, dass sein Gesang mein Herz berührte. Es war, als sänge er direkt in mein Herz.

»Dort ist dein Königreich«, stieg eine Idee in mir auf. »Was für ein Königreich?«

»Das Königreich deiner reichen Liebe.« Ich hielt inne und verspürte ein Gefühl, wie von prächtigen Landschaften, ganz aus Licht geformt. Es war, als stünde ich plötzlich mitten darin. Nach diesen ersten Ahnungen, spürte ich das Gefühl einer intensiven Liebe. Sie kam aus einer tieferen Quelle meines Herzens und begann immer heller zu leuchten. Ein besonderes Licht strahlte aus diesem Punkt hervor und es war die tiefste Liebe in mir, die ich finden konnte. Sie war das Licht meines göttlichen Ursprungs, tief eingebettet in meinen Herzen, und ich wusste plötzlich, dass dies mein wahres Selbst und Zuhause war. Hier existierte keinerlei Bewertung von äußeren Umständen oder anderen Wesen. In diesem Gefühl war alles liebevoll miteinander verbunden und frei. In diesem unglaublichen Gefühl hoben sich alle Ausrichtungen nach Außen auf, und ich zentrierte mich tief in mir selbst. Alles in mir und außerhalb von mir, reagierte auf diese Liebe und bewegte sich in ihr wieder vollkommen harmonisch miteinander. Das Gefühl, vom Außen getrennt zu sein, hob sich auf. Ich fühlte mich mit mir selbst und allem liebevoll verbunden. Alles erfüllte mich.

Ich spürte, dass ich dieses Gefühl in der Liebe meiner Eltern fand, und nun entdeckte ich es in mir selbst. Es war eine Offenbarung, die meine Welt noch schöner und farbiger erscheinen ließ. Diese tiefe Liebe war wunderschön. Das Gefühl geleitet und versorgt zu sein, bekam eine erweiterte Dimension.

Ich konnte sie so rasch verwirklichen, weil ich mich bereits in anderen Leben vorbereitet hatte. Dort durfte ich lernen mir und anderen, für alles was ich je erfahren hatte zu vergeben, denn wir hatten uns nur in Liebe gegenseitig gedient und Erfahrungen ermöglicht. Ich erkannte, dass meine Liebe in allem war und die Liebe von allem in mir. Ich durfte lernen, alles anzunehmen wie es war, in all seiner Vielfalt und Unterschiedlichkeit, auch mich selbst. Alles diente mir in der Liebe und ich löste mich von allen Erwartungen an die Außenwelt.

Ich verbrachte noch eine Weile allein in diesem Wald, ich benötigte kein Essen mehr und auch kaum Wasser. Alle Lebenskraft sprudelte immer stärker aus meinem tiefsten, hellsten Kern hervor und versorgte meinen Körper. Nichts Weiteres war notwendig, ich hätte mich nicht besser fühlen können. Nach wenigen Wochen kehrte ich zu meinen Eltern zurück. Das Licht leuchtete aus meinem Herzen und meine Eltern waren zutiefst erfreut, mich wohlbehalten wiederzusehen.

Von da an wusste ich, dass ich dieses Licht zu den Menschen bringen wollte. Wie schön wäre es, wenn alle Menschen es fühlen könnten und es in ihren Herzen und Familien leuchten ließen. Auf diese Weise habe ich es entdeckt und nun zeige ich es dir. Mein Herz berührt dein Herz und nun darfst du dieses Gefühl in dir finden.«

Seine Erzählung faszinierte mich. »Wie genau kann ich denn das Gefühl der Liebe für mich verwirklichen?«, fragte ich ihn gespannt. »In deiner Gegenwart kann ich es zwar spüren, aber warum verschwindet es bei mir immer wieder?«

»Weil du deinen Gefühlen noch nicht ganz vertraust«, war seine umgehende Antwort. »Du hast einst das Vertrauen in dich selbst verloren und nun vertraust du deinen eigenen Gefühlen nicht mehr. Dies ist deine größte Herausforderung. Du glaubst so sehr an deine Verletzungen, dass du sie für größer und realer hältst, als die stärkste Liebe in dir.«

»Doch ich glaube schon an mich …!«, erwiderte ich etwas trotzig, aber gleichzeitig spürte ich, dass dies nicht die ganze Wahrheit war. Ich wollte so gerne an mich glauben, aber es war mehr ein Wunsch, als ein bereits erreichter Zustand. Ich spürte tiefer in mich hinein und fühlte, dass ich wohl tatsächlich noch nicht ganz an mich glauben konnte.

So vieles war geschehen. Ich hatte Demütigungen und Ablehnung erfahren. Es war, als hätte sich ein schwerer Schleier um das Licht meines Herzens gelegt und wollte seinen klammernden Griff nicht mehr loslassen.

»Du traust dir einfach nicht«, wiederholte Jeshua einfühlsam. Ein sanfter, mitfühlender Ausdruck umspielte sein Gesicht.

»Ja, ich spüre jetzt, dass du Recht hast. Aber wie kann ich das verändern?« Ich ließ meinen Widerstand los und erlaubte mir endlich die Wahrheit zu fühlen.

»Ich kann es dir nur erklären und Möglichkeiten dorthin aufzeigen, aber ich kann den Weg nicht für dich gehen.« Er machte eine kleine Pause in seinen Ausführungen, und ich sah ihn erwartungsvoll an. »Du wirst das Gefühl irgendwann selbst in dir entdecken, so wie ich es in jenem Wald wiederentdeckte. Für mich war es viel leichter. Es gab keine Verletzungen, die mich beeinträchtigt hätten. Ich helfe dir, so gut ich kann.«

Ich fühlte mich zunehmend hilflos. Wie und wo sollte ich den Glauben an mich selbst nur wiederfinden?

»Frage dich, was dich davon weggebracht hat«, fuhr Jeshua fort. »Betrachte den Punkt, als dein Glaube an dich selbst verschwand. Was ist dort geschehen?«

»Ich wurde geschlagen«, sprudelte es aus mir hervor. »Das war zutiefst erniedrigend.« Dort war ein Schleier der Verdunklung um mein Herz entstanden, das wurde mir nun bewusst.

»Du wolltest so etwas nicht noch einmal erleben und hast dein Herz zum Schutze gut verschlossen. Und mit jeder weiteren Begegnung wurde der Schleier dunkler und fester. Erkenne, dass nichts dein Herzenslicht jemals wirklich fesseln kann. Nur du selbst kannst es verdunkeln und hast dies bereits getan. Kein anderes Wesen hat den Schleier um dein Herz gelegt. Du warst es selbst, und er hat deinem Schutze gut gedient. Du hast ihn selbst erschaffen und nur du kannst ihn wieder erlösen. Darunter existiert immer noch das reine, helle Gefühl deiner Liebe. Und diese Liebe kann alles lieben, einschließlich dich selbst.«

Ich konnte die Wahrheit seiner Worte tief in mir fühlen. Tränen der innersten Berührung begannen in meine Augen zu steigen. Dennoch blieb der Schleier um mein Herz hartnäckig bestehen. Weitere Gefühle von Trotz, Gegenwehr und auch leichte Verzweiflung begannen in mir aufzusteigen.

»Sei einfühlsam mit dir selbst«, sagte Jeshua. »Hab etwas Geduld, er wird sich schon lösen.«

Ich nahm dieses innere Bild mit mir. Ich hatte die Vorstellung von einem strahlenden Licht tief in meinem Herzen und einem dunklen Schleier, welcher darum gewickelt war. Beides war da und beides gehörte zu mir.

Da beides nun zu mir gehörte, warum sollte ich also das eine lieben und das andere nicht? Sollte ich den Schleier dafür verurteilen, dass er da war? Ich hatte ihn schließlich aus einem guten

Grund einst selbst erschaffen, und auch er war ein Teil von mir. Auch wenn er mir nun als hinderlich auffiel, so hatte er mich doch eigentlich nur gut beschützen wollen.

Ich fragte mich, was ich denn nun eigentlich wollte. Wie sollte mein weiterer Weg aussehen? Durfte der Schleier einfach bleiben? Die klare Antwort war ein »Nein.« Ich spürte deutlich, dass ich mir eine Veränderung wünschte.

Ich hatte mich für meine Herzensgefühle entscheiden. Ich war bereit den Weg weiter zu gehen und den fesselnden Schleier zu erlösen.

Was brauchte es, dass der Schleier verschwand? Er war ein Teil meines Seins und beschützte mich. »Danke ihm dafür, dass er dich so gut behütet hat und lasse ihn fühlen, dass du nun auf dich selbst achtgeben kannst«, fuhr Jeshua fort. Ich ließ seine Worte eine ganze Weile still in mir wirken und spürte eine erste Erleichterung. Ich dankte dem Schleier für seinen Schutz.

»Vertraue dir und glaube an dich«, ermutigte mich Jeshua. »Kannst du dir selbst so sehr vertrauen, dass du den Schleier als Schutz nicht mehr brauchst? Fühle die Stärke in dir und dass du nun auf dich selbst achtgeben kannst. Du bist jetzt sicher. Du bist schon lange nicht mehr allein.«

Ich dachte an meine Kindheitstage. Dort vertraute ich mir doch. Ich vertraute meinen Beinen, dass sie mich tragen würden. Ich vertraute mir, dass ich sicher und glücklich war. Dort spürte ich das Vertrauen noch und jetzt wartete es nur darauf wieder erinnert zu werden. Erste, sanfte Vertrauenswogen begannen zu fließen. Erinnerungen an meinen Vater tauchten auf und an die Härte, die sein Lebensgefühl verdunkelte. Dieses Gefühl hatte auch mich verändert, selbst wenn ich es nicht wahrhaben wollte. Ich konnte ihm nicht helfen. Ein Gefühl der Hilflosigkeit zog den Schleier noch fester. Ich erkannte, dass es nicht mein Gefühl war, und entließ es zu meinem Vater zurück.

Ich entschied mich für mein Vertrauen, und ich brauchte eine Weile, bis es sich wieder festigte. Mein Leben hatte bereits eine

Lösung für mich erschaffen. Es war einfach passiert und irgendetwas in mir hatte dafür gesorgt. Ich begann allmählich zu begreifen, dass meine tiefsten Gefühle, meine Entscheidungen und Überzeugungen diese Dinge steuerten.

Vor meiner ersten Begegnung mit Jeshua, fühlte ich mich an jenem Flussufer sicher und ich begann dort, mich endlich selbst wieder zu spüren. Bereits durch diese erste Zuwendung zu mir selbst, eröffnete sich eine neue Möglichkeit, die dann zu der Begegnung mit Jeshua führte. Das war also der Schlüssel, und so übte ich mich nun darin, mein Vertrauen zu bestärken. Ich bettete mich in das Gefühl des Vertrauens ein. Ich ließ es ganz bewusst zu meinem inneren Lager werden, über viele Wochen hinweg. Die Welt erschien mir immer sicherer. Auch mein Herz konnte sich nun etwas mehr öffnen. Ein erstes Lächeln huschte eines Tages über mein Gesicht und einige Schwere verschwand. Ich spürte erste Zufriedenheit. Der Schleier um mein Herz wurde dünner. Ich fühlte Vertrauen und Sicherheit.

»Kannst du dir selbst so sehr vertrauen, dass du dich vollkommen sicher fühlst? Kannst du dir selbst so sehr vertrauen, so dass du deine eigenen Entscheidungen treffen kannst und sich dein Leben zu deinem Wohle ausrichten wird?« Jeshua hatte die Gabe, mir stets die richtigen Fragen zu stellen und sie brachten mich in einen noch tieferen Kontakt.

Mein Gespür für mich selbst vertiefte sich. Ja, ich vertraute mir wieder! Ich konnte es tief in mir fühlen. Es war ein sanftes, wärmendes Gefühl. Ich selbst bestimmte wieder über mein Leben und über meine Gefühle. Ich konnte Entscheidungen treffen und den Verlauf meines Lebens mitbestimmen.

Das angenehme Gefühl einer ganz sanften Liebe wurde damals für mich spürbar. Zunächst nur kurz, dann konnte ich es immer länger in mir aufrechterhalten. Sie war nicht überwältigend, sondern ganz zart. Leicht hätte ich sie wieder übersehen können. Sie war wie ein zartes Vögelchen, das erst noch heranwachsen wollte.

»Das ist deine Selbstliebe. Du spürst sie. Sie ist noch ganz fein. Nimm sie an und vertraue deinem Herzen«, gab Jeshua mir mit auf den Weg.

So folgte ich fortan noch viel aufmerksamer meinen Gefühlen und entschied danach, ob sich etwas in meinem Herzen gut anfühlte. Ich vertraute mir und das war das Beste. Der Schleier um mein Herz weichte auf und verschwand.

Das Licht in meinem Herzen

An jenem abendlichen Lagerfeuer, wurde mir durch Jeshuas Worte die Bedeutung meiner Selbstliebe bewusst und brachte mich auf den Weg, sie über viele weitere Jahre hinweg in mir zu öffnen, bis hin zu dem Punkt, an dem ich sie ganz erkennen konnte.

Es war zuerst der flüchtige Eindruck, dass es tief in meinem sich öffnenden Herzen ein ganz besonderes Licht und Gefühl gab, dass ich in dieser Intensität noch nie wahrgenommen hatte. Als ich näher hineinspürte, eröffnete es sich mir, zunächst zaghaft, wie ein ganz eigenes Reich. Es war kaum in Worte zu fassen, es fühlte sich unvergleichlich erfüllend, rein, wahr und weit an. Ich betrat erstmals die tieferen Ebenen meines Herzens und verweilte mit meiner ganzen Aufmerksamkeit darin. Immer wieder suchte ich diesen Kontakt und begann ihn zu vertiefen. Ich hatte einige Jahre benötigt, um diesen Punkt zu erreichen.

Es war wie ein flüchtiger Blick in das weite, göttliche Meer aller Möglichkeiten. Es war eine Verbindung zum höchsten Potenzial meines wahren Selbst. Manchmal erschien es mir, als blickte ich durch den Grund meines Herzens direkt in die göttlichen Lichtwelten hinein. Hier wohnten die größte Liebe und schöpferische Freude, so inniglich intensiv, dass sich daraus immer wieder neue Welten gebären würden. Ich fand das Licht meiner Göttlichkeit in der Tiefe meines Herzens. Ich spürte es für eine Weile und ließ mich von ihm durchströmen. Es erhellte mein Bewusstsein und ich spürte, dass aus ihm Weisheit und Wissen zu mir strömten. Die kristallenen, lichten Ebenen hier schienen sich zu bewegen, und ein innigliches Gefühl der Liebe erschloss sich mir in meinem Herzen.

Ein jedes Wesen trägt diesen Zugang in sich, kann ihn eröffnen und leben. Es ist der göttliche Kern, die Essenz in unseren Herzen. In einem erwachten Sein strömt das Lichtbewusstsein der Quelle, ohne Hindernisse, ganz frei durch den Menschen hindurch. Quellselbst und Mensch vereinigen sich. Die Bindungen an Zeit und Raum lösen sich auf, und der als Meister aufgestiegene Mensch kann sich wieder frei in der Schöpfung bewegen.

Tränen der Berührung rannen über meine Wangen. Es war ein flüchtiges Gefühl, als könnte ich das gesamte göttliche Sein, so wie es wahrhaftig war, in diesem einen Moment begreifen. Ich konnte die Wahrheit seiner Existenz fühlen. Und tief aus seiner Essenz floss reine, klare Liebe. Eine Liebe, so intensiv, dass sie Neues erschaffen und gebären konnte.

Was für ein gesegneter und heiliger Moment!

Ich nahm die Göttlichkeit in meinem eigenen Herzen wahr.

Ich hatte die Selbstliebe gesucht und nicht nur sie, sondern noch so viel mehr gefunden.

Ich empfing das Licht und ließ es auf mich wirken.

Es erwärmte mein gesamtes Inneres und ich befand mich wie in einem ewig erscheinenden Moment.

Auf dieser Ebene gab es kein Zeitgefühl. Ich existierte in dem Bewusstsein eines einzigartigen, immerwährenden Momentes. Mein menschliches Sein konnte diesen Zustand noch nicht dauerhaft aufrechterhalten, und so glitt ich ganz allmählich wieder heraus. Aber ich hatte das Licht in mir gefühlt.

Ich wusste nun von seiner Existenz und mein Herz floss über vor Liebe und Dankbarkeit.

Ich beschoss von diesem Moment an, meine Selbstliebe anzunehmen und der Quelle allen Seins die Ehre zu erweisen, die

Liebe und mein höchstes Potenzial durch mich zu verwirklichen. Die Gefühle in diesem Licht waren so wunderschön, dass ich sie nicht mehr vor der Welt verbergen konnte.

Ich spürte, dass ich alles in meinem Leben erreichen konnte.

Ich hatte immer wieder die Wahl. Es war mir möglich, eine Entscheidung für eine bestimmte Richtung in meinem Leben zu treffen, und ebenso könnte ich sie auch wieder verändern, wenn mir ein anderer Schritt stimmiger erschien.

Meine einzig wichtige Ausrichtung war diejenige auf das Licht in meinem Herzen. Ganz gleich, wie groß die Ablenkung im Außen auch sein mochte, ich versuchte immer wieder den Kontakt zu meinem göttlichen Bewusstsein aufrecht zu erhalten.

Bei jedem Schritt ging ich bewusst in das Vertrauen, dass er der beste Schritt für mich war. Bei jeder Begegnung vertraute ich, dass sie mir das Beste zeigen und geben würde. Und so veränderte sich mein Erleben erneut grundlegend.

Ich war noch nicht vollkommen erleuchtet, von diesen Begriffen machte ich mir zunächst keine Vorstellung. Ich folgte einfach dem Leben, so wie es war.

Von nun an erstrahlte ein neues Licht der Bewusstheit in mir und hob meine Erfahrungen auf eine noch liebevollere und freudigere Ebene an. Die Welt um mich herum schien auf mein Licht und meine Liebe zu antworten.

Ich übte mich darin, meine Selbstliebe auf die Menschen und Wesen, Tiere, Landschaften und Pflanzen in meiner Umgebung auszuweiten. Ich dehnte sie in die ganze Welt aus. Ich wusste, dass alles aus diesem einen Licht entstanden war und dass alles, dieses eine Licht ebenfalls in sich trug. Nachdem ich es so intensiv erkannt hatte, konnte ich nicht mehr anders, als mich selbst zu lieben. Lehnte ich mich selbst ab, so würde ich auch gleichzeitig die größte Liebe der innersten, göttlichen Quelle ablehnen, aus der ich hervorgegangen war. Wie hätte ich so etwas Wundervolles je ablehnen können? Es war vollkommen unmöglich.

Die höchste Liebe und Ehre, die ich der Quelle, mir selbst und allen Wesen zurückschenken konnte, war es, dieses wundervolle Gefühl zu leben und es in die Welt zu strahlen, so gut ich nur konnte.

Das Licht des göttlichen Bewusstseins streichelte mein Herz und mein Sein. Es war vollkommen und brachte Vollkommenheit hervor. Auch ich war vollkommen – mit allem, was ich je erlebt hatte! Jede einzelne Erfahrung gehörte zu mir und bereicherte die gesamte Weisheit meines Seins. Jede Erfahrung, ganz gleich ob ich sie aus meiner menschlichen Perspektive als gut oder schlecht erachten würde, brachte mehr Farben und Facetten meines wahren Seins hervor.

Auch wenn mein Hochgefühl zunächst wieder verblasste, so reichte doch auch dieser erste Schimmer, um mich dauerhaft innerlich zu erwärmen. Die Liebe durchfloss mich. Ich hatte das Paradies in mir erschaut. Nun machte ich mich auf den Weg, es noch mehr in mein Leben und Sein einzulassen und auf dieser Reise gab es noch weitere, alte Wunden zu heilen, wie mir in den weiteren Jahren noch sehr viel bewusster werden sollte.

Herzensheilung in einer seltsamen Stadt

Eines Tages zog ich mit Jeshua zu einer fremden Stadt, denn wir hatten eine Einladung, direkt vom König, erhalten. Der Tag unserer Wanderung war strahlend schön, der Himmel hüllte sich in ein sanftes Blau und die Sonne schien angenehm wärmend.

Nach einer Weile erreichten wir die Stadtmauer und schauten an ihr hinauf. Sie war auffallend hoch und wir mussten um Einlass durch das einzige Tor bitten. Die Wachen am Tor gaben uns den Weg frei, denn sie folgten den Anweisungen des Königs. In der Stadt selbst zeigte sich uns kaum Leben. Ich war doch sehr überrascht, denn die Plätze waren allesamt leer und eine seltsame

Stille lag über dem Ort. Alles hier schien stillzustehen, wie herausgenommen aus der Zeit. Die Wege waren leer. Es war wie ein Ort jenseits des Lebens. Wir überquerten den Marktplatz, an dessen Ende uns ein Diener des Königs empfing. Er verneigte sich achtsam und bot freundlich an, uns zum König zu geleiten. Ich holte Atem, um ihn zu fragen, was denn hier geschehen sei, doch meine Worte wollten nicht fließen.

Wir gingen durch die Stadt. Es gab keine Geräusche, selbst der Wind stand vollkommen still. Ich hatte nie einen seltsameren Ort betreten. Wäre ich alleine gewesen, so wäre ich wohl vor Bekümmerung erstarrt. Allmählich gelangten wir zum hinteren Eingang eines Palastes. Unser freundlicher Begleiter öffnete uns mit einer achtsamen Verneigung die Tür. Ich bemerkte, dass meine Lebensfreude entwichen war. Eine starre Gleichgültigkeit stieg in mir empor. Ich hatte die Zeit vergessen und fragte mich allmählich, was wir hier überhaupt taten.

Der Bedienstete öffnete schließlich einen schlichten, leicht verschmutzten Vorhang. Er bestand aus einem groben Tuch. Doch hinter diesem Tuch öffnete sich ein prachtvoller Raum, der mich überraschte. Nach unseren Erlebnissen in dieser seltsamen Stadt hatte ich so viel Schönheit nicht mehr erwartet.

Dieser Raum war wahrhaft eines Palastes würdig. Riesige Rundbögen schmückten alle vier Seiten des Raumes. Hinter den Bögen verliefen prächtige Wege, gesäumt von wundervollen Gärten und Gewässern.

Obwohl auch dieser Raum menschenleer war, strahlte er doch in einem warmen, einladenden Licht.

Ein großer Thronsessel befand sich mitten des prächtigen Raumes. Er war reich geschmückt und eines Königs wahrhaft würdig. Doch auch er war leer. Erstaunt blickte ich mich um. Wo war denn der König? Wo war das Volk dieser Stadt? Ich spürte, wie sich eine tiefe Beklommenheit in mir ausbreitete.

Unser Begleiter präsentierte uns mit einer Geste den Raum. Sein Dienst war getan und er zog sich zurück. »Dann warten wir jetzt wohl auf den König?«, fragte ich Jeshua ungläubig. »Ich sah nie einen seltsameren Ort …«

»Der König wird wohl nicht kommen«, entgegnete Jeshua, nach einer kleinen Weile. Ich sah ihn ungläubig an. »Was machen wir denn dann hier? Du sagtest doch, der König hätte uns gebeten zu kommen.«

»Nein«, erwiderte Jeshua sanft, »das waren nicht meine genauen Worte. Ich erhielt lediglich eine Bitte zu kommen. Es war wie ein innigliches, ernstgemeintes Flehen aus tiefstem Herzen und so kam ich hierher.«

»Wer hat dich denn gebeten?«, fragte ich verwirrt.

»Du selbst!«, antwortete Jeshua ruhig. Ich erstarrte. Etwas in meinem Kopf schien sich zu drehen.

»Wo sind wir denn hier?«, fragte ich nun völlig desorientiert.

»In einer Kammer deines Herzens, auf der Ebene eines Traumes. Du selbst hast mich vom Grunde deines Herzens gebeten hierher zu kommen. Du warst diejenige, die um Hilfe gebeten hat und so gingen wir gemeinsam hierher«, erklärte mir Jeshua.

»Du bist kein guter Gastgeber in deinem eigenen Reich«, fuhr er fort. »Siehst du wie verlassen es ist?« Tränen der Verzweiflung stiegen mir in die Augen und Unmengen von Gefühlen wallten plötzlich durch mein Inneres. Teile von Erinnerungen kehrten zurück, mir wurde übel und längst vergessene Ängste stiegen in mir hoch. Ich fühlte eine unangenehme Leere und Hoffnungslosigkeit. Zugleich war ich zutiefst berührt, dass Jeshua für mich hierher gekommen war.

»Du hast diesen Bereich deines Herzens vergessen, deshalb bin ich gekommen.« Ich musste mich setzen. Ich war erschrocken und verwundert. »Du schläfst gerade mein Liebes und von hier aus erhältst du einen Einblick in einen verletzten Bereich deines Herzens, der bislang noch gut verborgen war.«

Ich wusste nichts mehr zu sagen. »Das ist ein Traum?«, fragte ich mit schwacher Stimme. »Nicht ganz«, erklärte Jeshua ganz ruhig. »Es ist etwas mehr als nur ein gewöhnlicher Traum. Wir sind in eine Realität innerhalb deiner inneren Welten eingetaucht. Du hattest hier sehr viel mehr Leben erwartet, nicht wahr? Hast du eine Vorstellung, was hier geschehen ist?«

»Nein«, antwortete ich. »Ich habe wirklich überhaupt keine Ahnung.«

»Was fühlst du gerade?«, fragte mich Jeshua weiter. Seine Stimme schwang durch alle Tiefen meines Seins.

»Ich spüre, dass ich mich hier sehr einsam fühle und ich weiß einfach nicht warum«, rannen meine Worte, wie bislang ungeweinte Tränen, aus mir heraus. »Ich erinnere mich nicht, was geschehen ist. Ich bin wohl die Königin dieses Palastes. Er ist mein Herz und die Stadt ist mein Leben. Aber ich kann mich nicht mehr erinnern, was geschehen ist ...« Immer mehr Verzweiflung stieg in mir auf.

»Fühle einfach nur«, beruhigte mich Jeshua. Er nahm meine Hand. »Fühle in diesem Raum hinein und in die Stadt. Welche Gefühle tauchen in dir auf?«

»Einsamkeit«, entgegnete ich sofort. »Ich habe das Gefühl, als dürfte ich nicht dazugehören. Alle Bewohner verbergen sich vor mir. Sie existieren wie auf einer anderen Ebene, aber ich weiß nicht warum.«

»Weil du es einst selbst so beschlossen hattest«, antwortete Jeshua ruhig. »Es ist sehr lange her, es war vor diesem Leben. Es gab den Punkt einer tiefen Entscheidung in dir, die Gefühle deines Herzens gut zu verbergen. Zu feindlich und unwirtlich erschien dir diese Welt. Du hast hohe Mauern errichtet und beschlossen, fortan lieber allein zu sein. Es erschien dir sicherer zu sein. Du wollest in manchen deiner Leben nicht mitansehen, wie deine Familie leidet oder ihre Mitglieder verschleppt würden. Du wolltest keine Krankheiten mehr sehen und hast deine Augen verschlossen. Du hast beschlossen, lieber alleine zu sein, als dich mit all dem auseinanderzusetzen, und das ist wohl die schwierigste Form der Einsamkeit.

Deine Stadt war einst bevölkert. Jeder Einwohner dieser Stadt ist ein Teil von dir und jeder dieser Teile erfüllt bestimmte Aufgaben für dich. Sie alle sind deine Gefühle und Qualitäten. Sie dienen dir, der Königin, und gehen in ihrem Dienst freudig auf, so wie der Begleiter, der uns hierher brachte. Sie alle sind du. Du kannst vorgeben, den Kontakt verloren zu haben, doch du selbst hast die Entscheidung dazu, weit vor diesem Leben, getroffen.

Lasse es dir bewusst werden, meine Liebste, denn nur du kannst es wieder rückgängig machen. Immer wieder hast du diese Einsamkeit auch in deinem jetzigen Leben erlebt. Diese verletzte Ebene deines Herzens reflektiert sich nach außen. Heile das Innere, so erscheint auch das Äußere in neuer Form.«

Ich fing an, mich wieder zu sammeln. Meine Gefühle, die mir wie ein tosendes Wasser erschienen, beruhigten sich mit jedem seiner Worte.

»Deshalb bin ich hier«, fuhr Jeshua fort. »Deine Göttlichkeit hat den Hilferuf, der tief aus deinem Herzen kam, vernommen, denn du hast dich wirklich für eine Veränderung entschieden. Deshalb konnte deine Göttlichkeit, deinen Ruf nun erhören. Und sie hat mich zu dir gesandt. Wie entscheidest du dich nun weiter?«

Ich spürte tief in mich hinein. Ich bemerkte, dass ich in die tiefe Lebendigkeit eintauchen wollte. Doch es gab noch ein Gefühl des Zögerns. Was würde wohl geschehen, wenn ich die Türen wieder öffnen würde? Ich spürte zunächst eine Angst vor Überforderung. Wie sollte ich allen gerecht werden, wenn sie wieder hineinströmten?

»Du bist die Königin«, bestärkte mich Jeshua. »Du kannst die Einwohner bitten, dich zu unterstützen. Wenn du auf deinem Thron sitzt und deinen Platz wieder einnimmst, werden sich die Dinge ganz von selbst regeln. Deine Qualitäten werden wieder für dich wirken und gemeinsam mit dir eine wundervolle Realität erschaffen können.«

Ich fand zunächst, tief in mir, ein Gefühl des Vertrauens und nahm es an. Meine innere Lähmung löste sich ein wenig und ich ging ein paar Schritte auf meinen Thron zu. Er fühlte sich groß und machtvoll an. Dieser Thron würde mir immer Halt und Überblick geben. Beherzt stieg ich hinauf. Mit jedem Schritt spürte ich mehr Mut und Selbstsicherheit. Schließlich setzte ich mich auf die wunderbar weiche Sitzfläche und überblickte den Raum. Er war immer noch leer, aber ich hatte meinen Platz wieder eingenommen.

»Du hast dich noch nicht ganz entschieden«, sagte Jeshua lächelnd, der neben mir stand. »Es braucht deine wirklich tiefe Entscheidung. Kannst du so viel Vertrauen fassen, um einfach zulassen zu können, was dann geschehen wird?«

Ich schloss die Augen. Ich fühlte meinen tiefen Wunsch nach Lebendigkeit. Ich spürte plötzlich eine tiefe Liebe für alle Teile meines Seins und eine tiefe Sehnsucht, mich mit ihnen zu verbinden. Aus tiefstem Herzen heraus, sandte ich eine Einladung durch den Raum zu jedem einzelnen Einwohner meiner Stadt und war nun bereit, sie alle mit Liebe zu empfangen.

Eigentlich führte ich bereits ein glückliches Leben, doch mir fiel auf, dass ich mich manchmal tatsächlich, aus unerfindlichen Gründen, immer noch einsam fühlte. Außer Jeshua und unseren Kindern schien mir niemand wirklich nahe zu stehen und langsam begriff ich warum. Ich hatte diese Realität selbst erschaffen und hier, tief in meinem Herzensgefühl, konnte ich sie wieder verändern. Ich entschied mich erneut, diesmal für das Leben, für Begegnungen, Nähe und Vertrauen. Die Atmosphäre veränderte sich. Fontänen von Wasser sprudelten jetzt aus verschiedenen Brunnen. Kinder liefen herein und tanzten um meinen Thron. Menschen kamen zu mir und schmückten mein Haar. Alles folgte einer wunderschönen Harmonie. Ich spürte die Kraft meines Platzes auf dem Thron und sie trug mich. Vertrauen erfüllte mich.

Die Kinder ergriffen meine Hände und nahmen mich mit in die Stadt hinein. Auch hier war das Leben zurückgekehrt. Ich konnte in das Haus eines Schmiedes gehen und seine Stärke nutzen. Ich konnte in das Haus einer Köchin gehen und mich an einem köstlichen Mahl erfreuen. Jeder Anteil diente mir in tiefster Liebe und entwickelte sich selbständig weiter. Ich erkannte, dass mir in meinem eigenen Reich alle Anteile und Energien einfach nur dienten. Sie waren meine Weisheit, meine Qualitäten, und unendliche Energie floss wie aus einem Füllhorn. Ich brauchte allem einfach nur erlauben, für mich zu wirken. Ein Meister des Lebens weiß, dass er seine erlebte Realität selbst erschafft. Er erlaubt allen Energien, die in unendlicher Fülle vorhanden sind, ihm liebevoll zu dienen, eine manifeste Realität zu erschaffen und das Beste zu ihm zu bringen.

In diesem Moment wachte ich auf und fand mich auf meinem Lager wieder. Dankbar wischte ich mir Tränen der Berührung aus meinem Augenwinkel. Ich war erleichtert und begrüßte den neuen Morgen frohen Herzens. Ich spürte so viel Dank für diese tiefe und ungewöhnliche Herzensheilung. Ich würde mich nun auch auf dieser Ebene nicht mehr einsam fühlen.

Akzeptanz

Als Maria Magdalena trug ich sanfte, weiche Züge, doch ebenso ein gutes Durchsetzungsvermögen und eine tiefe Kraft in mir, die ich zunächst noch entdecken durfte. Gerade die kraftvollen Züge meiner Persönlichkeit waren die besten Helfer in schwierigen Zeiten, sie gaben mir den Mut meinen eigenen, sicheren Ort zu finden. Sie halfen mir klare Entscheidungen zu treffen, auch wenn mir oft schwerfiel eine Entscheidung zu finden. Sie ließen mich überleben und auch in den schwächsten Momenten noch Kraft finden.

Im Laufe meines Lebens hatten sich jedoch auch ein wenig Sturheit und eine Art Unnachgiebigkeit um diese kraftvollen Anteile in mir gebildet. Sie verleiteten mich sehr dazu, gegen manche Umstände im Außen zu kämpfen, anstatt sie zu akzeptieren. Ich trug durchaus rebellische Züge und spürte tief in mir, dass ich die Welt verändern wollte. Gemeinsam mit Jeshua wollte ich ein anderes Weltbild vermitteln, ein Leben des Mitgefühls, der Freiheit und der Liebe.

Eine Zeitlang erkannte ich nicht, dass ich mich selbst noch nicht ganz für die Liebe geöffnet hatte, denn die Akzeptanz gehörte eng an die Seite der bedingungslosen Liebe. Ich hatte Angst manche Dinge zu akzeptieren. Ich dachte, dass dadurch vielleicht Lebensumstände auf mich zukommen würden, die ich nicht erleben wollte.

Lange Zeit begriff ich nicht, dass Akzeptanz nicht bedeutete, etwas als unveränderlich hinzunehmen. Sie stellte vielmehr einen inneren Frieden her, durch den ich für Lösungen durchlässig werden konnte. Der Fluss des Lebens beinhaltete immer verschiedene Möglichkeiten.

Die Akzeptanz war wichtig, um den Kampf »gegen etwas« loslassen zu können. Sie diente mir dazu Situationen anzunehmen und sie dann durch neue Entscheidungen verändern zu können. Sie war wichtig, um meine neuen Möglichkeiten gelassen in Empfang nehmen zu können. Der Kampf machte mich undurchlässig und richtete meinen Blick auf ein Ergebnis, das mein Kopf erwartete, aber das möglicherweise gar nicht die passende Lösung war.

Ich focht meine ganz eigenen Kämpfe. Ich hatte immer noch nicht verstanden, warum manche Dinge mir je angetan worden waren. Welche Kräfte waren dort am Werk gewesen? Ich war geneigt, nur das Beste in den Menschen zu sehen. Wie konnten mich einige von ihnen so missachten und schlecht behandeln? Wie sollte ich das je akzeptieren? Doch darum ging es nicht. Eines Tages begriff ich es endlich, als Jeshua mir einen Grashalm entgegenstreckte. »Schau«, sagte er, »ich habe ihn gepflückt und halte ihn hier in meinen Händen. Er erfreut mich und ich betrachte ihn gerne. Ich kann ihn dir schenken und so kannst auch du dich daran erfreuen.« Ich sah ihn zunächst verwundert an und dann betrachteten wir gemeinsam den Halm.

»Hat es eine Auswirkung auf die Pflanze, wenn ich ihr einen Halm nehme?«, fragte mich Jeshua überraschend. Ich wusste zunächst nicht, worauf er hinauswollte. »Schau, die Pflanze akzeptiert es. Sie beschließt nicht gleich zu vergehen, weil eine Veränderung geschehen ist, sondern sie weiß um ihre kräftigen Wurzeln und dass in kürzester Zeit ein neuer Halm aus ihr erwachsen wird.

Sie hat die Kraft eine Veränderung zu akzeptieren und sich wieder aufzurichten. Die Pflanze kämpft nicht gegen eine mögliche Veränderung an. Sie ist einfach und schwingt mit den neuen Umständen mit. Einfach so. Es hemmt ihren Lebensfluss nicht, und weil sie in der Akzeptanz ist, trägt sie keinerlei Schaden davon. Wenn sich ein Tier in der Natur verletzt, nimmt es diesen Umstand an und lebt damit weiter. Es findet neue Wege für sich, damit umgehen zu können.«

Ich begriff langsam, dass ich mir mit meinem Widerstand gegen die Geschehnisse der Vergangenheit nur selbst im Wege stand. Könnte ich mir das denn jemals vergeben? »Vergessen brauchst du es nicht, Vergebung ist etwas anderes«, sprach Jeshua weiterhin einfühlsam mit mir. »Du hast daraus gelernt und würdest dich heute anders verhalten. Deshalb kannst du es dir auch vergeben. Heute wärst du stark genug und fähig, Entscheidungen anders für dich zu treffen und gut für dich zu sorgen. Du wirst sehen, dass du die Dinge in einem anderen Licht betrachten wirst. Die »Feinde« von damals werden dir eines Tages nicht mehr als Feinde erscheinen. Sie begegneten dir unter besonderen Umständen und reagierten auf das, was in dir war. Sie reflektierten lediglich einen verletzten Teil deines Seins, so dass du ihn besser wahrnehmen konntest. Erst durch sie konntest du erkennen, was noch Heilung und Veränderung in dir benötigte. Wir sind alle Teile der göttlichen Quelle und wir alle sind ewige Liebe. Deine alten Erfahrungen sollen nun vorüber sein, denn du hast genügend Kräfte daraus entwickelt. Du brauchst dein Leben nicht mehr in einer andauernden Verletzung zu verbringen. Werde wieder durchlässig und erlaube Akzeptanz in dir. Du kämpfst nicht mehr, sondern erkennst, dass sich etwas verändern möchte. Du lässt es zu und entdeckst einen neuen Weg in deinem Leben.«

Ich erkannte es allmählich. Ich kämpfte noch auf vielen Plätzen. Meine inneren Krieger waren müde geworden. Es kostete mich Lebenskraft und erschöpfte mich. Also ließ ich los. Mochten die Wunden, die noch dort waren, heilen. Mein innerer Kampf sollte hier enden. Ich war bereit, die sanften, friedlichen Länder der Akzeptanz zu betreten. Sie lagen vor mir wie eine unberührte Landschaft.

Ich setzte einen ersten Schritt auf ihren Boden und Frieden durchströmte mich. Hier war der friedlichste Ort in mir. Ich fühlte mich vollkommen frei und ausgeglichen. Ich konnte spüren, dass in der Haltung der Akzeptanz, Lebensenergie zu mir floss. Sie stand mir zur Verfügung und war bereit mir zu dienen. Aus dieser Haltung heraus konnte ich frei agieren. Ich spürte eine tiefe Gelassenheit und das Gefühl, mit jeder Herausforderung umgehen zu können.

Ich schaute zurück auf die Plätze meiner Kämpfe. Hier blickte ich auf große Zerstörung. Hier war kaum noch Energie vorhanden. Meine inneren Krieger stritten um die letzten Reste. An diesen Plätzen kam keine neue Lebenskraft hinzu. Es waren sterbende Orte und je mehr ich mich anstrengte, desto mehr verbrauchte sich die restliche Lebensenergie.

Als ich dieses erkannte, entscheid ich mich wahrhaftig für die Akzeptanz. Hier wollte ich Zuhause sein.

Ich spürte, wie der angenehme, weiche Fluss meines Lebens mich berührte und ich ließ ihn fließen. Die Akzeptanz war wichtig, um immer weitreichendere Erkenntnisse auf meinem Erwachensweg zulassen zu können.

8

Die Erlösung vergangener Leben

»Alles, was geschieht, dient der Erfahrung und dem Wachstum unseres Seins.«

Erinnerungen an vergangene Leben

Ab einem gewissen Punkt meines Erwachens tauchten plötzlich Bruchstücke von Erinnerungen an vergangene Leben in mir auf. Sie waren nur winzigste, fragmentarische Teilchen, doch schienen sie mir den Eindruck einer Ewigkeit zu vermitteln. In diesen kürzesten Momenten lagen faszinierende Einblicke, die mein Bewusstsein noch weiter öffneten. Mein göttliches Wesen hatte schon andere Verkörperungen als die jetzige erlebt. Und so erkannte ich mich bei meiner ersten Rückerinnerung, aus einer Meditation heraus, plötzlich als große, feingliedrige Frau in einem prächtigen Gewand. Ich befand mich in einer lichtvollen Umgebung, in der sich alles sehr harmonisch und leicht anfühlte.

Ich war Teil einer Gruppe von vielleicht zwanzig lichten Wesen und gemeinsam entwarfen wir Pläne für die dortige Umgebung. Sie bestanden aus Lichtstrukturen, und unser Bewusstsein war in der Lage, äußerst komplexe Abläufe zu koordinieren. Das Leben, welches ich dort innerlich erschaute, war sehr viel unbegrenzter als jenes der Maria Magdalena auf Erden.

Dort gab es kein Bewusstsein der Vergänglichkeit. Ich erblickte mich auf einer höchst kreativen und lebendigen Ebene, weit jenseits der Erde. Voller Freude und Begeisterung kreierten wir dort hochschwingende Entwürfe.

Ein anderes Mal flammte plötzlich ein Bild von Wasser in mir auf. Ich blickte in ein Gewässer hinein und erlebte mich selbst als ein Fisch, der es zufrieden durchstreifte. In dieser Existenz nahm ich mich gleichzeitig aus zwei Perspektiven wahr. Ich war der Fisch im Wasser und schaute mir dabei selbst aus einem erhöhten Blickwinkel zu. Für meinen menschlichen Verstand, der es gewohnt war, alles aus festen Bezugspunkten und in Reihenfolgen wahrzunehmen, erschien es mir zunächst überraschend, gleichzeitig zwei Erlebensperspektiven zu erfahren. Für mein erweitertes Bewusstsein war es jedoch eine ganz natürliche, bereichernde Freude. Eine sehr interessante Erfahrung.

In den Momenten dieser Einblicke wusste ich, dass sie meinem Bewusstsein auf ganz natürliche Weise möglich waren. Ich konnte die anderen Existenzen direkt in mir fühlen und erfassen. Von meinem menschlichen Sein aus betrachtet, erschienen mir diese Erlebnisse zunächst noch eigenartig.

Immer wieder ging ich in das Vertrauen, dass alles in Ordnung mit mir sei und mir wurde allmählich gewahr, dass mein Selbst in seiner Gesamtheit sehr viel größer war, als ich es jemals für möglich gehalten hätte. Mein menschliches Leben war nur eine von sehr vielen Ausdrucksformen. Mein wahres, göttliches Wesen hatte bereits eine Vielzahl von Existenzen in den unterschiedlichsten Welten erlebt. All das war ich.

An einem Fluss in Afrika

Auf meinem weiteren Weg erlebte ich eine Phase, in der sich mir einige vergangene Leben intensiver offenbarten. Ich hatte die Erde bereits aus verschiedenen Erlebensperspektiven und Körpern heraus erfahren. Ich lebte glücklich und zufrieden mit Jeshua, und unsere Kinder wuchsen allmählich heran.

Manchmal blitzen die Rückerinnerungen morgens oder auch mitten am Tag als schwache Bilder in mir auf. Ich sah mich plötzlich an einem anderen Ort und wusste, dass es ein Eindruck aus einem anderen Leben war. Diese kurzen Einblicke erfüllten mich. Jedes Mal fühlte ich mich ein Stück vollständiger und manchmal brachten sie Erkenntnisse mit sich. Sie vervollständigten meine Gefühlsebene.

Oftmals suchte ich auch in der Meditation ganz bewusst nach ihnen und ließ sie an die Oberfläche meines Bewusstseins kommen. Um mich meinem göttlichen Bewusstsein weiter öffnen zu können, war es wichtig ein paar meiner alten Verletzungen aus jenen Leben auszuheilen. Manche dieser Eindrücke waren erfüllend und bereichernd, andere wurden durch unangenehme Gefühle oder ungewöhnliche körperliche Zustände begleitet. Zunächst wusste ich nichts damit anzufangen, bis sich mir einige von ihnen über meine nächtlichen Träume offenbarten.

Eines Abends, wie aus dem Nichts heraus, fühlte es sich so an, als würde ich Fieber bekommen. Eigentlich war ich in sehr guter Verfassung und genoss freudig meine Tage auf der Erde. Jeshua und ich lebten in dieser Zeit viele Monate gemeinsam, bis er sich wieder für einige Wochen zurückzog, denn ich benötigte, bei verschiedenen Schritten meines Erwachensweges, immer wieder Zeit für mich selbst.

Jeshua konnte sich frei zwischen den Dimensionen bewegen und setzte dort seine eigenen Entwicklungsprozesse fort. Andere Male reiste er mit unseren Kindern durch das Land. Manchmal erschien er einfach unvermittelt vor mir. Ich erschrak oft ein wenig und wir lachten gemeinsam darüber. Es machte ihm anscheinend Spaß, mich immer wieder zu überraschen und zu verblüffen. Das gemeinsame Lachen tat mir sehr gut. Jeshua konnte bereits erkennen, dass ich nun bald in eine intensive Verarbeitungsphase eintauchen würde. Er sprach mit mir darüber, um mich ein wenig vorzubereiten und zog sich dann wieder zurück, denn es war mein eigener, heiliger Prozess.

An jenem Abend fühlte ich die Hitze eines Fiebers in mir aufsteigen. Mit einem sanften Kuss auf die Stirn verabschiedete Jeshua sich von mir und versicherte mir, dass alles wieder gut werden würde. Nichts sollte mir geschehen, es war eine Nacht der Heilung. Ich legte mich zu Bett und schlief unruhig ein. Ich sank in mehrere kurze Schlafphasen hinein. Mein Körper war bereits schweißüberströmt, und ich sah mich in einen Fiebertraum eintauchen. Und doch war es kein Fiebertraum. Dieser körperliche Zustand half mir loszulassen. Das Fieber öffnete Ebenen meines Unter- und Überbewusstseins, welche mit mir kommunizieren wollten und so gab ich mich ihnen hin.

Dann tauchte ich, wie in einem Traum, in einer befremdlichen Landschaft auf. Alles war in rötliches Licht getaucht. Ich sah Sand und einzelne Bäume mit einer flachen, ausladenden Krone. Mir war, als würden Feuer um mich herum brennen. Diese Feuer waren mein sich trotz meiner Widerstände öffnendes und transformierendes Bewusstsein. Die Energien auf der Erde waren zu meiner Lebenszeit, anders als heute, sehr viel tiefschwingender und es war nicht einfach, Zugänge zu anderen Leben einfach zu öffnen.

Die Feuer gaben mir den Blick auf die Landschaft frei. Der Sand fühlte sich heiß unter meinen Füßen an und ich konnte verschiedene Tierstimmen hören.

Ich war dort und auch wieder nicht. Ich pendelte in meinem Fieber zwischen zwei Leben hin und her.

Dann tauchten Bruchstücke von Erinnerungen auf. Verschiedene Bilder rauschten an mir vorbei. Ich sah mich in der fremden Landschaft als ein kleines Baby. Das fremde Gebiet war Zentralafrika, und ich spürte die Gefühle des kleinen Menschenkindes. Ich spürte Angst, allein in der Weite der heißen Landschaft zu sein und freute mich gleichzeitig neugierig auf das neue Leben. Im nächsten Moment sah ich mich als junge Frau und ich fühlte mich ganz mit dem Buschleben verbunden. Ich war keine typische Frau für diese Zeit, meine Gliedmaßen waren lang und schlaksig, ich war sehr dünn, drahtig und wollte die Welt erkunden. Am liebsten wäre ich mit den Männern durch den Busch gezogen, doch das war mir bei jenem Stamm nicht erlaubt.

Neben diesen Eindrücken, tauchten plötzlich unangenehmere Erinnerungen auf. Mir wurde zusehends heißer, denn mein Unterbewusstsein versuchte sich immer noch gegen die Erinnerungen zu wehren. Doch schließlich brannten sie sich förmlich ihren Weg an die Oberfläche meines Bewusstseins.

Im nächsten Augenblick sah ich, wie ein Mann meinen Kopf in einem Fluss unter Wasser drückte. Ich wehrte mich mit aller Kraft, doch es war nicht genug. Ich wusste, dass ich ihm als Frau gegeben war, doch ich wollte nicht mit ihm gehen. Er befahl mir, in seiner Hütte zu bleiben und für ihn zu sorgen, doch ich wollte nur meine Freiheit leben. Mehrfach versuchte ich wegzulaufen und so gelangten wir an den Punkt, als er mich schließlich im Fluss ertränkte.

Ich betrachtete die Erinnerung nun mit einem sicheren Abstand. Ich konnte es beobachten und wusste was geschehen war. Nun konnte ich es endlich verarbeiten. Ich sah, wie meine Seele, dort im Fluss, aus meinem Körper herausglitt, noch bevor ich das Wasser einatmete. Das Ertrinken war nur noch ein Reflex meines Körpers. Meine Seele, mit allen Gefühlen und Wahrnehmungen, hatte sich bereits vom Körper gelöst und ich beobachtete die Szene einfach von außen.

Das Sterben war ganz leicht. Ich war herausgegangen und sah einfach zu, während mein Körper starb. Es war mir damals gleichgültig, was mit ihm geschah. Doch als Maria Magdalena, übermannte mich nun plötzlich verzweifeltes Mitgefühl für meinen ertrinkenden Körper. Ich erkannte plötzlich, dass ich in Wahrheit nicht wollte, dass seine Zeit schon gekommen war. Eine tiefe Traurigkeit bahnte sich ihren Weg nach oben. Diese Wahrheit war nun vollkommen präsent. Ich konnte sie in meinem damaligen Leben in Afrika nicht spüren und lehnte meinen weiblichen Körper zutiefst ab, doch jetzt wurde sie mir schlagartig bewusst.

Meine Göttlichkeit liebte diesen Körper so sehr, wie sie auch mich als Mensch liebte. Sie war ich, dieser Körper war ebenfalls ich und in diesem einen Moment konnte ich es endlich deutlich fühlen. Dieser Körper war so viel mehr, als nur meine Wohnstatt für dieses Leben. Auch er war mein ICH BIN, welches das Leben aus einer zusätzlichen Perspektive erfuhr, der Perspektive des Körpers.

Teile meiner Selbstliebe und meiner Weiblichkeit hatten sich während der Erlebnisse in Afrika von mir abgespalten. Ich konnte meinen weiblichen Körper im afrikanischen Busch nicht annehmen, denn als Frau wurde mir dort meine Freiheit verwehrt. In den Traditionen des dortigen Stammes konnte eine Frau nicht frei leben und so wehrte ich mich gegen meine Weiblichkeit. Ich entzog mir meine Selbstliebe und gab meinem Körper die Schuld dafür.

Der Mann, dem ich dort übergeben war, konnte mich nicht erreichen. Er verstand mich nicht, denn ich hatte mich schon längst verschlossen. Jetzt konnte ich sehen, dass er vollständig unter dem Einfluss der Stammestraditionen stand. Andere Stämme schätzen die Frauen und ein gutes, freies Leben war möglich. Doch der Clan, in welchen ich geboren war, wurde von Männern dominiert. Nun hatte mich mein Widerstand an diesen Fluss geführt und mein Leben glitt hier aus mir heraus.

Ich konnte diesem Mann nun vergeben, denn er versuchte nur seine vermeintliche Pflicht zu erfüllen. Er lebte nach den Vorgaben seines Stammes, etwas anderes kannte sein menschliches Bewusstsein nicht. Er konnte mich nicht kontrollieren, denn ich lief ihm immer wieder davon. Er konnte mich nicht verstehen, denn ich entzog mich ihm. Und so gipfelte unsere Begegnung hier, in einem letzten Kampf, mitten im Fluss.

Er ließ meinen Körper los und weinte. Er wollte mich nicht töten. Es war das Werk seiner Verzweiflung und Ohnmacht, und ich konnte nun sehen, wie leid es ihm in Wahrheit tat. Auch ich erkannte nun meinen Anteil an den Geschehnissen und auch mir tat es unendlich leid. Ich konnte erkennen, dass er den Rest seines Lebens unter seiner Tat leiden würde. Nur selten würde er einen friedlichen Tag und ruhigen Schlaf finden.

Während ich sah, wie mein Körper den Fluss hinuntertrieb, ließ ich ihn nun endgültig los, denn das hatte ich damals noch nicht getan. Es existierte immer noch eine Verbindung zu diesem Ereignis und nun konnte sie sich endlich erlösen. Ich dankte meinem Körper, dieser Erfahrung und dem Mann. Ich spürte tiefste Vergebung und Erlösung. Ich konnte meine Weiblichkeit und meinen Körper jetzt neu annehmen.

Nun wusste ich, woher mein Geburtstrauma aus meinem Leben als Maria Magdalena stammte. Bei meiner Geburt wäre ich fast erstickt. Die Ursache setzte sich fort, denn ich hatte meinen damaligen Tod im Fluss nicht verarbeiten können. Erst jetzt geschah eine tatsächliche Erlösung. Auch in meinem jetzigen Leben wurde ich erneut an einen Mann versprochen. Doch nun hatte ich gelernt in meine Kraft zu kommen und mich aus der Situation zu befreien.

Die heilenden Erkenntnisse erleichterten mein gesamtes Sein und ich ließ die alten Bindungen los. Nun sank ich in einen erholsamen Schlaf. Das Fieber war fort, es hatte mir gut gedient. Und erst in der nächsten Mittagssonne sangen mich sanfte Vogelstimmen in den neuen Tag zurück.

Die Erlösung vergangener Leben

Ich erlebte eine Zeitspanne von mehreren Jahren, in der sich mir verschiedenste meiner Leben zeigten, und ich auch bewusst nach ihnen suchte. Manchmal brachten sie freudige Erinnerungen an die Oberfläche meines Bewusstseins, in anderen Fällen zeigten sie mir Geschehnisse, die ich in den damaligen Leben nicht verarbeiten konnte. Erst mein gereiftes Bewusstsein als Maria Magdalena war präsent genug, um sie zu heilen. Erst jetzt hatte ich das Verständnis und das notwendige Mitgefühl.

Die noch unverarbeiteten Leben brauchten meine ganze Zuwendung, meine Liebe und meine ausgebreiteten Arme. Sie suchten verzweifelt nach Erlösung und bahnten sich immer wieder neue Wege an die Oberfläche meiner Erinnerungen.

Manchmal zeigten sie sich durch schwankende Gefühle. Scheinbar grundlos fühlte ich mich plötzlich ängstlich, traurig oder niedergeschlagen. Jeshua unterrichtete mich über das Bedürfnis meiner verletzten Seelenanteile und so fiel es mir leichter, sie anzunehmen und zu erlösen.

Ich verstand, was in mir vorging. Ich verstand meine unausgeglichenen Gefühle, denn sie gehörten zu jenen, unerlösten Leben. Ich fühlte ihren Schmerz, ihre Angst und Verzweiflung. Eines nach dem anderen nahm ich wieder zu mir.

Im Laufe dieser Geschehnisse fühlte ich mich immer vollständiger. Ich wurde mir meiner Fähigkeiten immer mehr bewusst. Meine Gefühlsnuancen erweiterten sich mit jedem Seelenanteil, der zurückkehrte. Ich konnte Menschen, Landschaften, Objekte in einer größeren Intensität spüren und wahrnehmen. Meine menschlichen Sinne der Berührung, des Schmeckens, Riechens, Sehens und Hörens wurden allmählich um die vielfältigen Dimensionen meiner göttlichen Wahrnehmung bereichert und erweitert.

So erkannte ich, dass jedes meiner Leben wundervolle Qualitäten und Weisheit dazu beitrug, um mich das Leben noch intensiver fühlen zu lassen. Ich nahm Landschaften und auch Begegnungen mit einer immer größeren Intensität wahr. Manchmal benötigte ich regelrecht eine Pause davon, und die Gefühle flachten dann zunächst wieder ab. Doch insgesamt genoss ich mein immer intensiveres Lebensgefühl und nahm es voller Freude an. Jeden Tag gab es etwas Neues zu entdecken. Ich war dankbar, dass ich die Reise meines Erwachens ganz bewusst erleben durfte.

Meine menschlichen Erfahrungen erweiterten auch mein göttliches Sein. Durch die unzähligen Begegnungen mit kranken und bedürftigen Menschen und auch mit Tieren entfaltete sich mein Mitgefühl immer umfassender. Ab einem gewissen Punkt spürte ich deutlich, dass die göttliche Kernessenz in einem jedem Wesen spürbar war. Ich fühlte sie als die Essenz meines wahren Selbst, die auch in allen anderen Wesen existierte. Wenn ich anderen begegnete und ihnen half, so half ich in Wahrheit auch mir selbst. Jede Heilung und Begegnung heilte auch mich von den Erfahrungen in dieser Welt. Sie brachten Mitgefühl aus der Tiefe meines Herzens hervor.

Ein Ozean aus Liebe

Nach den Integrationen der verschiedensten Leben kamen die reinen Gefühle der Liebe und Freude an den Erfahrungen, als Kernqualitäten meiner Göttlichkeit, immer mehr an die Oberfläche. Die zuvor stark aufgewühlten Wellen der Verletzungen hatten sich durch meine Heilungsprozesse so sehr beruhigt, dass ich meine Göttlichkeit wieder klarer wahrnehmen konnte. Immer intensivere Wogen der Liebe erreichten nun von dort aus mein menschliches Sein.

Die Klärungen meiner Leben waren sehr wichtig für mich, denn all die Verletzungen und Traumata hatten Strudel und Unruhen in mir erzeugt, welche mir lange Zeit nicht erlaubt hatten, ein wenig beiseite zu treten und mich auf der Gefühlsebene wahrhaftig zu öffnen.

Ich konnte zwar spüren, dass immer noch Verletzungen übrig waren, doch sie beeinträchtigen mein Leben und Empfinden nicht mehr so stark wie zuvor. Ich wusste, sie würden sich weiterhin erlösen und eines Tages würde ich alle noch verletzten Teile, in wenigen Atemzügen der Erlösung, einfach annehmen können. Eines Tages, wenn alles bereit war, würde mein Bewusstsein einfach in eine höhere Ebene des Gewahrseins hineingleiten und in diesem Moment würde ich alle restlichen Wunden meiner Leben einfach freigeben. Sie würden auf diesen Zeitpunkt warten und bildeten nur noch kleine Strudel an der Oberfläche meines Bewusstseins.

Nun trat ich in eine Phase von mehreren Jahren ein, in welcher sich die Liebe meiner Göttlichkeit mit meinem menschlichen Bewusstsein und auch meinem Körper zurückverband. Sie enthielt Facetten, die ich bereits kannte, wie die Liebe zu meinen Kindern, Jeshua, den Menschen, der Natur und zum Leben selbst. Doch gleichzeitig spürte ich auch ganz neue Variationen in ihr. Meine Selbstliebe kam in noch größerer Intensität hervor und ich spürte, dass die verschiedensten Facetten der Liebe der tiefsten Selbstliebe entsprangen.

Ohne die Liebe der göttlichen Quelle könnte keine Schöpfung entstehen. Sie gebiert eine tiefste Begeisterung, diese Liebe mit allen zu teilen und sie in allen Schöpfungswelten auszudrücken. So ist die göttliche Liebe allumfassend und teilt sich ganz selbstverständlich mit allen Seelen. Dadurch, dass die Liebe andere berührt und sich durch sie ausdrückt, wird sie intensiviert und geteilt. Sie wird andere immer einbeziehen und tiefstes Mitgefühl hervorbringen. Diese Liebe ist zentrierend und freigebend. Sie ist einend und freilassend. Sie ist unbeschreiblich schön und sie kann nur durch deine eigene Erfahrung zu dir kommen.

Sie mag sich zu Beginn als ein sanftes, zartes Gefühl offenbaren, doch mit der Zeit öffnet sie sich zu einem intensiven Gefühl, das dein wahrer Kern ist und Schöpfung hervorbringt. Vielleicht kannst du sie über diese Worte fühlen.

Dies war der Ursprung aller Liebe, hier kam ich wirklich Zuhause an. Ich fühlte ich mich frei, unabhängig, zufrieden, glückselig und erfüllt. Hier war alles gut. Aus dieser Selbstliebe heraus konnte ich alles annehmen, denn ich wusste genau, dass alles, was um mich herum geschah, eigentlich Liebe ausdrücken wollte.

Der natürliche Zustand war die Liebe, und alles was nicht mit ihr übereinstimmte, war nur eine vorübergehende Erfahrung.

Auch die Erfahrungen jenseits der Liebe würden ihre Weisheit zur Schöpfung beitragen und sich wieder wandeln können. Die erfüllende Liebe war meine zentrale Sonne, mein Halt und meine Orientierung. Als ich sie spürte, sah ich Gott und Göttin mich förmlich aus ihr heraus anstrahlen. Ich hatte verstanden. Ich war ganz bei mir und erkannte mich gleichzeitig als einen Teil der Quelle. Dieses ekstatische Hochgefühl konnte ich zunächst nicht sehr lange aufrechterhalten. Es war noch zu überwältigend. Es geschah zunächst nur für einige Sekunden. Es kam und ging und es erschien mir als eine Zeit der Übung, es immer umfassender zulassen zu können. Mein göttlicher Wesenskern öffnete sich und gab immer mehr von sich frei.

Manchmal, wenn sich die Intensität der Selbstliebe öffnete, dehnte sie sich wellenförmig um mich herum aus und brachte immer weitere Teile meines Selbst zu mir zurück.

Es schien, als würde sich meine innigste Liebe durch Zeit und Raum ausdehnen und die verschiedensten Inkarnationen und Anteile von mir berühren.

In manchen meiner Leben hatte ich Herzensanteile in Beziehungen verloren. Mein Herz war enttäuscht oder gebrochen worden. In vielerlei Beziehungen zu Partnern, Eltern, Geschwistern, Freunden und auch Fremden hatte ich Teile meines Herzens zurückgelassen, und die Wogen meiner Selbstliebe strömten nun aus, um sie zu mir zurückzuholen. Meine Selbstliebe floss wie eine sanfte Woge durch Raum und Zeit. Sie floss in andere Dimensionen meiner Existenz und brachte mit jedem Atemzug Fragmente meines Selbst und Herzensanteile, auf den Wellen der Liebe, zu mir zurück.

Ich fühlte mich, als befände ich mich in einem Ozean aus unbeschreiblicher Liebe. Um mich herum wogten leuchtende Wellen und jede einzelne trug Teile meines Seins zu mir. Ich badete in der unendlichen Liebe des göttlichen Ozeans und seine Wellen vervollständigten mich.

Ich durfte erleben, wie sich mein Herz noch mehr weitete. Es erschien mir wie eine wundervolle kristallene Blüte, die nun immer weitere Blätter entfaltete. Sie erblühten in einer wundervollen Symphonie. Ich lauschte und nahm wahr, dass jedes noch so feine Blütenblatt seinen ganz eigenen Klang verströmte. Ich lauschte meinem Herzen und genoss seine wundervolle Melodie. Ich badete in Wellen der Selbstliebe, ich sandte sie aus und empfing in ihrem Rückfluss noch viel mehr Liebe und Vervollständigung.

Meine Beziehung zu Jeshua

Wie war mein Leben an der Seite von Jeshua und was machte unsere Beziehung aus? Wir kennen uns auf vielerlei Weise, vom Anbeginn der Zeit und bis in alle Ewigkeit. Er und ich sind ewige Teile der Quelle, so wie auch du. Wir sind ewig, und auch unsere Liebe und Beziehung zueinander ist zeitlos.

Auch du erfährst Beziehungen zu unterschiedlichen Seelen in deinen Existenzen, und sie alle lehren dich etwas über Teile deiner selbst, die du noch nicht entdeckt und vielleicht auch noch nicht angenommen hast. So begegnen dir manche Seelen auf eine aufbauende und andere auf eine vermeintlich schädigende Weise. Sei dir versichert, dass alles deinem Wachstum dient und dass sie jene Qualitäten deiner selbst spiegeln, die du an dir bereits angenommen hast oder aber die du noch ablehnst.

Der Mann, der mich im Fluss ertränkte, zeigte mir, dass ich mich selbst zutiefst ablehnte und meine Weiblichkeit nicht angenommen hatte. Ich verachtete in jenem Leben meine Weiblichkeit und focht meinen Kampf gegen sie aus. Dieser Mann zeigte mir am deutlichsten, wie wenig ich mich damals selbst liebte und wie sehr ich meine Kraft und Selbstliebe nach außen abgegeben hatte. Ich strebte dort einem Ideal nach, welches ich in jenem Leben im afrikanischen Busch niemals erreichen würde, denn ich erblickte dort nicht als Mann das Licht der Welt. Ich war in eine Gesellschaft geboren, in der ich lernen wollte meinen Wert und meine Freiheit als Frau zu erkennen. Doch ich erkannte diese Aufgabe nicht und lehnte mich selbst tiefer ab als jemals zuvor. So tötete er mich und machte mir damit deutlich, dass ich mich in Wahrheit schon lange selbst aufgegeben hatte.

Es gibt viele Beziehungen in den verschiedensten Leben. Manche sind schwierig und unliebsam, andere bezaubernd und berauschend. Und mit jeder Beziehung lernen wir uns selbst besser kennen. Meine Beziehung zu Jeshua ist tief, die Frequenzen unserer göttlichen Kerne sind sich zutiefst ähnlich. Wir sind in derselben göttlichen Woge erschaffen. Wir spiegeln und ergänzen uns auf eine sehr vollkommene Weise. Für jede Seele gibt es einen derartig gleichgestimmten Partner.

Dies gibt uns die Möglichkeiten gemeinsam auf eine immer höhere Spirale der Entwicklung aufzusteigen. Wir werden immer wieder zu einander finden, auch wenn wir viele Leben getrennt voneinander verbrachten. Aufgrund der Ähnlichkeit unserer Kernfrequenz ist es in manchen Entwicklungsphasen der Seele wichtig, Wege allein zu beschreiten oder Inspiration von anderen zu erfahren. Wir sind wie eine Seele, die dieselbe Wurzel teilt.

Wir spürten nach einer Weile der getrennten Entwicklung immer wieder einen Wendepunkt, der uns dann wieder zusammenführte. Es vollzog sich stets in harmonischen Rhythmen der Vereinigung und Trennung. In meinem Leben als Maria Magdalena lernte ich, ihn auf der irdischen Ebene loslassen zu können. Und in allen meinen Beziehungen lernte ich etwas über die Beziehung zu mir selbst, zur Quelle und über die Liebe. Es war ich selbst, die sich in all den Begegnungen spiegelte.

In anderen Welten konnten wir ganz selbstverständlich beisammen sein oder uns war bewusst, dass der andere nicht dieselbe Inkarnationswelt teilte. Auf der Erde war es ganz anders. Auch ich ging in meinen Inkarnationen durch ein tiefes Vergessen hindurch und wurde an die irdischen Regeln gebunden. Willigte ich in eine Inkarnation ein, so akzeptierte ich die Gesetzmäßigkeiten auf der Erde und die Einschränkungen meines Bewusstseins. Dazu gehörte auch das tiefe Vergessen, welches in den irdischen Leben geschieht. Zu intensiv waren die Energien der Erde, zu groß war die Trennung vom göttlichen Kern, als dass eine vollständige Erinnerung hätte aufrechterhalten werden können. Und gerade die Erfahrung dieses Zustandes ermöglichte es der Menschheit, ganz einzigartige Facetten des Herzens zu entfalten.

Vor Jeshuas irdischem Tod war ich mir der Unsterblichkeit unserer Seelen noch nicht wieder bewusst. Ich erhielt zwar das Wissen durch ihn und konnte einen Glauben daran in mir finden, doch konnte ich es noch nicht selbständig wahrnehmen. Sein Tod und der damit einhergehende Verlust erschienen mir so endgültig und hoffnungslos, dass es mich innerlich fast zerriss. Es fühlte sich an, als sollte ein Teil von mir ausgelöscht werden. So ging ich selbst durch das tiefe Freigeben der Illusion des irdischen Todes hindurch, bevor ich wahrnehmen konnte, dass selbst der Tod kein Ende war und unsere irdische Beziehung nicht unterbrechen sollte. Das war wahre Freiheit und Jeshua kehrte zu mir zurück. Er ging wie selbstverständlich durch die Dimensionen der Welten hindurch. Er hüllte sich abwechselnd in ein irdisches Gewand und verweilte dann wieder in den reinen, hohen Lichtwelten, um anderen Aufgaben und Erfahrungen nachzugehen.

Und so begleitete er meinen Aufstiegsweg, so sah er unsere Kinder aufwachsen und so setzte sich unsere Beziehung in einer tiefen Liebe auf der Erde fort. Es war für mich notwendig ihn wirklich loszulassen, damit ich meine eigene Freiheit und Unabhängigkeit erkennen konnte, denn auch mich sollte auf der Erde nichts mehr binden oder begrenzen.

Wenn wir beisammen waren, war es wie ein wunderschöner Zauber. Unsere Gefühle verbanden sich derart intensiv, dass die Moleküle unserer Körper und die Lichtkristalle unserer Energiekörper auf derselben Ebene schwangen. Da er mir einige Schritte in der Verwirklichung auf der Erde voraus war, hob er meine Energien bei jeder Begegnung an. Erst mit dem Abschluss meines eigenen Aufstiegsprozesses würde ich mich selbst dauerhaft in einer derart erhöhten Bewusstseinsebene halten können.

In Paaren drückt sich die tiefe, schöpferische Liebe zwischen Gott und Göttin selbst aus. Der Kern dieser Liebe ist die schöpferische Selbstliebe. Erst aus ihr heraus kann sich die vollkommene Liebe entfalten und einen anderen einbeziehen.

Die Quelle erkannte sich selbst einst als zwei, als ein Gegenüber, mit dem die wundervolle Schöpfung erfahren werden konnte. Die Zwei waren in dem Einen schon immer enthalten.

Wir waren bereit, uns in jedem Moment auszutauschen und zu bereichern. Wenn sich unsere Körper berührten, verbanden wir uns in einem intensiven Fluss, wie ein gemeinsamer Strom. Zutiefst nährend, zutiefst schöpferisch und gebärend. Zutiefst ruhend und gleichzeitig bereit immer neue Facetten zu entdecken. Und so waren wir eins in unserem heiligen Kreis, welcher unseren göttlichen Kern in demselben Rhythmus tanzen ließ.

Wir gingen viele Wege gemeinsam und andere Wege allein. So anders fühlte sich unsere Liebe unter den irdischen Bedingungen an. Auch Jeshua hatte bereits Erdenleben gehabt vor seiner wohl bekanntesten Inkarnation. Er lebte Priesterämter bei den unterschiedlichsten Völkern und manchmal war er ganz allein mit sich in der Natur. Er war Teil der Naturvölker, sich am einfachen Leben erfreuend.

Je mehr Inkarnationen wir auf der Erde erlebten, desto mehr führten uns unsere gemeinsamen Energien wieder zusammen. Je mehr wir aus der Illusion der einzelnen Leben erwachten, desto stärker wurde der innere Ruf. Und so brachte er uns wieder zusammen und in diesem Leben gingen wir den Weg wieder gemeinsam.

Jeshua konnte mir den Weg bereiten, doch ich konnte ihn nur selbst gehen. Viele Jahre verbrachte er eng an meiner Seite und unserer Familie. Einige Jahre lang zog er sich zeitweise immer wieder zurück, um meiner Entwicklung den nötigen Raum zu geben und weilte dann nach mehreren Wochen und Monaten Pausen erst wieder an meiner Seite. Zu sehr wäre ich sonst abgelenkt gewesen. Er erschien immer zum richtigen Zeitpunkt und teilte neue Impulse mit mir. Dies war unsere Verabredung für diese Welt.

Heilmeditation: Heilung im Ozean der Selbstliebe

Du bist eingeladen, dich für die wundervollen Wogen deiner Liebe zu öffnen. Sie ist Grundbestandteil deines wahren Wesens und du bist eingeladen, sie wieder zu spüren.

Sie ist ein ganz sanftes, weiches Gefühl und schwingt zart in deinem Herzen. Dort kannst du die Liebe fühlen, die gleichzeitig auch deine Selbstliebe ist.

Du bist eingeladen, deine Selbstliebe von allen Bedingungen zu befreien, die du ihr vielleicht auferlegt hast. Möglicherweise hast du dir Bedingungen gesetzt, dass du dich vielleicht erst dann lieben kannst, wenn du »ein bestimmtes Ziel erreicht hast«, »mit deinem Körper zufrieden bist« oder anderes. Stelle alle diese Bedingungen nun beiseite. Du brauchst nichts zu erfüllen und auf nichts zu warten. Lasse alle Erwartungen an dich los.

Um den Zugang zu deiner Selbstliebe zu eröffnen, ist es völlig ausreichend, einfach ein sanftes, zartes Gefühl der Liebe in deinem Herzen zu empfinden. Du kennst dieses Gefühl bereits. Spüre einfach dieses zarte Gefühl der Liebe in deinem Herzchakra. Erlaube nun, dass es sich in deinen ganzen Körper hinein ausdehnt.

Ein sanftes Gefühl der Liebe durchschwingt wohlig deinen Körper und fließt in jede einzelne Zelle hinein.

Spüre und fühle.

Pause

Stelle dir nun vor, wie sich das Gefühl der Liebe über deine Körpergrenzen hinaus ausdehnt. Deine wundervolle Liebe wird zu einem sanft wogenden Ozean, der über deine Körpergrenzen hinaus fließt.

Pause

Um dich herum öffnen sich nun Zeit und Raum. Stelle dir einfach vor, dass alle deine anderen Leben und Existenzformen rund um dich herum schwingen. Auch durch Verletzungen abgespaltene Anteile deines Seins befinden sich dort. Möglicherweise stehen verletzte innere Kinder neben dir und warten auf deine Liebe und Zuwendung. Stelle dir vor, dass sich um dich herum viele kleine Lichtkanäle eröffnen und ein jeder führt zu einem anderen Leben und zu verletzten Anteilen von dir. Du brauchst sie nicht einzeln wahrnehmen zu können. In diesem Moment weißt du einfach, dass sie da sind. Erlaube nun, dass die sanften Wellen der Liebe aus deinem Herzen, zu allen Anteilen um dich herum fließen. Sie erreichen sie durch Raum und Zeit und hüllen sie nährend in deine Liebe ein.

Deine Liebe berührt sie.

Deine Liebe gibt ihnen das Gefühl, nicht mehr von dir getrennt zu sein.

Deine Liebe sagt ihnen, dass sie nicht alleine sind.

Lasse deine Liebe einfach heilend wirken, lasse geschehen.

ↄↄ *Pause*

Die Wellen deiner Liebe wogen in die Weiten deines gesamten Seins hinaus und kehren in einem sanften Rhythmus, der sich ganz von allein findet, wieder zu dir zurück. Mit jedem Atemzug bringen sie Teile deines Herzens und geheilte Gefühle aus deinen anderen Leben zu dir zurück.

Beobachte und spüre, wie die Wellen deiner Liebe hinein und hinaus fließen. Spüre wie sie deine Anteile berühren und heimholen. Erlaube, dass sie von jeder Welle der Liebe zu dir zurückgebracht werden.

ↄↄ *Pause*

Du befindest dich in einem wundervollen, wogenden Ozean der Liebe. Sie erreicht so viele Teile deines Seins und lässt sie spüren, dass sie nicht alleine sind. Alle verzweifelten, traurigen, wütenden oder verlassenen Anteile und inneren Kinder werden von deiner Liebe berührt und umarmt. Sie vertrauen dir. Sie spüren nun, dass genügend Liebe da ist, damit sie ihr Leid loslassen und zu dir zurückkehren können.

Lasse den Ozean deiner sanften Liebe für dich und zu allen Teilen deines Seins fließen.

Spüre und genieße.

ↄↄ *Pause*

Die Weisheit und erlösten Gefühle deiner vergangenen Leben kehren zurück.

Mit jeder heimkehrenden Woge fließt noch mehr Liebe zu dir zurück.

Genieße und erfülle dich mit Liebe.

9

Im Garten des Erwachens

»In einem erwachten Sein strömt das Lichtbewusstsein der Quelle, ohne Hindernisse, ganz frei durch den Menschen hindurch. Die Bindungen an Zeit und Raum lösen sich auf und der als Meister aufgestiegene Mensch kann sich wieder frei in der Schöpfung bewegen.«

Erleben der Multidimensionalität

Im Zuge meines erwachenden Bewusstseins wurde ich mir auch meiner Multidimensionalität wieder gewahr. Eine Zeitlang verblieb mein Bewusstsein zunächst in einem Zustand der Vorahnung einer noch viel größeren Freiheit, als ich sie bisher erlebt hatte. Es war ein teilerwachter Zustand, eine Vorstufe der restlichen Schritte, die noch folgen sollten. Und einer dieser Schritte war die Bewusstwerdung meiner Multidimensionalität.

Ich war wie in einem wunderschönen Vorgarten meiner Erleuchtung angekommen und hatte zunächst das Gefühl, bereits alles Wichtige erreicht zu haben. Ich genoss diesen Zustand viele Monate, bis sich weitere Schritte offenbarten.

Gemeinsam mit Jeshua erlebte ich wundervolle Ausflüge in die höheren Ebenen meines Bewusstseins. In vielen Nächten verbanden wir uns und reisten in gemeinsamen Meditationen an die unterschiedlichsten Orte unseres höheren Bewusstseins und manche von ihnen vermag ich kaum zu beschreiben.

In einem der ersten Ausflüge wurde ich mir meiner göttlichen Freiheit außerhalb der irdischen Inkarnationen wieder gewahr. Jeshua vermochte mich dorthin zu führen, obwohl ich es aus eigener Kraft noch nicht hätte vollbringen können. Ich fand mich auf unserer meditativen Reise zunächst in einem golden durchflossenen Raum wieder. Eine tiefe Liebe erfüllte diesen Raum meines Bewusstseins und ich fühlte mich auf eine besondere Weise geborgen. Hier existierte mein eigener Tempel der Vollkommenheit, es war ein Zentrum, über das sich meine Seele mit meinem Körper verband.*

Hier waren gesammeltes Wissen und Weisheit aus meinen Erdenleben gespeichert. Für mich war es eine besondere Erfahrung der Geborgenheit, die eine wichtige Grundlage für meine weiteren Bewusstseinsöffnungen bot. Jeshua zeigte mir diesen Zugang, und die Liebe und Weisheit meiner Seele strömten mir aus dieser Ebene entgegen. In den kommenden Jahren konnte ich mich in den inneren Reisen immer selbstverständlicher mit verschiedenen Ebenen meines Bewusstseins verbinden und lernte sie wahrzunehmen.

Ich spürte ich oft das Verlangen, in den tiefblauen Nachthimmel zu blicken, als ob ich etwas suchen würde. Ein Sehnsuchtsgefühl durchströmte mich. Dort gab es etwas, nach dem sich mein Bewusstsein ausstrecken wollte.

---

* Diese Bewusstseinsebene ist die Ebene des »Seelensterns«, das erste »höhere Chakra« über dem Kopf.

Eines Abends half Jeshua mir mein Bewusstsein auszurichten, als würde ich in das Zentrum des Nachthimmels schweben. Über mein Gefühl gab ich mich dem einladenden Strom einfach hin und ließ mich von ihm auf eine innere Erkundungsreise zu meiner Multidimensionalität führen. Auf dieser erhöhten Bewusstseinsebene fand ich eine neue Zentrierung und spürte, dass sich mein Bewusstsein nun zu allen Seiten, in alle nur erdenklichen Richtungen austrecken wollte. Ich gab diesem Gefühl nach und ließ die Ausdehnung zu.

Dann zog es meine Aufmerksamkeit, wie an einem Lichtstrahl entlang, zunächst in eine bestimmte Richtung. Am Ende des Lichtstrahls entdeckte ich ein funkelndes Licht.

Dieser Lichtpunkt war eine Inkarnation von mir und in jenem Moment wurde ich mir meiner Multidimensionalität zutiefst gewahr. Ich spürte, dass ich mich einst als ein Stern verkörpert hatte und weit durch das Universum strahlte. Neben meinen Erdenleben wurde ich mir nun auch anderer Ausdrucksarten, als der menschlichen Form, bewusst. In dieser ersten Begegnung nahm ich mich als das Bewusstsein eines hellen Sterns wahr. Er befand sich in einer fremden Galaxie, sehr weit von der Erde entfernt. Aber das spielte keine Rolle, denn auf dieser Ebene existierte keine Zeit oder Entfernung.

Alles waren Orte innerhalb meines unendlichen Bewusstseins. Ich nahm das wundervolle Gefühl eines Sternenfunkelns mit mir wahr. Es war so unglaublich erfüllend, dass ich es kaum zu beschreiben vermag.

Dann ließ ich diesen Einblick wieder los und kehrte in meine innere Zentrierung zurück. Ein weiterer Impuls erreichte mich und zog meinen Fokus nun auf einen anderen Lichtstrahl in dieser multidimensionalen Öffnung. Mir war, als ob viele feinste Lichtstrahlen von mir ausgingen und mit jedem einzelnen war ein anderes Leben verbunden. In meinem begrenzten, menschlichen Verstand wäre ich wohl überfordert gewesen, doch hier erschien mir alles völlig selbstverständlich.

Ich konnte mich frei ausrichten, während mir meine multidimensionalen Anteile zunächst etwas unbeweglich erschienen. Ihr Fokus bewegte sich nicht zu mir hin. Aber umgekehrt war es mir möglich, Kontakt ihnen aufzunehmen. Ich fühlte keinerlei Trennung zu ihnen. Auch sie waren ich, das konnte ich wahrnehmen. Durch sie erlebte ich ganz andere Zustände des Ausdrucks. In Welten weit jenseits der Erde sammelte ich wertvolle Weisheit und erweiterte meine lebendige Erfahrung der gesamten Schöpfung.

Unser ewiges Sein kann sich in den vielfältigsten Körpern und Formen erleben. Alle Lebensgeschichten bereichern uns und gehören zu unserem gesamten Sein.

Unser Bewusstsein trifft immer wieder neue, schöpferische Wahlen, was es erfahren möchte, und erschafft unterschiedliche Ausdrucksformen und Welten für sich.

Ich fühlte mich klarer und zentrierter als jemals zuvor. Von hier aus konnte ich innerlich in alle nur erdenklichen Richtungen blicken. Ebenso konnte ich durch die Zeit hindurch spüren und wusste, dass sich verschiedenste meiner Leben, in den unterschiedlichsten Welten, rund um mich herum befanden. Hier gab es keine Vergangenheit und keine Zukunft. Alle Existenzen und Lebensgeschichten schwangen, gleichsam in einem einzigen Jetzt, um mich herum.

In unmittelbarer Nähe konnte ich diejenigen Leben wahrnehmen, die meinem menschlichen Bewusstsein ähnelten. Sie waren Inkarnationen in den vielfältigsten Sternenwelten des Universums. Weiter dahinter nahm ich endlose Potenziale für immer weitere Leben wahr, auch in ganz anderen Universen und Realitätsformen. Ich war im Mittelpunkt meines Seins zentriert und spürte verschiedenste Inkarnationen in unterschiedlichsten Welten. Ich konnte mein Bewusstsein auf eines dieser Leben ausrichten und es näher betrachten. Ich konnte seine Essenz fühlen und einzelne Ausschnitte anschauen. Ich fühlte eine große Liebe und Verbundenheit zu diesen Verkörperungen.

Ich erblickte Leben in den Sternenwelten, auf der Venus und anderen Planeten. Und ich bemerkte Lebensformen in den Galaxien, die mir gänzlich fremd erschienen. Doch auch sie waren von meinem Bewusstsein erfüllt. Sie waren ebenfalls ich, nur in ganz andersartigen Formen und Welten. Ich wurde mir meines Selbst in sehr vielen weiteren Ausdrucksweisen als der menschlichen Form bewusst.

Viele, feinste Lichtstrahlen gingen aus dem Zentrum meines Seins hervor, in alle nur erdenklichen Richtungen. Es war wie ein riesiger Stern, der in alle Dimensionen strahlte. An Ende eines jeden Strahls leuchtete eine weitere Existenz auf, und ich konnte wahrnehmen, wie jede einzelne eine große Menge an Weisheit und Wissen aus ihren Erfahrungen gesammelt hatte.

An dieser Schnittstelle meines Bewusstseins, in der ich nun zentriert war, liefen sie alle zusammen. An diesem Ort meines Gewahrseins konnte ich mich mit ihrer Weisheit und ihren Qualitäten verbinden. Sie könnten mein Leben als Maria Magdalena bereichern, wenn ich mich für sie öffnete.

Diese Leben existierten in unterschiedlichsten Dimensionen und offenbarten mir meine wahre Multidimensionalität. Sie verkörperten wundervolle Kräfte, und wenn ich mich mit ihnen verband, konnte ich sie nutzen. Diese Verbindungen erfüllten mich mit wundervollen Gefühlen.

Wenn ich mich auf meine multidimensionalen Anteile einstimmte, konnte ich durch ihre Augen blicken, teils in völlig fremde Welten und Zustände, die sich kaum beschreiben ließen. Einige dieser Leben hatten sehr viel Güte, Mut, Gelassenheit oder andere Qualitäten entwickelt. Ich spürte, dass sie mir auf meinem Aufstiegsweg dienen und mich mit erweiterten Perspektiven versorgen könnten.

Manche meiner Verkörperungen erlebten fremde Welten und multidimensionale Lichtlandschaften. Andere erlebten sich als Elemente, wie Wasser, Luft oder Feuer, wiederum andere waren Klänge oder Farben. Manche schwangen auf Frequenzen, die mein gesamtes Sein mit großer, schöpferischer Freude durchdrangen. Ich blickte durch tierische, menschenähnliche und fast unbeschreibliche Körperformen in verschiedenste Universen und Welten hinein.

In dieser Wahrnehmungsperspektive hätte ich für eine sehr lange Zeit einfach verbleiben und mich an ihr erfreuen können. Die Weisheit meiner Anteile floss zu mir und erfüllte mich wie ein süßer, reicher Nektar. Ich würde einige von ihren Qualitäten nutzen können.

Mein Fokus wurde plötzlich noch in eine weitere Richtung gezogen und dort erblickte ich mich als ein kleines Mädchen vor einem prachtvoll geschmückten Baum. Als ich sie sah, wusste ich, dass ich in der Zukunft der Erde inkarniert war. Ich nahm sie in einem hübschen Kleid mit blondem, lockigem Haar wahr. Auch sie war ich, in einem zukünftigen Jahrhundert, und es war eine besondere Zeit für mich.

Ich berührte das kleine Mädchen mit meinem Bewusstsein. Ihr Sein leuchtete auf. Ich wusste, dass der Samen des Erwachens nun auch in ihr Sein eingebettet worden war. Ich begegnete ihr in meinem bereits teilweise erleuchteten Bewusstsein und regte dadurch auch ihr Erwachen an. Sie war geboren worden, und auch sie würde erwachen. In einer anderen Zeit. In einer Zeit genannt Zukunft, aus der Perspektive der Maria Magdalena heraus betrachtet. Und doch war es möglich. Auch die Zeit war eine Illusion. Das Konzept der Zeit erlöste sich nun weiter in mir. Ich war alles gleichzeitig und konnte mich entscheiden, worauf ich meinen erlebenden Fokus richten würde. Würde ich dieses Leben noch leben oder hatte ich es bereits erlebt? Aus dieser Perspektive war alles möglich, es fühlte sich eher wir ein durchgehendes Erleben an, in dem ich einfach nur den Fokus wechseln konnte.

In meinem multidimensionalen Bewusstsein war alles zeitlos und geschah in einem ewigen Hier und Jetzt. Aus diesem Blickwinkel könnte ich alle Zeiten der Erde besuchen und in Inkarnationen in den unterschiedlichsten Zeitlinien eintauchen.

Und die multidimensionalen Bewusstseinsanteile anderer Seelen, die mit dieser Version meiner selbst übereinstimmten, könnten sie gemeinsam mit mir erleben.

Ich könnte selbst diese Grenzen noch weiter überschreiten und parallele Realitäten im Hintergrund eines jeden einzelnen Lebens erleben. Ich könnte die noch nicht ausgelebten Möglichkeiten eines jeden Lebens, in einer parallelen Realität, ausspielen, wenn ich es wünschte. Würde ich den Fokus meines Bewusstseins vollständig auf ein bestimmtes Leben lenken können, dann würde es zu meiner erlebten Realität. Ich erlebte die Epoche, auf die ich meinen Fokus richtete.

Mein Aufstiegsprozess erschien mir manchmal unwirklich. Ich hatte lange Jahre keinerlei Vorstellung, wie sich ein erleuchtetes Bewusstsein anfühlen würde. Nachdem ich Jeshua damals getroffen und die besondere Ausstrahlung seines Bewusstseinszustandes miterlebt hatte, fragte ich ihn an einem abendlichen Lagerfeuer, wie er sich eigentlich fühlen würde. Wie erlebte er sein Leben, seine Gefühle und Umgebung?

Seine Antworten konnte ich damals noch nicht ganz verstehen. Er lächelte mich glücklich an und sprach von zutiefst erfüllenden Freuden. Von einem paradiesischen Erleben, von völliger Freiheit und Gefühlen, wie man sie sich aus seinen irdischen Begrenzungen heraus kaum vorstellen könnte. Er erlebte jeden Moment als ekstatisch, wenn er es wünschte. Er konnte sein Bewusstsein frei lenken, er konnte das Leben und seine Umgebung in ihren vielfältigsten, multidimensionalen Schichten wahrnehmen. Er sah nicht einfach nur eine Pflanze, sondern erlebte und fühlte die Facetten ihrer Farben, ihrer Weisheit, ihrer Erlebnisse, ihres Duftes und so viel mehr. Er nahm ihre vergangenen wie zukünftigen Potenziale wahr und konnte durch sie sogar in andere Welten blicken. Er nahm die umfassende Schönheit der Quelle in jedem einzelnen Ding und jedem Wesen wahr und erfuhr das Leben in derart vielschichtigen Gefühls- und Betrachtungsebenen, wie es das unerleuchtete menschliche Selbst nicht vermochte. Er konnte das alles wahrnehmen, und er konnte sich auch wieder vollständig davon zurücknehmen. Er konnte seine wahrnehmenden und erlebenden Zustände frei lenken.

Ich lauschte ihm damals stets andächtig. Ich hätte ihm stundenlang zuhören können. Doch meistens beendete er seine Erzählungen nach viel zu kurzer Zeit, weil er mich nicht überfordern wollte. Es klang wundervoll und auch unwirklich. Es erschien mir unvorstellbar, dass ich oder andere Menschen so etwas je erreichen könnten. Gefühle dieser Art hatte ich noch nicht erlebt. Erst durch meine fortschreitenden Erlebnisse erhielt ich nun schrittweise immer weitere Einblicke in seinen gesegneten Zustand.

In dem Moment, in dem ich das kleine Mädchen in einer zukünftigen Zeit auf der Erde berührte, veränderte sich meine Wahrnehmung. Mein Weg erschien mir plötzlich gar nicht mehr so abwegig. Irgendetwas hatte sich durch dieses Erlebnis tief in mir verändert. Doch wie konnte das sein? Es war wie ein Effekt von frei schwingenden Kugeln in einem Raum, die sich gegenseitig berührten und sich dadurch in Bewegung versetzten. Mit jeder Berührung veränderte sich das Erleben der anderen Kugeln. Mein Erwachensweg berührte andere Teile meines Selbst und sie nahmen meine daraus gewonnene Weisheit direkt in sich auf und reflektierten sie, erweitert durch ihr eigenes Erleben, zu mir zurück.

Bewusstseinswellen des Erwachens flossen aus verschiedensten Zeiten und Leben zu mir zurück und erleichterten meinen Weg. Ich hatte den Zugang eröffnet und meine multidimensionalen Anteile tauschten nun ihre Weisheit untereinander und mit mir aus. Sie konnten mich in meinem Erwachensprozess unterstützen, ebenso wie ich dasselbe tun würde. Wir alle wirkten gemeinsam daran, uns auf weitere Entwicklungsebenen aufzuschwingen.

Wir waren frei und gleichzeitig gehörten wir auch zusammen, denn wir waren ein gemeinsames Bewusstsein, dass sich einfach nur aus verschiedenen Erlebensperspektiven erfuhr.

Als ich das kleine Mädchen entdeckte, spürte ich eine tiefe, verbundene Liebe zu ihr. Ich sah sie andächtig vor dem reich geschmückten Baum stehen. Ich liebte sie so sehr. In jenem Moment spürte ich eine so unglaubliche Verbundenheit, dass mir Tränen der tiefsten Berührung über mein Gesicht flossen. Mit den meisten meiner anderen Selbst fühlte ich mich nicht so tief verbunden wie mit ihr. Sie existierten in Ausdrucksformen, weit außerhalb der Erde. Ihr Erleben war oftmals ein ganz anderes, wie es mir als Mensch nicht geläufig war. Mein Fokus war noch auf die Erde ausgerichtet und mehr mit einem menschlichen Erleben vertraut.

Dieses kleine Mädchen stach aus allen anderen Leben ganz besonders hervor. Ich betrachtete sie mit liebevoll erfüllten Augen. Die Grenzen verschwammen und ich fühlte mich eins mit ihr. Sie war ich, am Beginn eines neuen Lebens. Alle Qualitäten, die ich bereits verwirklicht hatte, würden auch diesem Mädchen zur Verfügung stehen. In ihrem Erwachensprozess wären sie viel leichter für sie erreichbar. Ich hatte das Potenzial des Erwachens bereits geöffnet und in unser multidimensionales Sein eingebettet. Früher oder später, wenn die Zeit gekommen wäre, würde ich meinen Fokus zu ihr bewegen. Ich segnete sie und zog mich sanft wieder zurück. Ich wusste, auch sie würde erwachen. Alles war gut, alles war eins. Zeit spielte keine Rolle. Wir sind alle Wesen der Ewigkeit.

Alle meine Selbst besaßen vollkommene Freiheit innerhalb der Multidimensionalität. Sie alle würden von der gemeinsamen Entwicklung profitieren.

Meine verschiedensten Teile ergaben zusammen ein wundschönes, vollkommenes Lichtmuster. Meine Selbst waren nie wirklich getrennt von mir. Sie alle waren ich, ein jedes in seiner eigenen Freiheit – es erschien mir jetzt so selbstverständlich.

Sie alle waren lediglich unterschiedliche Perspektiven meines Erlebens.

Dieses verbundene Gefühl konnte ich nun tief in mein Sein einbetten und es jederzeit in mir abrufen. Wenn ich in dieses Gefühl zurückging, konnte ein regelmäßiger Austausch von Weisheit unter meinen verschiedenen Seinsanteilen stattfinden.

Alle gewonnene Weisheit aus den Erfahrungen floss ständig im Zentrum meines Seins zusammen und erweiterte mich und meine multidimensionalen Anteile. Wir waren in Wahrheit nur verschiedene Blickwinkel desselben Bewusstseins. Die gesammelte Weisheit erweiterte mein gesamtes Sein und würde uns wiederum ganz neue Erfahrungen ermöglichen. Ich verwirklichte Leben in verschiedensten, göttlichen Potenzialen. Dem unendlichen Sein stehen alle Möglichkeiten des Ausdrucks zur Verfügung. Mein Bewusstsein würde sich in den unendlichen Möglichkeiten immer wieder neu erfahren können.

Wie würde die weitere kreative Gestaltung aussehen? Ich konnte es noch nicht überblicken. Dieses Potenzial war noch nicht eröffnet und wurde noch nicht erlebt. Ich erwachte allmählich in ein erweitertes, multidimensionales Bewusstsein hinein.

Ich wurde mir vieler Qualitäten wieder bewusst und einige von ihnen konnten mein irdisches Leben als Maria Magdalena von nun an bereichern.

Nie werde ich den Eindruck meiner Existenz als ein Stern je wieder vergessen – was für ein unvergleichliches Gefühl! Ich würde diese Erfahrung nicht missen wollen, sie verlieh mir ein unvergleichliches Strahlen.

In einigen Anteilen konnte ich den Wunsch spüren, den Weg des Aufstiegs mit mir zu gehen. Für einen Moment konnte ich ihre Einwilligung spüren und dass sie sich gemeinsam mit mir in dieselbe Richtung bewegten.

Wir befanden uns in einem gemeinsamen, liebevollen Fluss, der seinen Weg bereits kannte. Und doch wurde jeder Schritt gleichzeitig als ganz neu erlebt, denn ich konnte mich immer wieder frei entscheiden. Jeder erlebte Schritt durfte Teil meines Bewusstseins werden. Ich freute mich auf den Weg.

Ich fühlte mich unendlich bereichert. Von unbändiger Freude erfüllt, sank mein Gewahrsein nach dieser Meditation wieder in meinen irdischen Körper zurück. Was für eine Freude, die unendlichen Geschenke der göttlichen Potenziale auszukosten. Welch ein Wunder des Seins! Welche Wunder der Möglichkeiten und der Erfüllung!

Nach meinen ersten Erlebnissen auf dieser Ebene benötigte ich viele Wochen, bis sie sich in mir setzten. Die lebendigen Erinnerungen an diesen Zustand verblassten zunächst wieder. Ich würde mir meiner Multidimensionalität nicht ständig gewahr sein und dennoch blieb ich über mein Gefühl mit ihr verbunden. Es würde sich eine Gewissheit einstellen, dass ich bei Bedarf auf Qualitäten meiner multidimensionalen Anteile, zugreifen könnte. Sie wären dann einfach da, wenn ich sie benötigte. So beruhigte sich alles in mir.

Mein Erwachensweg bestand aus verschiedensten Erlebnissen und Schritten und sie wirkten alle gemeinsam.

10

Sternenwelten

»Unser Bewusstsein ist vollkommen frei und kann seinen Fokus verschieben. Was es betrachtet und auswählt, wird zu einer erlebten Realität. Das Bewusstsein, das ICH BIN, kann sich in eine Verkörperung hineinbegeben oder sie von außen beobachten.«

Sterneninkarnationen auf der Venus

Nachdem ich über Wochen hinweg gespürt hatte, dass sich etwas in mir neu formte und vorbereitete, näherte ich mich einer besonderen Nacht. Eingehüllt in ihre behütende Dunkelheit schlief ich ein. Die Nächte zuvor verweilte ich eher unruhig an der Oberfläche meines Bewusstseins. Ich hatte viele Tage das Gefühl, als könnte ich mich nicht besonders tief öffnen und fühlte mich viel weniger im Kontakt zu mir selbst, als all die Zeit zuvor. Ich ahnte noch nicht, dass dies die Vorboten für ein weiteres besonderes Erlebnis sein sollten. In der Tiefe meines Seins bereitete sich alles auf eine neue Erfahrung vor.

So sank ich in dieser Nacht endlich wieder in einen tieferen Schlaf hinein.

In der Mitte der Nacht wachte ich sanft auf, als würde ich aus einem tiefen, warmen Wasser an die Oberfläche tauchen. Ich war noch auf meinen Astralkörper ausgerichtet, während ich halbwach und mein Bewusstsein bereit war, mir einen Einblick in eine ganz andere Welt zu gewähren.

Mein Bewusstsein zog es nun auf eine Astralreise zu einem anderen Ort. Während mein fester Körper auf seinem Lager verblieb, löste sich mein feinstofflicher Astralkörper von ihm und ich reiste durch die Dimensionen. Ich nahm zunächst eine Art Tor aus vielen kleinen, leuchtenden Kristallen um mich herum wahr. Sie erschienen weich und warm, ich fühlte mich vollkommen geborgen. Ich blickte durch das Tor hindurch und wurde mir meines feinstofflichen Körpers gewahr. Ich besaß nach wie vor eine Art Form, doch es schien mir, als würde dieser Körper aus zarten Schleiern bestehen. Ich spürte keine Schwerkraft, die mich am Boden hielt und schwebte durch ein kristallines Tor hindurch in eine andere Dimension. Mein göttliches Selbst hatte mich in diesem besonderen Schlaf darauf vorbereitet, in eine andere Welt zu blicken.

Wo war ich hier? Zunächst konnte ich noch nichts erkennen. Unter meinen beinahe durchsichtigen Füßen fühlte ich einen feinen, sandartigen Boden und schwebte mehr über ihn hinweg, als dass ich auf ihm lief. Neben mir konnte ich erste Formen, die wie Bäume erschienen, erkennen. Ihre schlanken Stämme wanden sich in großen Spiralschwüngen nach oben und öffneten ihre ausladenden Kronen in einen zartblauen Taghimmel hinein. Ich berührte einen der Stämme mit seiner samtweichen Oberfläche.

Mir fiel auf, dass ich mich in dieser Welt vollständig unverletzlich fühlte. Hier gab es anscheinend nichts, was mich oder meinen Körper je hätte verletzen oder ihm Schmerz zufügen können. Anders als auf der Erde nahm ich hier kein Bewusstsein von Verletzung wahr. Und so durchschritt ich diese wundersame Welt und mir wurde bewusst, dass es nicht die Oberfläche der Erde, sondern jene der Venus war.

Dann eröffnete sich der Blick auf einen hohen, schlanken Turm. Seine Konturen waren ebenfalls ganz weich, auch diese Form besaß keinerlei Kanten. Er fügte sich, wie ein vom Wasser geformter Stein, harmonisch in die weiche Landschaft ein. Der zart anmutende Turm schimmerte in perlmutternem Weiß und ragte hoch in den Himmel empor. In seinem oberen Drittel besaß er einige Öffnungen, wie offene Fenster. Ich konnte keine Windbewegungen wie auf der Erde spüren, alles fühlte sich eher an, als würde sich Energie bewegen.

Neben mir tauchten vogelähnliche Wesen auf. Auch sie besaßen, wie alles hier, zarte, grazile Formen. Wie große, weiße Paradiesvögel flogen sie, überirdisch anmutend, an mir vorbei. Hoch über dem Turm tauchten noch andere, eher drachenähnliche Wesen mit weit ausladenden Flügeln auf. Ihre Körper waren ganz glatt. Sie glänzten in der Sonne und ihr Aussehen verlieh diesen wundersamen Wesen einen weichen, friedlichen Charakter.

So stand ich nun inmitten dieser fremden Welt und trotzdem ängstigte mich nichts. Ich fühlte mich sicher und wusste, dass ich schon einmal ein Teil dieser Welt war.

Ich war nicht zum ersten Mal hier, auch wenn es mir aus meiner menschlichen Perspektive so erschien. Das geöffnete Bewusstsein erlaubt es, überall hin zu reisen. Es gibt keine Wege, keine Strecken dorthin zurückzulegen. Mein Bewusstsein öffnete sich in die Schwingungsebene der Venus und ich gab mich direkt in diesen Raum des Erlebens hinein.

Ich streckte meine Hände aus und berührte die flüssige Energie, die sich hier anstelle von Luft befand. Bei jeder Berührung entstand ein zarter Klang und für einen Moment leuchteten feinste Lichtkristalle auf, die sich wie zu einem anmutigen Lichtharfenspiel verbanden. Freudig staunend ging ich auf den Turm zu. Ich hatte schon mehrere Leben auf der Venus verbracht.

Weitere Erinnerungen tauchten in mir auf. Ich hatte hier mit Klängen gewirkt, so wie es auf der Venus üblich ist. Man kann dort Kristallharfen spielen, welche keine feste Form besitzen. Man berührte einfach, in einem ganz bestimmten Bewusstseinszustand, die flüssige Energie des Himmels und dort erklangen die Lichtkristalle. Nicht jedes Wesen auf der Venus vermochte dieses zu tun, es gab ganz unterschiedliche Aufgaben. So war es mein Wirken dort, die Lichtkristalle zu spielen und dadurch für eine Harmonie zu sorgen. Die feinen Klänge stimmten die Herzen und den Energiefluss der Bewohner auf einer lichtvollen Ebene. War jemand aus seiner Balance geraten, so wirkten diese Klänge zutiefst heilsam. Sie stimmten das Innere neu und richteten es wieder harmonisch auf die Göttlichkeit aus.

So war ich eine Art Priesterin auf diesem Planeten, meine Lebensspanne währte mehrere hundert Jahre, gemessen an der irdischen Zeit. Der perlmuttfarbene Turm vor mir, war das Zuhause der Priester und Priesterinnen der Venus. Verschiedene Gemeinschaften gingen hier unterschiedlichen Aufgaben nach, und ich lebte mit der Priestergemeinschaft des Herzensklangs in genau diesem Turm.

Ich liebte es, durch die Gänge zu schweben und mit den anderen beisammen zu sein. Wir erprobten neue Klänge und Heilweisen der göttlichen Balance. Wir besaßen eine feine, menschenähnliche Form und waren in der Lage zu schweben, wann wir es wollten. Wir konnten auf einer Art Lager schlafen oder einfach schwebend. Alles hier war von Liebe und Leichtigkeit erfüllt. Eine sanft erfüllende Freude prägte das Lebensgefühl auf diesem wundervollen Planeten.

Ich betreute Familien hier, doch war es in jenem Leben nicht meine Wahl gewesen selbst eine Familie zu gründen. Ich blieb ganz bei mir und widmete diese Zeit der intensiven Erfahrung meines Selbst. Alles fühlte sich hier so vertraut an, und ich war auf dieser

Sternenebene wieder Zuhause. Doch spürte ich keine Sehnsucht bleiben zu wollen. Von hier aus konnte ich erkennen, dass ich mich ganz bewusst entschieden hatte, ein Leben auf der Erde zu entfalten. Ich hatte mich freiwillig auf die Herausforderung der Erdenleben eingelassen. Die besonderen Energiekonstellationen auf der Erde kreierten einen intensiven, farbigen Strudel der Erfahrungen, welcher so viele Elemente kombinierte und die göttlichen Qualitäten förmlich herausforderte. In dieser verlockenden Intensität konnte ich das göttliche Sein in einer Tiefe erfahren, wie sie unbeschreiblich war. Die vielfältigen Landschaften, Wesens- und Erfahrungsformen boten eine Wirkungsstärke, wie sie sonst nirgends zu finden war. Diese besondere Freude hatte mich einst zur Erde gezogen. Aus der Perspektive der Venus konnte ich dieses nun erstmals deutlich erkennen.

Auf der Venus lebten und leben alle Wesen sehr herzensbetont. Der Lebensausdruck ist der Herzensöffnung und Herzensentwicklung gewidmet. Die feinstofflichen Reiche der Venus, scheinen die zartesten, innersten Reiche eines liebenden Herzens widerzuspiegeln. Die hauptsächlich tragenden Farben dieser Welt sind Perlmutt, Weiß, Rosa und Hellblau. Alles ist in diese Farben eingebettet und doch gibt es vereinzelt auch Farbflecken, wie orange, königsblau, violett, rot oder gelb, die hervorleuchten. Einige Früchte, Pflanzen und Tiere fügen diese besonderen Farben hinzu.

Meine Seele eröffnete mir den Zugang zur Venus, damit ich mir der Qualitäten meiner dortigen Leben bewusst werden konnte. Die Zeit der Rückverbindung mit diesen Fähigkeiten war gekommen. Sie sollten mein Herz noch einmal ganz besonders weiten. Und während ich auf die bezaubernde Landschaft und den erhabenen Turm blickte, wurde ich mir einer umfassenden Präsenz um mich herum bewusst.

Ich schaute mich um und nahm das liebevolle Gesicht einer Priesterin wahr, mit einem goldenen Stab der Weisheit in ihrer linken Hand. Sie war ich, in einem meiner Leben auf der Venus.

Dieser Teil umgab mich nun und deutete an, dass es nun an der Zeit sei, uns wieder zu verbinden. Nun könnte ich ihre Qualitäten für mich auch auf der Erde nutzen. Wie in einem goldenen Lichtfluss, strömte ihre Weisheit in mich hinein. Ich wurde vollkommen von den Gefühlen und dem Wissen der Priesterin erfüllt. Die Klänge der Venus durchströmten mich. Wie gut ich das alles doch kannte. Ich war wieder hier und dieser Teil war ganz eins mit mir. Alles erschien mir so vertraut. Ich fühlte mich angehoben und um so viel Weisheit bereichert.

Die Stimme der Priesterin sank in mich hinein. Ich könnte erneut Leben auf der Venus wählen, wenn ich es wünschte. Doch es war nicht an der Zeit, ich wusste, dass sich über meinen Entwicklungsweg auf der Erde noch weitaus interessantere Welten für mich eröffnen würden. Mich zog es zu Jeshua, meiner Familie und unserem gemeinsamen Weg. Und so sank ich dankbar wieder in meinen irdischen Körper zurück.

Es war ein Sprung zwischen zwei unterschiedlich schwingenden Welten, und mein Astralleib glitt mit einem Ruck in meinen menschlichen Körper zurück. Durch den Schwung richtete ich mich direkt auf meinem Lager auf. Meine menschlichen Augen öffneten sich, und ich konnte für eine kleine Weile noch helle Lichtkristalle um mich herum schwingen sehen.

Ich war ein großes Stück vollständiger geworden. Die fast schlaflosen Nächte hatten mich vorbereitet. Es war nun leichter geworden mein Bewusstsein zu verlagern, auch wenn es noch nicht meiner bewussten Kontrolle unterlag. Meine höchste göttliche Ebene hatte dieses Erlebnis für mich abgestimmt, weil ich bereit war. Die inneren, meditativen Reisen wurden lange Jahre sehr viel leichter für mich und sie dienten meiner Bewusstwerdung deutlich besser.

Die sanften Melodien der Venus durchschwebten noch immer mein Sein. Sie klangen aus, während sich mein Bewusstsein wieder ganz mit meinem irdischen Körper verband. Ich war wieder zurück. Mein Empfinden war nicht mehr dasselbe wie zuvor, denn ich war um weitere Qualitäten bereichert. Sie erweiterten meine Wahrnehmung, meine Gefühle und menschlichen Sichtweisen.

Die Geburt eines Sterns

Eine der unvergesslichsten Astralreisen erlebte ich, gemeinsam mit Jeshua, als wir der Geburt eines Sterns im unendlichen Universum beiwohnen durften. Wir erhoben uns hoch empor in den Kosmos. Es war die höchste Ebene, die ich zu jenem Zeitpunkt mit meinem Bewusstsein erreichen konnte.

Ich war von dem ganz besonderen Gefühl erfüllt, etwas noch völlig Unbekanntes zu entdecken, mit dem mich eine tiefe Sehnsucht verband. Es fühlte sich an, als würden wir an die Grenze des Universums heranreichen, doch war es eher die damalige Grenze meines Bewusstseins.

Wir schwebten gemeinsam, eng umschlungen, im weiten Universum, und ich blickte durch eine angenehme Dunkelheit in leuchtende Sternenfelder hinein. Die Sterne vibrierten wie klare Lichtpunkte um uns herum. Jedes dieser Lichter fühlte sich individuell und ganz besonders an. Jeder einzelne erschien wie eine eigene Persönlichkeit und strahlte seine ganz eigene Qualität zu mir. Und so schwebten wir durch dieses lichte Meer, auf den sanften Flügeln der Ewigkeit.

»Möchtest du die Geburt eines Sterns sehen?«, fragte mich Jeshua überraschend, und ich blickte ihn erstaunt an. Ich hatte ich keinerlei Ahnung, dass es so etwas überhaupt geben könnte. Kaum fühlte ich den Wunsch es zu erleben, bemerkte ich auch schon, wie sich unser Bewusstsein ausdehnte und uns unmittelbar zu einem Stern brachte.

Ich hatte bereits einige Geburten auf der Erde begleitet und sie waren allesamt heilig. Doch was sich hier abspielte, war schier unvorstellbar für mich, bis ich es selbst erlebte. Hier offenbarten sich für mich völlig unbekannte Dimensionen, in denen sich Geburten entfalten konnten.

Der Ort, den wir erreichten, war von einer sehr speziellen Energie und einem besonderen Gefühl erfüllt. Ein erstes schwaches Leuchten schimmerte in einer warmen Dunkelheit, die Geborgenheit und Liebe schenkte. Es war der dunkle, in sich ruhende Raum, aus dem heraus sich ein neues Potenzial eröffnen wollte. Die Geburt eines Sterns bereitete sich vor. Heiligste Energien aus dem Innersten der göttlichen Quelle begannen sich über diesen Punkt in das manifeste Universum hineinzubewegen und ich konnte sie in den größten Tiefen meines Seins spüren. Ich kannte diese Energien ganz genau und gerade jetzt wurde ich an sie erinnert.

Das noch verborgene Licht vibrierte nun stärker und erste Lichtstrahlen durchbrachen die Dunkelheit. Um das Licht herum wurde ein Kreis aus Energie spürbar und riesige, lichte Engel bewegten sich an ihm entlang. Sie umgaben den Stern, dessen Schöpfungsplatz hier entstand und sorgten dafür, dass heiligste, schöpferische Energien der göttlichen Quelle in das Innerste des Sternenpotenzials einfließen konnten. Diese Engel halfen, die Schöpfung in den Raum dieses Universums einzubetten und befanden sich im völligen Einklang mit den göttlichen, schöpferischen Frequenzen.

Das Licht des Sterns verdichtete sich immer mehr. Ganz bestimmte Qualitäten aus dem Innersten der Quelle ergossen sich in ihn hinein. Auch er war zweifellos ein Teil der göttlichen Quelle. Im nächsten Schritt seiner Entstehung leuchten vielfältigste Farben um ihn herum auf. Die begleitenden Engel bewegten sich in ihnen und lenken sie. Ich wusste, dass der Stern aus zahlreichen Dimensionen bestand. Jede dieser Farben kennzeichnete eine seiner Dimensionen, in welchen sich die späteren Realitätsebenen dieses Sterns ereignen sollten. In jeder dieser Ebenen würden sich später ganz bestimmte Arten von Lebenserfahrungen entfalten können. Sie fanden in diesem einzigartigen Spektakel ihren Platz, und Klänge wurden für mich wahrnehmbar. Zunächst war es wie ein Kreischen und Knirschen, unter welchem Materie entstand. Ein tiefer Brummton ertönte und brachte alles in eine stille Harmonie, in der dann erste harmonisch wirkende Klänge ertönten.

Die verschiedenen Lebensimpulse wurden nun, wie in einem weiteren göttlichen Atemzug, hinzugefügt. Sie sahen wie kleine Lichter aus, die sich auf der Oberfläche des Sterns zusammenfanden und waren Vorlagen für die Inkarnationen von Seelen auf diesem Himmelskörper. Sie wurden als Baupläne für die späteren Körperformen der Lebewesen eingebettet. Über die Klangdimensionen wurden die Landschaftsformen eingestimmt und die Farben trugen die Frequenzen der später erlebbaren Realitätsebenen des Planeten. Die Seelen hatten sich hier für vielfältige Erlebnisse verabredet.

Wir erlebten die Geburt dieses wundervollen Sterns wie in einem Zeitraffer, denn wir befanden uns auf einer zeitlosen Ebene des Gewahrseins. Wir betrachteten die Abfolgen seines Entstehens, doch wurden uns die Zeiträume, die sie in diesem Universum bekleideten, nicht bewusst. Was gemessen an irdischer Zeit Millionen Jahre dauern würde, erlebten wir einem kurzen, wundervollen Moment. Wir spürten die Schönheit und Komplexität dieses Vorgangs, in dem Gefühl eines zutiefst heiligen Augenblicks.

Ich war verblüfft und dankbar erstaunt. Ein neuer Stern im Universum ward geboren. Deutlich spürte ich Bande von tiefster Liebe, die ihn umgaben. Es war, als hätten ihn die Hände von Gott und Göttin selbst an diese Stelle gegeben. Gleichzeitig war er von den weise erhabenen Präsenzen hoher Engel umgeben. Sie betteten den Stern sanft auf seinem Platz in der Schöpfung ein.

Etwas später tauchte eine Seele in den Stern hinein. Sie war den mutigen Schritt gegangen, ihm Leben einzuhauchen und seine Persönlichkeit zu formen. Es war, als wäre ein kleiner

Junge im Universum geboren worden. Seine Eltern waren göttliche Eltern und die Engel seine Geburtshelfer. Die Frequenzen der Liebe der Galaxie, dessen Teil er nun war, waren seine galaktischen Eltern, die ihn sicher hielten. Die Seele des Sterns war nun bereit, ihr Bewusstsein auf den Sternenkörper auszurichten und ihn zu erfahren. Viele weitere Seelen hatten bereits eingewilligt auf diesem Stern zu inkarnieren, um ein Erfahrungsfeld, ganz nach ihren Wünschen, zu eröffnen. Einige von ihnen waren, neben den großen Engeln, an der Schöpfung und Manifestation dieses Sterns beteiligt.

Der Raum war von tiefster Liebe und Freude erfüllt. Blühendes Leben würde sich hier entfalten können. Alles war sorgfältig vereinbart. Alle hatten eingewilligt und die Seelenlichter, welche hierher kommen würden, tanzten gemeinsam auf dem Stern. Es war ein erfüllter Tanz und sie erhoben sich in den höchsten Reigen der Galaxie. So entschwand der Stern vor unseren Augen und unser Bewusstsein ließ diesen besonderen Einblick nun wieder los.

Es war an der Zeit unser Bewusstsein auf die Erde zurückzulenken und noch bevor es mir richtig bewusst wurde, war ich wieder in meinen Körper zurückgesunken. Jeshua küsste mich am frühen Morgen sanft und ließ mich mit der Verarbeitung meiner vielfältigen Eindrücke zurück.

Dieses intensive Erlebnis würde in den folgenden Wochen verschiedenste Ebenen in mir berühren und neu ordnen. Ausgelöst durch diese Reise sollte ich noch einmal meine Muttergefühle betrachten, um meine Anhaftungen an sie loslassen zu können. In den nächsten Schritten erlöste ich Geburtstraumata aus verschiedensten Leben und ließ meine Ahnenlinie noch weiter los. Es war, als würden belastende Informationen meiner Ahnen aus meinem Blut gereinigt. Die hochschwingende Geburtsebene des Sterns hatte eine intensive Reinigung in mir angeregt und die Klärung vollzog sich bis in die Informationen meines Blutes und meiner DNA hinein.

Ich gab mich dem Prozess ganz hin. Viele Tage war ich kaum in der Lage mich zu bewegen. Es waren Tage der intensivsten, inneren Einkehr und der seltsamsten Träume. So vieles erlöste sich und nach vielen Wochen ging ich schließlich erfrischt, erleichtert und zutiefst gereinigt aus diesem Prozess hervor.

Heilmeditation: Reise zur Venus

Wir laden dich auf eine Reise in die Ebenen der Venus ein. Es spielt keine Rolle, ob du dort bereits Inkarnationen hattest oder nicht, die wohltuende, liebevolle Energie der Venus darf heilsam für dein Herz wirken. Lasse dich in ein Gefühl der inneren Geborgenheit sinken.

Stelle dir vor, dass Maria Magdalena nun zu dir kommt und dir ihre Hand reicht. Spüre ihre liebevolle Präsenz, begrüße sie und bitte sie, deine Reise zu begleiten.

Pause

Gemeinsam hebt ihr euch empor, hoch in das Universum hinein. Du schwebst empor und die Erde wird unter dir immer kleiner. Du blickst in das leuchtende Universum und wundervolle Sternenwelten hinein. Nimm die Weite des Universums mit all seinen Galaxien wahr.

Pause

Stelle dir vor, dass du zu einem Tor aus Licht gelangst, das zur Venus führt. Verweile einen Moment vor diesem Tor und nimm seine Ausstrahlung wahr. Lasse hier alte Lasten los lege dein Gepäck, das du noch spürst, einfach ab.

Wenn du bereit bist, tritt durch das Lichttor hindurch in eine einladende, kristallene Ebene hinein. Spüre die Atmosphäre dort, sie ist einladend und warm. Lasse dich vertrauensvoll in sie hineinsinken. Dort erfahren deine Energien eine Erhöhung und du reist wie durch einen lichten Strom, der deine Energien erhöht. Lasse geschehen.

☙ *Pause*

Die Lichtkristalle des Stroms ziehen sich nun, wie ein Vorhang, zurück und geben deinen Blick auf die Venus frei. Du bist auf ihrer feinstofflichen Ebene angekommen, in der die Bewohner der Venus inkarniert sind. Auf dieser Ebene ist die Venus von vielfältigem Leben erfüllt, das du in der feststofflichen Welt nicht erblicken kannst. Setze einen Schritt auf diesen wundervollen Planten und spüre den Boden unter deinen Füßen. Nimm die Landschaft wahr, die sich dir hier zeigt. Spüre sie und gib allen inneren Bildern und Assoziationen Raum.

Spüre die Ausstrahlung der Venus, die dich willkommen heißt. Nimm wahr und empfange.

☙ *Pause*

Die Venus ist ein zutiefst heilsamer Planet für das Herz. Ihre Ausstrahlung vermag es, die Herzensschwingung eines Wesens zu erhöhen und die Entfaltung neuer Potenziale anzuregen. Gleichzeitig schenkt sie inneren Frieden und vermittelt dir das Gefühl, dass du vollkommen richtig bist, genauso wie du gerade bist.

Atme dieses wunderschöne Gefühl ein und betrete den Boden der Venus. Spüre mit deinen Füßen die Beschaffenheit des Bodens und verstärke auf diese Weise den Kontakt zu diesem Planeten.

Gehe ein paar Schritte und erlaube dir mit deinen inneren Händen die Atmosphäre zu berühren. Alles, was du hier wahrnimmst, kannst du berühren und den Kontakt auf diese Weise verstärken. Strecke deine Hände in die flüssige Luft hinein. Nimm die einzigartigen Klänge wahr, die bei der Berührung erklingen. Alles hier hat seinen ganz eigenen Klang. Lausche und spüre.

Pause

Bitte, dass bei deiner nächsten Berührung des Himmels der Venus nun ein heilsamer Klang für dich ertönt und nimm ihn wahr. Du kannst dort für dich, wie auf einer Kristallharfe, heilsame Klänge für dich anstimmen.

Sehr zarte, sanfte Klänge durchfließen dein Gewahrsein. Dein inneres Hören lässt dich den Klang wahrnehmen. Du berührst den flüssigen Himmel und erzeugst die für dich richtigen Klänge. Du kannst auch bitten, dass erlösende Klänge für ein bestimmtes Thema zu dir fließen.

Spüre, fühle und lasse die Klänge in dir wirken.

Pause

Nun gehen wir ein paar Schritte weiter. Vor dir öffnet sich nun die Herzensebene der Venus und du kannst auf sie zugehen. Ihr wunderschöner Herzenskristall strahlt dir entgegen. Er leuchtet in mannigfachen, kristallenen Facetten. Dieses Zentrum strahlt alle Herzensqualitäten des Planeten aus.

Hier kannst du die Liebe und Lebendigkeit der Venus spüren.

Hier nimmst du das Lebensgefühl auf diesem Planeten wahr.

Pause

Das Herz der Venus öffnet sich jetzt in der genau richtigen Facette für dich. Dies kann von Mal zu Mal ganz unterschiedlich sein, wenn du dich dort verbindest.

Berühre den Herzenskristall der Venus und dort öffnet sich nun eine ganz bestimmte kristallene Herzensblüte für dich. Aus dieser Blüte fließt ein Strom aus Licht und heilsamen Informationen zu dir. Nimm diesen Lichtstrom in dir auf.

Spüre und fühle.

Pause

Lasse dich ganz in die Schwingung der kristallenen Herzensebene der Venus sinken und heile in ihr. Ihre Kraft kann dich in deiner Herzensheilung unterstützen. Sie sendet dir Impulse, die dich mit deinem Herzen und deinem göttlichen Kern verbinden. Dein Herz darf sich in diesem Licht noch weiter öffnen. Verweile in dem wundervollen Gefühl der Herzensebene der Venus. Lasse geschehen.

Pause

Lasse dich nun mit allen Gefühlen und inneren Bildern wieder zurück in deinen Körper sinken. Alle positiven Gefühle bleiben bei dir und dürfen sich integrieren. Kehre wieder ganz in dein Tagesbewusstsein zurück. Atme Klarheit und kehre erfrischt ins Hier und Jetzt zurück.

11

Heilung der Weiblichkeit

»Die Seele erblüht in der göttlichen Schöpfung und mit jedem erlebten Ausdruck wird sie die göttliche Quelle ein Stückchen mehr erfahren. Eine unendliche Spirale tiefster Freude und Glückseligkeit.«

Das Loslassen meiner Mutterrolle

Es gab einen wichtigen Punkt in dem Erlösungsprozess meiner irdischen Identifikationen. Es war das Loslassen meiner Rolle als Mutter, der ich mich besonders verpflichtet fühlte. Wie sollte ich je meine Kinder loslassen können? Ich fühlte mich zutiefst mit ihnen verbunden. Auch mit den beiden Jungen, die wir bei uns aufgenommen hatten, verband mich ein ungewöhnlich tiefes Band der Liebe. Sie würden immer meine Kinder sein, und ich hatte zunächst große Angst, ich könnte sie auf irgendeine Weise verlieren. Mein menschliches Selbst protestierte heftig und konnte sich nicht vorstellen, meine Kinder der Welt anzuvertrauen und sie in ihre eigene Freiheit zu entlassen. So gerne wollte ich sie für immer beschützen und alles Leid von ihnen fernhalten. Wie sollte ich je aufsteigen können, wenn sie noch nicht erwacht wären?

Als ich dieses Problem mit Jeshua teilte, sah er mich verständnisvoll an. Ihm war längst bewusst, dass ich eines Tages auf diese Herausforderung stoßen würde. Der Aufstiegsprozess brachte einige Schritte mit sich, bei denen ich nicht darauf vorbereitet war, dass ausgerechnet sie zu einer großen Herausforderung für mich werden könnten.

Ich verbrachte einige Nächte schweißgebadet und durchlebte fürchterlichste Albträume, in denen meine Kinder entweder wegliefen oder mir weggenommen wurden. Meine Ängste spielten sich in allen nur erdenklichen Dimensionen aus. Hier konnten sich meine verborgenen Ängste zeigen. Ich verlor meine Kinder auf alle nur erdenklichen Weisen und setzte mich damit auseinander.

Nach vielen unruhigen Tagen und Nächten voller Angst beschloss ich, dass es nun genug sein müsste. Meine Kinder schliefen friedlich im Haus und natürlich durfte ich sie freigeben, damit sie ihren eigenen Lebensweg finden könnten. Würde ich ihnen das verweigern, so würde ich sie einschränken. Sie würden dann erst lernen müssen, sich aus meiner Umklammerung wieder zu befreien. Ob es mir nun gefiel oder nicht, ich kam um den Weg des Loslassens nicht herum und ein gutes Stück davon hatte ich durch die Träume bereits zurückgelegt. Die Albträume ebbten allmählich ab und ich wurde wieder ruhiger.

Ich genoss jeden Tag mit meinen Kindern nun besonders intensiv, als könnte es tatsächlich der letzte sein. Nun bekamen meine Kinder allmählich Sorgen, dass mir vielleicht etwas Schlimmes geschehen könnte. Ich bemerkte deutlich, dass ich mich weiter beruhigen musste, um mein Problem nicht unbewusst auf ihrem Rücken auszutragen. Sie liebten mich viel zu sehr. Sie spürten meine Ängste und reagierten darauf. Auch sie wurden unruhiger und in ihrem Vertrauen in das Leben verunsichert. Sie klammerten sich mehr an mich. Das sollte nun reichen. Ich hatte es weit genug kommen lassen.

Ich fragte Jeshua um Rat, doch diesmal sollte ich die Lösung selbst finden. Der Loslösungsprozess von meinen Kindern begann nach meinen Einblicken in die galaktischen Ebenen. Ich setzte mich nun alleine hin und besann mich auf meine multidimensionalen Anteile. Sollten sie mir nicht vielleicht helfen können? Für irgendetwas mussten diese Verbindungen doch gut sein.

Ich lauschte in mich hinein und bat darum, dass sich ein Teil meiner Selbst zeigen möge, der mir helfen könnte. Ich hielt eine Weile inne und sank in eine immer tiefere Entspannung hinein. Plötzlich erfüllte ein zärtliches Gefühl mein Herz. Ich hatte das spontane Gefühl einer tiefen Berührung und dass alles gut sei. Der erste Umriss einer weißen Lilie blitzte vor meinem inneren Auge auf. Ich nahm die besondere Ausstrahlung ihrer unberührten Schönheit wahr. Ihr Duft durchströmte mich wohltuend und öffnete mein Gewahrsein noch mehr.

Eine Botschaft der Lilie erklang nun in meinem Bewusstsein. »Ich bin du«, sprach die Lilie zu mir. »Und gemeinsam sind wir viele. Wir wachsen in Frieden und strecken unsere Köpfe der Sonne entgegen. Die Sonne ist unser wichtigstes Ziel, diese Richtung bestimmt unser ganzes Leben. Allein die Sonne zeigt uns den Weg und alles andere ist unwichtig. Neben mir wachsen andere Lilien und sie tun es mir gleich, auch ihre Blüten öffnen sich in Richtung der Sonne. Wir sind zufrieden und machen uns keine Sorgen. Wir sind von unserem Erleben vollkommen erfüllt. Mit den ersten Sonnenstrahlen öffnen sich unsere Blütenköpfe und mit der Abenddämmerung neigen wir uns in die Ruhe hinein. Wir empfangen das Licht, leiten es durch unsere Körper hindurch und geben uns diesem Strom vollkommen hin. Wir verströmen unseren Duft für die Insekten und um die Welt damit zu erfreuen.«

Ich war verblüfft und doch angenehm überrascht. Mit dem Kontakt zu einer Pflanze hatte ich nicht gerechnet.

»Wir kennen kein Leid, sondern nur den Zyklus unseres Erblühens«, fuhr die Lilie fort. »Das Vergehen unseres Pflanzenkörpers ist ein ganz natürlicher Vorgang, er gehört zu unserer Erfahrung dazu. Wir zweifeln ihn nicht an und es ist nicht Teil unseres Bewusstseins darunter zu leiden. Doch tragen wir Weisheit aus dieser Erfahrung davon. Wir geben uns unseren natürlichen Rhythmen hin. Wir wehren uns nicht dagegen, denn diese Abläufe gehören zu unserem Ausdruck als Pflanze auf der Erde dazu. Es liegt nicht an der einzelnen Lilie diese Erfahrung zu verändern und nicht verblühen zu wollen. Hier haben wir das Geschehenlassen gelernt, erinnere dich daran.« Ich ließ ihre Worte in mir wirken. Während mir das Thema meiner Kinder zuvor noch große Angst bereitete, so fühlte ich mich nun bereits deutlich gelassener.

»Deine Kinder werden selbständig.« Die Lilie schien mich anzulächeln. »Auch wir haben unsere Kinder voller Freude aufwachsen sehen. Wir wussten, dass auch sie sich zum Licht ausstrecken würden, genau wie wir. Wie könnten wir sie davon abhalten wollen, denn es ist ihr natürlicher Zyklus? Und auch wenn sie eines Tages wieder vergehen würden, so wäre es doch nur die Auflösung einer vorübergehenden Form. Sie würden im folgenden Jahr aufs Neue erblühen und aus ihrer Kraft Nachkommen erschaffen. Du liebst deine Kinder, lasse sie in deiner Liebe und deinem Vertrauen frei.«

Ich konnte das Gefühl des Zulassens durch die Lilie deutlich fühlen. Es war so leicht. Die Lilie kämpfte nicht gegen ihren natürlichen Rhythmus. Dieser Rhythmus wurde auf einer höheren Ebene des Bewusstseins erschaffen und die Seelen hatten in diese Bedingungen eingewilligt, sonst wäre die Erfahrung als Lilie gar nicht möglich gewesen. Das Loslassen meiner Kinder war ein Teil meiner menschlichen Erfahrung, und ich würde das nicht als einziger Mensch auf der Erde verändern können.

Es war meine Aufgabe, und ich durfte sie annehmen. Ich nahm das Gefühl der Lilie tief in mich auf. Wie anmutig sie war. Sie war ich. Nun kam sie wieder in mein Bewusstsein, und ich nahm ihre Qualität dankbar an. Ich ließ dieses wundervolle Gefühl tief in mich einfließen.

Nun blitzten Bilder meiner Kinder vor mir auf. Sie liebten Jeshua und mich so sehr und würden alles für uns tun. Sie waren so eng mit unseren Gefühlen verbunden, wie es zwischen Eltern und Kindern der Fall ist. Auch sie durften lernen mich loszulassen und in ihre eigene Freiheit hineinzuwachsen. Mein Herz floss über vor Liebe und Stolz. Ich hoffte sie würden das Beste in ihrem Leben erreichen, doch ich konnte es ihnen nicht abnehmen. Sie würden ihren Weg selbst finden dürfen.

Ich trat innerlich einen großen Schritt zurück und betrachtete sie nun mit etwas mehr Abstand. Sie waren eigenständige Menschen und Seelen. Sie gehörten mir nicht. Sie hatten Jeshua und mich ausgewählt, weil wir ihnen eine durch Liebe und Freude genährte Lebensbasis schenken konnten. Wir durften sie die Herzenskraft lehren und sie auf das Leben vorbereiten. An dieser Aufgabe konnten wir alle gemeinsam wachsen und Erfüllung finden. Unsere Herzens- und Seelenverbindung würde stets bestehen bleiben, auch wenn sie eines Tages ihre eigenen Wege gehen würden. Wir würden uns in allen nur erdenklichen Welten und Dimensionen wiederbegegnen können.

Zwei unserer drei leiblichen Kinder und den älteren, aufgenommenen Sohn erkannte ich eines Tages als Seelen aus meinem Seelenverband. Sie waren eng mit mir und auch mit Jeshua verbunden. Unsere Tochter Sarah und der kleinere Junge, welcher den Weg von außerhalb in unsere Familie gefunden hatte, waren ein enger Teil meiner Seelenfamilie.

Auch wenn die Blutsverbindungen ein starkes Band zwischen den Menschen weben, so bleibt die Verbindung des engsten Kreises der Seelenfamilie und auch der Seelenverbände doch stets intensiv und kann sich, durch die innigliches Gefühle dieser Verbindung, noch über die Blutsbande auf der Erde hinwegsetzen. In dieser Verbindung lag noch eine höhere Wahrheit, und ich fühlte mich unseren Kindern besonders eng verbunden. Ich erkannte nun, wer ihre Seelen wirklich waren und Tränen der Berührung flossen über mein Gesicht. Ich durfte lernen, ihnen zu vertrauen, dass sie gut auf sich selbst achtgeben konnten. Ich durfte erkennen, dass sie, so wie jeder Mensch, bereits alle Fähigkeiten besaßen, um ihr Leben zu meistern. Ich liebte sie alle, genau wie Jeshua.

Erfüllt von der Anmut und Weisheit der weißen Lilie konnte ich sie nun leichter freigeben.

Ich übergab meine Kinder vertrauensvoll dem Fluss des Lebens und vertraute dem Leben vollkommen.

Die wahre Schönheit der Erde

Einige Wochen war ich nun wieder ganz mit mir allein. Die Kinder blieben bei mir und gaben mir genügend Raum. Nun konnten wir uns ganz freigeben und das ließ unsere Beziehung noch intensiver werden. Ich hatte keinerlei Sorge mehr, dass ihnen etwas zustoßen oder ich mich nicht gut genug um sie kümmern könnte. Wir kamen alle weiter in unsere Freiheit, meine Kinder fühlten sich bestens versorgt und geliebt. So hatte ich jetzt wieder mehr Zeit für mich selbst.

Es dauerte eine ganze Weile die Eindrücke zu verarbeiten, und ich hatte fast jeden Tag das Gefühl, als würde sich wieder etwas in mir verändern. Ich erlebte noch einige Nächte, in denen ich schweißgebadet erwachte, jedoch ohne einen Traum, der in meiner Erinnerung verblieb.

Mein Körper hatte sehr viel mit den hohen Energien zu tun und oft fühlte ich mich träge und verlangsamt. Ich brauchte die Zeit dringend für mich. In den ganzen Wochen geschah zunächst nichts, was meine Aufmerksamkeit erregt hätte. Vielmehr ruhte ich mich aus und unternahm außer wenigen Spaziergängen fast nichts. Nach einigen Wochen begann ich mich dann endlich wieder aktiver zu fühlen.

Eines Morgens öffnete ich die Augen und die Welt erschien mir farbiger als zuvor. Das Grün der Pflanzen leuchtete intensiver, als ich es in all meinen Lebensjahren wahrgenommen hatte. Die ganze Umgebung strahlte viel sattere Farben aus. Alle Klänge erschienen mir harmonischer, ganz gleich, ob es sich um Geräusche der Tiere oder der Menschen handelte. Der warme Wind und die Sonne schienen mein Innerstes inniglich zu berühren. Ich fühlte mich tiefer in meinem Körper angekommen und hatte das Gefühl, als wäre ich noch intensiver in mein Leben eingetaucht.

Jeder Blick von mir erfasste eine große Schönheit, auch in der einfachsten Landschaft. Es war, als würde sich mir eine vollkommen neue Ebene der Erde offenbaren, wie ich sie bisher noch nicht wahrgenommen hatte. Meine Sinne schienen sich erweitert zu haben. Als ich mich fragte, wie das möglich sei, stieg das Wissen in mir auf, dass sich umfassendere Gefühle meiner Göttlichkeit inzwischen weitreichender mit meinem menschlichen Sein verbunden hatten.

Durch die Verbindung zu meinen multidimensionalen Anteilen konnten sich auch die wahrnehmenden Sinne meines göttlichen Bewusstseins viel stärker mit meinen menschlichen Sinnen verbinden.

Ganz gleich was ich jetzt sah oder hörte, roch, schmeckte oder berührte, ich fühlte gleichzeitig eine Erfüllung, tiefe Liebe und Dankbarkeit, eine innige Freude und Mitgefühl. Ich konnte die wahre Schönheit der Erde jetzt viel deutlicher erkennen. Ich erblickte mehr von ihrer wahren multidimensionalen Schönheit und war überwältigt. Jedes Objekt, jede Pflanze, jedes Tier, auch jeder Mensch wirkte göttlich erfüllt. Sie alle waren mir so nahe und vertraut. Ich nahm all das nicht mehr einfach nur als außerhalb von mir wahr, sondern ich fühlte gleichzeitig ihre göttliche Ausstrahlung in mir.

Es schien, als könnte ich die Landschaften einatmen, sie fühlen und schmecken. Ich sah die Menschen und erfasste sie als ein Gesamtes. Ich sah nicht mehr nur ihre körperliche Hülle oder spürte eine bestimmte Ausstrahlung, sondern ich nahm die komplexe Schönheit des kunstvollen Gewebes ihrer Leben wahr. Jeder Einzelne hatte vielfältigste Erfahrungen gemacht. Sie alle ergaben ein wunderschönes Muster ihrer Seelenreise und wurden zu einem Teil der Schönheit der Erde. Wir alle woben gemeinsam die wundervolle Vielfalt auf der Erde. Jeder Einzelne auf seine Weise und gleichzeitig hatte jeder Einzelne Anteil an der Weisheit der anderen. Auf einer übergeordneten Ebene wurden die Essenzen, der auf der Erde erworbenen Weisheit, gesammelt und standen einem jeden zur Verfügung.

Die Weisheit umgab den Planeten, sorgfältig abgelegt in ganz eigenen Dimensionen, die sich jenen Seelen öffneten, die bereit waren sie zu empfangen. Die Weisheit aus den Erfahrungen gehörte allen Seelen auf der Erde. Eine jede einzelne war ein lebendiger Teil davon und hinterließ einen Abdruck in der gesamten Schönheit und Harmonie.

Mein innerer Zustand hatte sich sehr verändert, das wurde mir jetzt erstmals deutlicher bewusst. Ich befand mich immer noch in meinem Körper und in demselben Leben wie zuvor. Doch meine Wahrnehmung der Welt, mein Empfinden und Erleben hatten sich gewandelt. Während ich zuvor viele einzelne Teile ohne einen scheinbaren Zusammenhang betrachtete, so offenbarte sich mir nun eine einzigartige Schönheit bei dem Anblick des gesamten Werkes. Ich hatte viele begrenzende Ansichten losgelassen und Verletzungen erlöst. Ich war ein großes Stück von allen Identifikationen zurückgetreten und dadurch so intensiv wie nie zuvor mit meinem Leben verbunden.

Mein neuer Bewusstseinszustand wurde spürbar, und ich empfand ihn als ein großes Geschenk meines Erwachens. Es war ein deutlicher Schritt auf meinem Aufstiegsweg, und ich hatte bereits eine ganz neue Ebene meines Seins auf der Erde erreicht. Ich fühlte eine überwältigende Dankbarkeit. Ich empfand das Leben auf der Erde als ein großes Geschenk. Alles erschien wunderschön in einem neuen Licht meines Bewusstseins. Dankbarkeit durchfloss mich und begann einen neuen Abschnitt meines Lebens zu weben.

Der Schlangenbiss meines Sohnes

Ich konnte es kaum erwarten, Jeshua von meinem Fortschritt zu berichten, und als wir uns wiedersahen, begrüßte er mich freudig. Auch er nahm meinen veränderten Zustand wahr und freute sich mit mir. Er hatte dieses bereits selbst erlebt und konnte sich gut an sein eigenes Staunen und seine tiefe Lebensfreude erinnern, die er in jenen Momenten empfand. Und so freuten wir uns und feierten gemeinsam. Auch unsere Kinder fühlten sich in meiner verbundenen Ausstrahlung sehr wohl. Sie wirkten noch unbeschwerter als zuvor. Sie erschufen voller Freude ihre eigenen Lebensmuster, und ich konnte sie ganz frei lassen.

Mein kleiner Junge, der zu diesem Zeitpunkt vierzehn Jahre alt war, erkrankte eines Tages schwer. Ich erkannte sofort, dass es sein eigener Prozess war, und ich ihm nur wenig würde helfen können. Auf ihn würden einige schwierige Tage zukommen, und ich würde ihm beistehen, so gut ich konnte. Auch Jeshua war präsent, doch wir konnten nichts anderes tun, als an seiner Seite zu sitzen und die Genesung aus seiner eigenen Kraft abzuwarten. Eine Schlange hatte ihn gebissen, als er unachtsam war. Die Bisswunde an seinem rechten Bein blutete und er erlitt schwere, krampfartige Schmerzen. Er kam ins Haus und wir legten ihn direkt zur Ruhe. Wir gaben ihm Kräuter, die den Körper unterstützten, doch beide konnten wir ihn nicht heilen.

Es war sein eigener, heiliger Prozess und seine Seele legte ihm in diesem Tagen einen alten Abschnitt seiner Lebensgeschichten zur Ablösung vor. Jeglicher Heilversuch unsererseits wurde abgewiesen, es war wie eine unsichtbare Wand, die wir nicht zu durchdringen vermochten. Wir waren dennoch gelassen, denn wir wussten, dass es nur ein Schritt war. Er fiel in ein schweres Fieber, und wir saßen bei ihm, hielten seine Hand und wuschen ihm den Schweiß vom Körper.

Während ich neben ihm saß, konnte ich sehen und wahrnehmen, was tief in ihm vorging. Ich erkannte, dass große Feuer um ihn herum brannten und dann sah ich ihn in einem Leben, als Schamane eines Stammes in Afrika. Er war ihr spiritueller Führer und eines Tages hatte er die Spirits zu sehr herausgefordert und einen schweren Missbrauch begangen.

Einige Leute des Volkes verleiteten ihn dazu, und obwohl er es hätte besser wissen müssen, ließ er sich darauf ein. Sie verlangten eine Stärkung ihrer Macht, damit sie sich über einen anderen Stamm erheben konnten. Sie wollten mehr Land einnehmen und den anderen Stamm vertreiben. Er ließ sich darauf ein, denn auch er wollte seine Macht prüfen und ließ sich auf Kräfte ein, die dem Herzen und der Quelle abgewandt waren.

Er rief die unerlösten Schatten der Ahnen seines Stammes herbei. Es waren jene Seelen, die nach ihrem Tod ihr altes Leben noch nicht loslassen konnten. Sie strebten nach erneuter Macht und klammerten sich an ihr vergangenes Leben auf der Erde. Es waren Seelenanteile, die den jenigen Rache geschworen hatten, die ihnen in ihrem Leben etwas zugefügt hatten. Es waren unerlöste Seelen, die nach ihrem physischen Ableben nicht in die geistigen Reiche heimgekehrt, sondern körperlos in der erdnahen Ebene verblieben waren.

In diesem Zustand des Festhaltens erkannten sie ihre Unsterblichkeit und Freiheit nicht, sondern blieben durch die Identifikation mit ihren Machtgelüsten und Rachewünschen in einem sehr begrenzten Fokus haften. Sie warteten nur auf eine Gelegenheit, wieder Einfluss auf die lebenden Menschen ausüben zu können. Sie lungerten am Dorfrand herum und fanden ihren Frieden nicht. Und genau diese Seelen beauftragte mein Sohn.

In einer dunklen Zeremonie beschwor er sie, mit den lebenden Stammesmitgliedern gegen die auserkorenen Feinde zu kämpfen. Er stachelte sie an und sie folgten dem karmischen Sog des einladenden Machtmissbrauchs. Diese Absicht war ihren unerlösten Schatten sehr ähnlich, so dass sie sich sehr vertraut mit ihr fühlten. Sie hatten in diesem Zustand kaum einen eigenen Willen, sondern folgten einfach der Energie, die ihnen nun die Richtung vorgab. Sie waren verwirrt und gefangen in den Schatten ihrer alten, noch unverarbeiteten Erfahrungen.

Die Zeremonie war wild. Die Stammesmitglieder tanzten wie von Sinnen um die Feuer. Sie alle konnten die aufgewühlten Energien der unerlösten Ahnen fühlen. Tote wie Lebende stachelten sich nun gegenseitig an, und die unerlösten Energien der Emotionen beider Seiten vereinten sich zu einer unheilvollen Kraft. Diese entlud sich gegen den Nachbarstamm.

Unerklärliche Krankheiten befielen den anderen Stamm, doch genau diese Energien schlugen bald auch auf den Stamm meines Sohnes zurück. Der Nachbarstamm verlor eine große Zahl von Leuten durch Krankheiten, durch Insektenstiche und Schlangenbisse, die starkes Fieber auslösten. Einige verunglückten, als sie das Dorf verließen, um Hilfe zu holen.

Nachdem sich der Stamm fast um ein Drittel reduziert hatte, wendete sich das Blatt und auch einige Leute des Stammes meines Sohnes erkrankten. Es kam in den folgenden Jahren zu Fehlgeburten oder kaum lebensfähigen Kindern, die das Licht der Welt erblickten. Die unerlösten Seelen der Ahnen, versuchten sich auf diese Weise zu reinkarnieren, ohne eine Klärung ihrer tiefen Schatten erfahren zu haben. Es gelang nur sehr wenigen, sich unter der Last des schweren Missbrauchs, ohne vorher in die klärenden Dimensionen des Jenseits gegangen zu sein, direkt wieder zu inkarnieren.

Sie gingen nicht den heiligen und wunderschönen Pfad der Seelen durch die lichten Jenseitsebenen. Dort hätten sie Hilfe und Unterstützung erfahren, um ihre Verletzungen zu erlösen und eine erneute Inkarnation in einem geklärten Bewusstsein zu begehen. Hier bot sich ganz im Gegensatz dazu ein unheilvolles Bild. Die wenigen Seelen, die eine Inkarnation aus diesen niedrigen Bewusstseinszuständen heraus vollbrachten, kamen kaum überlebensfähig zur Welt.

Man konnte spüren, dass ihre Seelen nicht richtig mit den kranken Körpern verbunden waren. Die Energien um sie herum fühlten sich dunkel und beängstigend an. Die Magie und der Machtmissbrauch entluden sich in alle Richtungen.

Mein Sohn erkannte das Unheil erst viel zu spät und selbst dort fühlte er noch keine Reue. Er verstarb in jenem Leben mit einem Gefühl des Versagens. Es war wichtig für ihn, diese Zusammenhänge nun erkennen zu können, die er über die Grenzen seines damaligen Lebens mit sich genommen hatte. Diese Geschichte war noch immer unerlöst, und er hatte zwei weitere Leben bei Naturvölkern des Urwaldes gewählt, um sich Demut und Mitgefühl erleben zu lassen. In diesem Leben hatte er aus seiner Weisheit heraus nun eine Persönlichkeit kreiert, die das Leben genügend achten konnte. Er nahm seine besten Qualitäten mit sich, um diese alten Energien nun erlösen zu können.

Ich blickte in ihn hinein, die Feuer brannten noch und das Fieber schüttelte seinen Körper. Wir saßen einfach ruhig an seiner Seite und nach vielen Stunden des Fiebers konnte ich irgendwann spüren, dass sich sein Herz öffnete und er die Seelen der Stammesahnen um Vergebung bat. Sein Herz erkannte nun den schweren Missbrauch und die Zusammenhänge, die auch über seinen eigenen Stamm so viel Leid gebracht hatten.

In seinen Fieberträumen konnte er ihre Seelen sehen, erzählte er mir später. Er fühlte nun, was sie durchgemacht hatten. Er erkannte, dass sie ihm damals fast willenlos ausgeliefert waren und er viel zu weit gegangen war. Die vorher fehlende Reue stieg in ihm auf, er umarmte die Seelen und bat sie inniglich um Vergebung. Er achtete sie nun in ihrer Würde und Ehre, als freie Wesen, die ein Recht auf eine eigene, freie Wahl hatten.

Er entließ verbliebene Schattenanteile zurück zu den Seelen der Stammesmitglieder. Er hatte sie unbewusst aufgenommen, denn als ihr spiritueller Führer hatte er in das Ritual eingewilligt und unbewusst die Verantwortung für ihre Schatten auf sich geladen. Ich konnte sehen, wie sich sein Gemüt klärte. Die dunkle, bedrohliche Wolke wurde immer mehr von Vergebung, Liebe und Erkenntnis durchlichtet. Dreimal besuchten ihn die Seelen, bis alles abgeschlossen war, und er durchschritt seinen Erlösungsweg. Dann beruhigte sich sein Körper endlich. Er hatte deutlich an Körpergewicht verloren und sein Gesicht war eingefallen. Doch seine Ausstrahlung war von einem ganz neuen, reinen Licht und von Leichtigkeit durchflutet.

Wir hatten ihn damals von einem Schiff zu uns genommen. Dort erfuhr er schweren Missbrauch, er war wie ein gefangener Leibeigener. Er war krank und schwach, als er zu uns kam. Sein rechtes Bein hätte er auf dem Schiff fast durch eine Verletzung verloren. Die starke, schwarze Magie, die er in den Feuerritualen ausgeübt hatte, drückte sich als Entzündungen und Fieberzustände in seinem Körper aus. Er trug damals noch die Schwere der karmischen Ursachen jenes alten Lebens. Die unerlösten Seelen waren noch an ihn gebunden und zerrten zusätzlich an seiner Lebenskraft. Während er mit uns zusammen war, beruhigte sich sein Zustand, so dass er als gesunder Junge bei uns leben konnte. Durch Jeshuas göttliche Ausstrahlung setzte eine vorübergehende Gnade bis zu seinem vierzehnten Lebensjahr ein, doch Jeshua konnte ihm die Auswirkungen seiner Handlungen nicht abnehmen.

In den schwarzmagischen Ritualen hatte mein Sohn die Achtung vor den anderen Seelen verloren und ebenso seine Selbstachtung. Obwohl er als Schamane, um die Wege der Seelen nach ihrem irdischen Ableben wusste und eigentlich hätte helfen sollen, sie zu erlösen, beugte er sich den Erwartungen der machthungrigen Stammesmitglieder und verletzte dadurch auch seine Selbstachtung tief. Jene Auswirkungen hatte er mit in dieses Leben gebracht.

Auf dem Schiff war er noch weniger wert als nichts, keinerlei Achtung wurde ihm entgegengebracht, denn er hatte sie zuvor schon vor sich selbst verloren. Nun war seine Seele für eine Lösung bereit und die Schlange brachte ihm das Geschenk ihres Giftes, um ihn in seinen Fieberträumen an die Schwelle zu den unerlösten Seelen zu bringen.

Die Energien waren damals so schwerfällig auf der Erde, dass es manchmal kräftige Mittel brauchte, um altes Karma zu erlösen. Noch nicht sehr viele Menschen waren bewusst in der Lage, ihre unerlösten Energien zu erkennen und eine Veränderung zu bewirken. Viele Seele versuchten karmische Anbindungen durch Krankheiten oder Leid auszugleichen.

In der heutigen Zeit zeichnet sich ein ganz anderes Bild. Das Bewusstsein hat sich bereits weiter geöffnet, das Karma kann leichter erlöst werden und auch ein Zugang zu wahrer Erkenntnis ist eher möglich. Ich hatte meinen kleinen Jungen wieder zurück und nach diesem Ereignis strahlte eine warme Güte durch sein Selbst. Seine reinen Seelenqualitäten waren von dem Machtmissbrauch befreit und konnten wieder sichtbar werden. Auch er hatte eine neue Ebene seines Lebens erreicht und war glücklich an unserer Seite.

Die Heilung meiner Weiblichkeit – Reise in die Innere Erde

Diese besondere Erfahrung meines Sohnes machte mich auf eine Ebene aufmerksam, die ich bislang noch nicht betrachtet hatte. Nachdem ich die alten Stammesrituale in seinen Fieberträumen mitangesehen hatte, verspürte ich den Wunsch, mehr über das Innere der Erde zu erfahren. Es sollten noch viele Tage vergehen, bevor ich eine Einladung erhielt.

Derweil sog ich die wundervolle Reinheit der Natur in mir auf. Ich erfreute mich an den Schmetterlingen und kleinen Tieren in der Nähe unseres Hauses. In diesen Tagen hatte ich das Gefühl, dass es meine Aufmerksamkeit immer tiefer in die Erdebenen zog. Meine Wahrnehmung zog es dabei immer wieder in die Erde und eines Tages nahm ich eine Art Rhythmus in ihr wahr. Es erschien mir wie der sanfte, warme Rhythmus einer Trommel. Tief und einladend, bestätigte er meinen Wunsch, das Innere der Erde näher kennenzulernen. Der Rhythmus kam mir bekannt vor, doch ich hatte längst vergessen woher. Diese Wahrnehmung hielt einige Tage an und als ich mich eines Nachmittags auf einem großen, warmen Stein, in der ausklingenden Hitze des Tages niedergelassen hatte, wurden meine Sinne weiter geöffnet. Vor meinem inneren Auge erschien eine weise Priesterin, die mich auf eine Reise in das Innere der Erde einlud. Nach kurzem Zögern ließ mich einfach auf meine Wahrnehmung ein.

Wir gingen gemeinsam einen kleinen Pfad entlang, der uns zu einer Art Versammlungsort brachte. Die Priesterin lud mich ein mich zu setzen und stellte sich als Teil einer Priesterschaft vor, die im Inneren der Erde existierte. Diese Priesterschaft hütete Weisheit aus den unterschiedlichsten Hochkulturen. Sie behüteten das Wissen und gaben Einweihungen in die Urkräfte der Weiblichkeit, wenn ein Mensch dazu bereit war. Ihre Existenz war feinstofflicher Natur und sie wurden nur für die inneren, wahrnehmenden Sinne sichtbar.

Nachdem ich mich eine ganze Zeit fast nur mit den Existenzebenen der Sternenwelten beschäftigt hatte, war es nun an der Zeit mir meine Wurzeln anzuschauen und mich um die restlichen Wunden in meinem menschlichen Sein zu kümmern. Sie würden sich in dieser Zeit offenbaren, da ich nun bereits genügend Stabilität entwickelt hatte, um auch sie zu verarbeiten.

Die Priesterin berührte sanft meinen Arm und ich ließ mich in meiner Meditation auf einem Stein nieder, tief im Inneren der Erde. Die Umgebung erschien mir hell, wenngleich ich zunächst keine weiteren Formen oder Landschaften wahrnehmen konnte. Der Stein, auf dem ich saß, fühlte sich weich an. Sein Inneres erschien fast flüssig, und ich spürte eine zarte Freude in mir aufstiegen, als ich den Kontakt zu ihm aufnahm. Er begrüßte mich und gab mir zu verstehen, dass mir seine Qualitäten nun helfen würden. Sein Inneres fühle sich warm und geborgen an, wie das warme Wasser eines Mutterleibes.

Die Priesterin legte nun eine Hand auf meinen Bauch und begann gestaute Energien auszuleiten. Das besondere Steinwesen war bereit meine Verletzungen aufzunehmen und sie mit reiner, nährender Liebe zu heilen. Während dieses geschah, tauchte eine Vielzahl von Bildern in mir auf. Ich sah kurze Ausschnitte aus meinem Leben als Maria Magdalena und auch aus anderen irdischen Leben. Ich sah Bilder von Geburten. Geburten, bei denen ich unter großen Schmerzen gestorben war. Bilder von Krankheiten, unter denen ich litt. Mein Unterleib wurde einst mit alter Magie belegt und die Eifersucht anderer Frauen war noch an mich gebunden. Ich erfuhr Unterdrückung und Missbrauch als Frau und konnte sehen, dass auch ich meine urmütterlichen Qualitäten einst als Kraft missbraucht hatte. Ich hatte einst Rituale und Energien benutzt, um die Fruchtbarkeit eines Körpers zu manipulieren. Ich erhielt eine Vielzahl an Einblicken und konnte die energetischen Verbindungen sehen, die sich daraus erschaffen hatten. Sie bildeten einen komplexen Strang, an dem eine ganze Ansammlung entstanden war. Es war an der Zeit mich daraus zu befreien und die alten Wunden meiner Weiblichkeit zu erlösen.

Ich spürte die Seelen, die dort noch mit mir verbunden waren, und empfand aus tiefstem Herzen die Bitte um Vergebung. Ich hatte eine tiefe Achtung vor anderen Menschen entwickelt. Mein Herz war nun bereit, das alte Geschehen freizugeben und sämtliche Schuldgefühle loszulassen.

Die Priesterin half mir und wusch es förmlich aus meinem Bauch heraus. Ich spürte wie meine Organe die Energien, teilweise unter kurzen, krampfartigen Schmerzen und anderenteils sehr leicht freigaben. Ich hatte das Gefühl, als würde ich die Geburt eines Kindes noch einmal erleben. Erinnerungen an alte Schmerzen tauchten für eine bewusste Anerkennung auf, um sich gleich darauf wellenartig aus meinem Bauch zu lösen.

Eine zweite Priesterin war hinzugekommen. Sie fing einige verletzte Anteile von mir auf und reinigte sie in einem besonderen Bad. Sie badete diese verletzten Gefühle in einem reinen Strom göttlichen Lichtes, ganz nahe an der Essenz der göttlichen Quelle. Ich konnte wahrnehmen, wie aus den höchsten Ebenen ein Strom innigster Liebe und Reinheit in ein großes Becken floss, das sie vor mir eröffnete. Darin wurden meine inneren Wunden versorgt. Verletzte Teile meines Energiefeldes wurden liebevoll gebadet und in dem Augenblick, in dem sie in das Becken eintauchten, spürte ich Erleichterung, Heilung und Befreiung.

Meine Perspektiven wechselten blitzartig. Ich sah mich auf dem Stein sitzen und Blut aus meinem Bauch herausfließen. Ich betrachtete das Leid noch einmal anerkennend, ohne es schmerzhaft zu fühlen. Zugleich spürte ich die Weisheit aus diesen Erfahrungen und nahm sie tief in mir auf.

Und dann geschah unerwartet etwas ganz Besonderes. In einem tief berührenden Moment nahm ich plötzlich die pure, zarte Verletzlichkeit meines menschlichen Selbst wahr. Es stand vor mir in vollkommener Unschuld, es war nackt und rein und ich spürte sein Potenzial für Verletzungen. Meine Herzensebenen öffneten sich in tiefster Berührung und Selbstliebe erfüllte mich. Ich hüllte meine menschliche und körperliche Verletzlichkeit darin ein und heilte sie. In den umfassenden Wogen meiner Selbstliebe und meines Mitgefühls erlösten sie sich.

Wie stark und gleichzeitig fragil der Mensch in mir doch war. Ohne eine Verbindung zu meiner Seele war mein menschliches Sein regelrecht hilflos. Er war ganz pur und wurde erst durch meine göttliche Essenz mit Leben erfüllt. Meine Entscheidungen bestimmten sein Schicksal, und genau wie mein Körper folgte er einfach nur meinem Willen. Ich schloss mein menschliches

Selbst in meine Arme. Ich wollte ihm von nun an heilsame Erfahrungen schenken. Der Mensch war ein Teil meines Selbst, eine ganz besondere Form der Erfahrung.

Auch mein Körper erschien mir nun als der gutmütigste Gefährte, den man sich nur vorstellen konnte, und er war nicht in der Lage allein etwas gegen das Leid zu unternehmen. Er war meinem freien Willen unterworfen, denn ich selbst hatte ihn erschaffen. Er diente mir einfach nur. Er nahm alles auf sich, was ich zuließ.

Ich hatte oft das Gefühl, mein weiblicher Körper sei an meinen Leiden schuld. Doch er war vollkommen unschuldig. Einige Male lehnte ich es ab eine Frau zu sein. Ich kämpfte gegen jedes mütterliche Gefühl. Ich hatte schwere Geburten erfahren, in verschiedenen Leben. Ich hatte Gewalt durch Männer erfahren und nun konnte ich sehen, dass auch ich einst Missbrauch ausgeübt hatte. Ich gab meinem weiblichen Körper die Schuld für meine Verletzungen, doch dies war nicht die Wahrheit.

Endlich konnte ich aus dieser Perspektive eine tiefe, erlösende Liebe für meinen Körper, mein menschliches Selbst, meine pure Verletzlichkeit und meine Weiblichkeit fühlen. Ich begann zu verstehen und Mitgefühl erfüllte mich. Mein Körper war nicht schuld. Er diente mir lediglich. Er liebte mich bedingungslos und war in jedem Moment bereit meine Gemütszustände aufzunehmen. Der tiefe Wunsch meiner Seele, die Erde mit all ihren Möglichkeiten zu erfahren, hatte ihn erschaffen.

Mein Körper liebte mich bedingungslos. Tränen traten in meine Augen. Mein Körper musste auf die karmischen Ursachen reagieren, sie ausagieren und tragen, denn ihm blieb gar keine andere Wahl. Er diente mir bedingungslos, denn dafür hatte ich ihn erschaffen. Er war mir eine äußere Hülle in dieser Welt, doch er war noch so viel mehr. Er war wahrhaftig ein Teil von mir, durchflossen von meinem göttlichen Willen. Auch er war ich. Dieser Moment tiefster Berührung erschütterte mich regelrecht und ordnete meine inneren Ebenen neu. Für einen Moment brach ich in Tränen aus. Eine tiefe Erkenntnis, wer mein Körper wirklich war, überkam mich und eine angenehme Welle der Erleichterung zog durch ihn hindurch.

Nun tauchten Bilder von leichten, freudigen Geburten in mir auf. Szenen in denen ich vor Freude über meine Kinder und meine Weiblichkeit tanzte. Ich spürte Liebe überall in meinem Sein, tiefste Liebe und Selbstachtung. In jenem Moment war ich auf das Innigste mit jeder meiner Körperfasern verbunden. Alles fügte sich zusammen. Ich wurde wahrhaftig eins mit meinem Körper, in einem gemeinsamen Licht der Liebe.

Ich wusste nun, dass ich meine Reise zur Erde nur für mich unternommen hatte. Es ging um meine Erkenntnis. Es ging um meine Freude an der Erfahrung. Um die tiefe Freude, weitere Facetten der unendlichen Schöpfung in einer Verkörperung zu erleben. Ich war hier für mich selbst, um meine Beziehung zur göttlichen Quelle und die Möglichkeiten der Schöpfung zu erfahren. Dies war der wahre Grund für die Reisen der Seele. Ich war erschöpft und gleichzeitig erleichtert. Erfreut und begeistert. Ein freudiges Gefühl, für alles was noch kommen mochte, erfüllte mich.

Die Priesterinnen schauten mich bestätigend an. Sie konnten sich gemeinsam mit mir an meiner tiefen Erkenntnis erfreuen. Die Heilung, die sie mir schenkten, hatten sie mir ermöglicht. Sie stellten sich nun neben mich. Hinter ihnen wurde ein noch größerer Kreis von weisen Frauen sichtbar. Sie erschienen in einem goldenen Schimmer und ihr Feld strahlte Heilung, Weisheit und die Essenz der Weiblichkeit aus. Auch sie hatten meinen Prozess unterstützt. Nun traten sie in großer Freude hervor. Eine heilige, goldene Atmosphäre breitete sich aus. Sie war durchdrungen von tiefster Achtung und Würde. Ich dankte ihnen von Herzen. Mein Bauch fühlte sich frei und erlöst an. Ich wusste, dass nun alles wieder in Ordnung war.

Noch bevor ich sie fragen konnte, was sich noch innerhalb der Erde befand, spürte ich, dass sich unsere Verbindung wieder löste und ich aus meiner Meditation in mein Tagesbewusstsein zurückkehrte. Ich öffnete meine Augen und wurde mir meines Platzes auf dem wärmenden Stein, in der ausklingenden Hitze des Tages, wieder bewusst. Die Bäume warfen bereits ihren angenehmen Schatten über mich. Ich hatte während dieses Erlebnisses stark geschwitzt und ein milder Wind kühlte mich nun. Mit einer tiefen Dankbarkeit im Herzen und nachdem ich mich wieder gesammelt hatte, ging ich würdevollen Schrittes in mein Heim zurück. Auf dieser Ebene meines menschlichen Seins fühlte ich mich wie neugeboren.

12

Erwachen in den Lichtwelten

»Der erwachte Meister löst sich von der Identifikation
mit seinen Ausdrucksformen in den Welten und
erkennt sein göttliches Selbst als Wirklichkeit.
Er wird wieder fähig, seine Formen nach seinem
Wunsche zu verändern und sie solange zu
erleben, wie er es wünscht.«

Galaxien und Sterne

Die gemeinsamen Meditationen und Astralreisen mit Jeshua waren für mich sehr besondere Erlebnisse auf meinem Erwachensweg. Ich war für diese Verabredung sehr dankbar, sie war ein Geschenk meiner Seele. Noch bevor ich fähig war, mein Bewusstsein selbst in diese Welten auszudehnen, war er an meiner Seite und unterstütze meine Reisen, durch die ich unglaubliche Dinge erleben durfte. Ich lernte die geistige Welt aus der menschlichen

Perspektive kennen und staunte wie ein kleines Kind über die Welten, die meiner Seele bereits sehr vertraut waren. Für mein göttliches Selbst war das Leben als Mensch ein neues Abenteuer, während der Mensch in mir über die fantastischen Welten jenseits der menschlichen Begrenzungen staunte.

Es gab Zeiten in denen wir oft meditativ in die glitzernden Weiten der Sternenwelten eintauchten, so auch in dieser Nacht. Die Sterne leuchteten draußen klar und einladend über unseren Köpfen. Es war ein faszinierender Anblick von dunklen Palmensilhouetten vor einem leuchtend klaren Himmel voller Sterne, unter dem wir meditierten. Ein Teil in mir fühlte immer noch starke Sehnsucht zu den unbekannten Welten im Universum. Ich spürte eine Sehnsucht zu meinen dortigen Inkarnationen, denn auch diese Welten waren mein Zuhause. Ich hatte bereits Einblicke erhalten und so freute ich mich auch diesmal wieder eine neue Welt kennenzulernen.

Jeshua leitete meine innere Reise an. Es war ein angenehmes Gefühl, als ob sich das Bewusstsein in eine bestimmte Richtung ausdehnen würde. Ich richtete mich auf das Ziel der fernen Welten aus und begann innere Bilder in mir entstehen zu lassen. Diesmal betrachtete ich die Galaxien von außen, ohne mich weiter in sie hineinzubewegen. Erst als Beobachter wurde mir das wahre Wunderwerk ihres Aufbaus und ihres Zusammenwirkens bewusst. Um jede einzelne Galaxie nahm ich ein Band tiefer Liebe wahr, das sie sanft umschloss.

Einige Seelen bewegten sich, in den unterschiedlichsten Körperformen, auf den einzelnen Planeten und Sternen. Eine Gruppe hatte eine bestimmte Galaxie für ihre Erfahrungen ausgewählt. Sie teilten sich wiederum in kleinere Untergruppen auf und besiedelten die verschiedenen Himmelskörper der Galaxie. Es herrschte ein geschäftiges Treiben. Jeder Planet und Stern folgte eigens für ihn entworfenen Regeln und Gesetzen. Diese waren für die dortigen Inkarnationen bindend, damit die Seelen, in gemeinsamer Übereinkunft, die gewählten Erfahrungen erleben konnten.

Jeder der Himmelskörper war in einen Schutz aus Liebe eingehüllt, so dass die verkörperten Seelen dort ungestört verweilen konnten. Andere Seelen betreuten die Abläufe, ihr Bewusstsein verblieb dazu außerhalb der Illusion der Verkörperungen. Sie betreuten die Ankunft der inkarnierenden Seelen und viele standen bereit, um die Seelen nach ihren Inkarnationen wieder in Empfang zu nehmen. Die Betreuer konnten sich frei zwischen den Planeten und Sternen bewegen.

Alle galaktischen Erfahrungen der Seelen wurden gesammelt, riesige Bibliotheken des gesammelten Wissens existierten um die Galaxien herum. Jeder einzelne Himmelskörper besaß einen eigenen Speicherort und ebenso floss das gesammelte Wissen der Seelen in einem Frequenzband der Galaxie zusammen. Es wurde sorgfältig betreut, damit keine Seele zu früh Zugang zu diesen Informationen erhalten würde. Alles zusammen ergab die Essenz einer wundervollen, goldenen Weisheit, die aus den gemeinsamen Erfahrungen miteinander geteilt wurde. Sie würde allen Seelen zur Verfügung stehen.

Neben den Seelen, die sich aus den Lichtwelten heraus für Inkarnationen in einer bestimmten Galaxie entschieden hatten, kamen auch weitere Seelen aus anderen Sternensystemen hinzu. Diese studierten zunächst das Wissensband der großen Bibliotheken, um sich auf eine eigene Verkörperung vorzubereiten. Sie wurden sorgfältig beraten, welcher Planet oder Stern für sie geeignet wäre. Die Wahl würde sich nach ihren bisher gesammelten Erfahrungen, ihren Qualitäten und Wünschen richten.

Von außen betrachtet befand sich die Galaxie in einer wunderschönen Harmonie. Sie war auf der feinstofflichen Ebene von Klängen und Farben umspielt. Die Energien verdichteten sich in den einzelnen Himmelskörpern, und ich konnte sehen, wie sehr sich das freie Bewusstsein der Seelen auf diese Welten fokussierte. Sie tauchten vollkommen in das dortige Erleben ein und für sie war es von da an die einzige, momentan existierende Realität.

Ich fokussierte einen der Planeten und blickte näher auf ihn. Er war von dichter Dschungellandschaft bewachsen, ähnlich wie auf der Erde. Die Lebensformen, die dieser Wald beherbergte, waren jedoch etwas anderer Natur. Hier gedieh hauptsächlich pflanzliches Leben, jedoch konnten sich diese Gewächse fortbewegen. Sie kommunizierten über Klänge und alles auf diesem Planeten konnte sich bei Bedarf bewegen. Die Pflanzengruppen lebten gemeinsam und eine jede hatte ihre Aufgabe. Sie lernten Licht zu absorbieren und zu wandeln. Die Seelen erlebten, wie sich Licht durch ihre Pflanzenkörper hindurch in Materie wandeln konnte und wie sie Energien aus dem freien Raum heraus aufnehmen konnten. Es war die Erfahrung, dem göttlichen Licht einen freien Durchfluss durch ihre Körper zu erlauben. Diese Leben waren eine ausgezeichnete Schulung der Hingabe. Entzückt zog ich meinen Fokus wieder zurück. Ich war neugierig geworden. Wir würde es auf einem der anderen Sterne aussehen?

Ich suchte mir einen weiteren heraus. Während im feststofflichen Bereich Gase hell auf ihm brannten, befanden sich mitten darin wundervolle Wesen in sehr zarten, feinstofflichen Körpern. Sie waren hellste Wesen, ihre Körper zart wie der Hauch eines Windes. Für sie eröffnete sich dort eine ganz eigene Welt. Sie lebten in Gruppen, wie auch als Paare und erfuhren die Kräfte der Elemente. Sie studierten die Zustände dort, versammelten sich an bestimmten Orten und nährten sich von Ausstrahlungen des Sterns. Sie studierten den Aufbau von Gemeinschaften unter diesen speziellen Bedingungen. Tiefgreifender konnte ich ihre Existenz nicht erfassen, zu fremd erschien sie mir noch.

Von außen betrachtet wirkte alles so leicht und frei, denn ich selbst befand mich außerhalb der Bindungen an diese Galaxie. Wie andersartig war das Gefühl, nach einer solchen Erfahrung wieder in den reduzierten Fokus meines menschlichen Bewusstseins einzutauchen. Durch meine noch existierenden Bindungen an die Erde und meinen Körper, war ich noch nicht in der Lage das erweiterte Bewusstsein, das ich hier erlebte, vollständig auf der Erde aufrecht zu erhalten. Meine Sehnsucht weiter zu erwachen und meinen begrenzten Fokus zu erweitern, verstärkte sich.

Ich hatte bereits einige Verkörperungen auf der Erde erfahren, begonnen in den Planungsebenen der Erde, über Lemuria, Ägypten, China, Afrika, Indien, Europa hatte ich bereits einige Länder und Kulturen erlebt. Eine jede Inkarnation bereicherte mich. Mein göttliches Selbst blieb durch diese Erfahrungen stets unverletzt, denn die höchste Ebene meines Bewusstseins verblieb außerhalb jeglicher Identifikationen mit den Leben. Hier befand sich meine vollkommen freie und unverletzte Essenz. Meine menschlichen Anteile jedoch hatten bereits schlimmes Leid erlebt.

Aus meiner erweiterten Wahrnehmung heraus erschien mir alles ganz leicht, und ich konnte die unbändige Freude meiner Seele auf die Erlebnisse in den Inkarnationen wieder fühlen. Diese Freude war die Wahrheit meiner Göttlichkeit. Das erfahrene Leid ergab sich aus übermäßigen Identifikationen mit den Welten. Ich wollte kein weiteres Leid mehr auf der Erde erfahren, ich hatte genügend gesehen und erlebt. Ich wollte wieder die reine Freude meiner Seele auf Erden leben.

Die nächtlichen Ausflüge dienten meiner Rückverbindung. Ich konnte fühlen, wie umfassend mein Bewusstsein wirklich war. Mein wahres Sein war unbeschreiblich reich an Welten und Erlebnissen und durch jedes weitere Leben würden sich noch mehr leuchtende Facetten meines Seins entfalten. Ich erblühte in der göttlichen Schöpfung und mit jeder Erfahrung konnte ich die göttliche Quelle ein Stück mehr erfahren und begreifen. Eine unendliche Spirale tiefster Freude und Glückseligkeit.

Ich zog meinen Fokus von der näheren Betrachtung der Himmelskörper zurück und nahm die Galaxie wieder als ein Gesamtes wahr. Ich spürte, dass es in jeder Galaxie, in jedem ihrer Planeten und Sterne und in einer jeder einzelnen Seele, die dort verweilte, etwas gab, das auch in mir existierte. Sie alle trugen die Verbindung zur göttlichen Quelle in sich. In der

Frequenz der Einheit gehörten wir alle zusammen und sie alle waren mir vollkommen vertraut. Ich konnte wahrhaftig erkennen, dass wir niemals alleine auf unserer Reise waren und fühlte mich Zuhause. Ich nahm dieses Wohlgefühl tief in mich auf, es tat so gut das zu fühlen.

In dieser Nacht hatten wir eine Grenze in mir berührt. Ich hatte zunächst das Gefühl, als wäre es mir ganz unmöglich mein Bewusstsein noch weiter auszudehnen. Dies sollte eine wichtige Vorbereitung für eine weitere Reise sein, die in nur wenigen Nächten folgen sollte und meinem Herzen einen bedeutenden Impuls für mein weiteres Erwachen geben sollte. Mein Bewusstsein streckte sich bereits in diesen neuen Kontakt aus, doch er erschien noch so weit entfernt, dass ich spürte, wie mir das Bewusstsein schwand. Ich verlor für einen Moment meine Orientierung und das nächste, was ich spüren konnte, war eine zärtliche Berührung Jeshuas in meinem Gesicht. »Willkommen zurück, meine Liebste«, flüsterte er. »Du brauchst noch etwas Zeit, bevor wir auf eine weitere wichtige Reise gehen. Es gibt Bereiche, in die sich dein Bewusstsein noch nicht wieder ausdehnen kann, und es ist der nächste Schritt diesen Zugang für dich zu öffnen. Es wird bald noch eine ganz besondere Reise kommen. Schlafe nun und ruhe dich gut aus.«

Ich war neugierig geworden und wollte Jeshua so vieles fragen. Ich spürte eine tiefe Sehnsucht zu den Reichen, die er hier erwähnte. Doch ich war viel zu müde und es wollten keine Worte mehr fließen. Und so gab mich dem Schlaf einfach hin. Er war traumlos und ich nahm das bisher Erlebte tief in mich auf.

Verabredung mit Jeshua

Am nächsten Morgen wachte ich erfrischt auf. Jeshua hatte etwas zu essen für uns vorbereitet. Wir begannen den Tag gemeinsam und er gab mir zu verstehen, dass er die nächsten Tage an meiner

Seite bleiben würde, um mich auf die nächste Bewusstseinsöffnung vorzubereiten.

Wir hatten uns für zwei unterschiedliche Entwicklungswege auf der Erde entschieden, um unser Wissen später vollständig miteinander austauschen zu können. Jeder konnte von den Erfahrungen des anderen profitieren und so könnten wir später die Essenz unserer Weisheit miteinander teilen. In diesem Leben war er mir einige Entwicklungsschritte voraus und nahm mich, in der Dichte des Bewusstseins auf der Erde, an die Hand.

Alleine hätte ich viel mehr Zeit für meinen Aufstiegsprozess benötigt oder hätte möglicherweise meinen Körper unbeabsichtigt sehr früh verlassen können, wenn mich der Sog der Glückseligkeit einfach aus ihm herausgezogen hätte. Dies war in früheren Zeiten ein Risiko bei den Aufstiegsprozessen, da der Unterschied zwischen der Dichte der Erde und den glückseligen Zuständen der erwachten, göttlichen Rückverbindung noch sehr groß war. In der heutigen Zeit hat sich dieses entscheidend verändert. Die Energien auf der Erde sind bereits sehr weit angehoben und die Menschheit hat nicht nur die Möglichkeit in ein erhöhtes Bewusstsein zu erwachen, sondern auch mit ihrem integrierten Körper aufzusteigen. Unter den damaligen Umständen war Jeshuas Hilfe eine große Erleichterung für mich.

Manche von Jeshuas Leben trugen die Merkmale eines weisen Priesters in sich. In einem jener Leben hatte er sich ganz einem bestimmten Volk gewidmet. Er unterhielt dort keine persönlichen Beziehungen oder Freundschaften. Er lebte in dem reinen Dienst der Betreuung des Volkes, und er war dort somit auch genügend mit sich allein, so dass er seinem Aufstiegsprozess dort ohne Ablenkung folgen konnte. Ich genoss seine gütige Wissensvermittlung sehr. Er wirkte niemals belehrend. Er war stets den Herzen nahe, voller Liebe, Mitgefühl und Güte. Diese Qualitäten hatte er auf der Erde, oft unter schwierigen Bedingungen, für sich verwirklicht.

Er besaß eine große Klarheit und konnte, wenn nötig, auch bestimmend sein. Er konnte wütend werden, wenn es angemessen war, und er hatte seinen Emotionalkörper soweit gemeistert, dass seine Güte und Freundlichkeit dann stets gleichzeitig durch ihn hindurch strahlten. Ich liebte seine sanfte und kraftvoll klare Präsenz.

Mir hingegen bereitete es oft Probleme in meiner Klarheit zu bleiben. Ich ahnte oft gar nicht, dass sich Schwierigkeiten ergeben könnten. Ich verbrachte einige Leben damit zu lernen, mich wirklich auf die Erfahrungen der Erde einzulassen. Es gab immer wieder Teile in mir, die sich zu den Sternen oder in die Lichtwelten träumten. Sie machten es mir schwer, Klarheit auf der Erde zu fühlen und oft fühlte ich mich zwischen den Welten. Das Irdische überforderte mich, weil sich ein Teil meines Bewusstseins in ganz andere Dimensionen zurückzog. Es war sehr anstrengend für mich, dieses zu verändern und gerade die nächtlichen Reisen mit Jeshua halfen mir diese Anteile zu integrieren, um mich auf der Erde vollständiger, präsenter und klarer zu fühlen.

Es war wichtig für mich meine Sternenleben anzusehen und sie zu integrieren. Ich wurde von meiner Seele in einigen Nächten dorthin geführt, doch dieses war ohne Hilfe noch sehr anstrengend und mein Körper musste oftmals Zustände von Fieber, Schwindel oder Übelkeit ertragen, damit ich mein Bewusstsein dorthin ausdehnen konnte. Wieviel leichter war es, mich von Jeshua mitnehmen zu lassen. Er führte mich in die Verbindung und ließ mir dann die Zeit, alles in Ruhe aufzunehmen und so erlebte ich einen harmonischen und anmutigen Aufstiegsprozess, wie es der Natur meines Herzens entsprach.

Reise in die hohen Lichtwelten

In den kommenden Wochen spürte ich eine immer größer werdende Sehnsucht danach, mich weiter in die Bereiche auszudehnen, die sich meiner bewussten Kenntnis noch entzogen. Immer wieder fragte ich Jeshua, ob es nun endlich an der Zeit für die angekündigte Reise sei, doch immer wieder erhielt ich ein sanftes, aber doch deutliches Kopfschütteln als Antwort. Wie meditierten viel gemeinsam. Jeshua leitete mich immer wieder an, mich gut zu zentrieren und meine Herzensgefühle intensiv wahrzunehmen.

Manche Dinge heilten noch in mir. Die Tage dehnten sich aus, manche erschienen mir unendlich lang und ich wartete regelrecht auf ein besonderes Ereignis des Erwachens. Dann ebbten diese Bedürfnisse wieder ab, und ich erlebte mich fast gleichgültig. Nach einigen Wochen bemerkte ich, wie sich ein neues Gleichgewicht einstellte. Ich fühlte mich angenehm erfrischt, ausgeglichen und unsere bevorstehende Reise fiel mir wieder ein. Nun war es endlich soweit. Die besondere Nacht sollte nun gekommen sein. Zu unserer Zeit waren die bewusstseinsöffnenden, inneren Reisen nachts leichter als tagsüber. Alle Gedanken, Gefühle, Widerstände und Ängste kamen zur Ruhe. Das Bewusstsein war noch sehr viel intensiver an die Begrenzungen gebunden als heute und so bot sich die Zeit der stillen Nächte ganz besonders an.

Jeshua kam an meine Seite und deutete mir an, dass es nun an der Zeit sei. Ich vertraute ihm vollkommen, reichte ihm meine Hand und wir zogen uns auf ein bequemes Lager zurück. Wir saßen aufrecht und ich lehnte mich an seine Schulter. Er selbst konnte den losgelösten Zustand sofort erreichen. Er löste sein Bewusstsein vom Körper und weitete sein Feld so stark aus, dass er mich einfach mitnehmen konnte. Mein Astralkörper ließ den menschlichen Körper los und wir schwebten gemeinsam empor.

Wir verließen die komprimierte Dichte der Erde und fanden uns in der klaren Weite des Universums wieder. Die leuchtenden Sterne berührten mein Herz. Ich konnte die angenehme Verbundenheit mit ihnen spüren und ließ dieses Wohlgefühl in mein Herz strömen. Alles hier war mir vertraut, ich fühle mich wohl und geborgen inmitten eines Meeres aus Sternen. Ich spürte, dass sich mein Bewusstsein über diese Grenzen hinaus ausdehnen wollte. Ich war mir sicher, es gab noch etwas anderes, weit jenseits der Sterne. Einen Ort, den ich noch nicht erfassen konnte. Ich wusste um ihn, doch er entzog sich mir wie ein ausklingendes Lied. Wie könnte ich diese Grenze jemals überwinden? Ich spürte in mein Herz und vertraute mir. Es war an der Zeit für einen weiteren Sprung.

Ich streckte mein Bewusstsein, soweit ich konnte, in die angedeutete Richtung aus und hatte zunächst das Gefühl, als würde ich an eine Art Begrenzung stoßen. Ich wusste, dass es noch etwas jenseits dieser Begrenzung gab, jedoch konnte ich es aus eigener Kraft noch nicht erreichen. Hier lag erneut eine Art Grenze meines momentanen Bewusstseinszustandes.

Ich sah Jeshua vor mir. Er strahlte in seinem wunderschönen Lichtkörper. Ich erkannte seine mir vertrauten Formen und sein Gesicht. Sein ganzer Körper leuchtete aus sich selbst heraus. Ich selbst strahlte auf ganz ähnliche Weise, wenngleich mein Licht noch deutlich schwächer als das seine erschien. Sein besonderes Leuchten kennzeichnete den Grad seiner Bewusstheit und Integration.

Jeshua legte seine Hand sanft auf mein Herz und seine Liebe durchströmte mich. Er löste die Barriere meines Bewusstseins sanft auf, und plötzlich nahm ich ein helles, weiß goldenes Licht über mir wahr. »Dies ist unser Durchgang«, wusste ich plötzlich. Eine höhere Bewusstseinsebene wurde mir gerade eröffnet.

»Diese Welt ist nicht neu für dich«, vernahm ich den Klang von Jeshuas Stimme in mir. »Du warst, von der Erde aus betrachtet, nur sehr lange Zeit nicht mehr hier.« Ich schwebte noch ein Stückchen mit ihm und plötzlich befanden wir uns inmitten einer hohen Lichtwelt, aus der wir einst zur Erde kamen. Vor sehr langer Zeit, nach irdischem Ermessen, hatte unsere Seelenreise in dieses Universum dort begonnen. Auf dieser Ebene der Existenz gab es keine Zeit, wir kehrten zurück und es war, als wären wir kaum fort gewesen.

Ich spürte, dass ich ein wenig Anpassung benötigte. Der Sprung war sehr groß für mich und ich konnte den Sog meines menschlichen Körpers auf der Erde deutlich spüren. Ich war noch an meinen Körper gebunden, denn die Zeit meiner Inkarnation auf der Erde war noch nicht vorüber. Nach der Erlösung meiner Bindungen und Identifikationen auf der Erde würde ich mich wieder frei entscheiden können, in die Lichtwelten zurückzukehren, in andere Galaxien oder auch erneut auf der Erde zu inkarnieren. Solange mein Fokus noch an das menschliche Leben gebunden war, hatte ich diese Freiheit nicht. Die Anziehungskraft meiner karmischen Energien, Gefühle von Schuld, Verletzung, Angst und Versäumnis zogen mich in weitere Leben auf der Erde hinein, ohne dass mir die höheren Lichtwelten wieder bewusst wurden. Ich war noch deutlich an die Erdenleben gebunden und dieser Zyklus sollte nun beendet werden, denn ich wollte wieder frei sein.

Ich würde die Erde immer zu schätzen wissen, denn die besonderen Erfahrungen, die sie mir ermöglichte, hatten ein ganz besonderes Leuchten in mir erzeugt. Der Glanz der Weisheit und Liebe aus den irdischen Inkarnationen war unvergleichlich schön.

Ich spürte die Sehnsucht meines göttlichen Wesenskerns, die Erfahrungen auf der Erde abzuschließen und erstmals nach langer Zeit erblickten die Augen meiner Seele wieder die hohen Lichtwelten. Ich begann berauschende Farben wahrzunehmen und angenehme Klänge. Ich fühlte mich rundherum wohl und erfüllt. Hier war so viel Leben, so viele Seelen waren hier. Hier konnte ich alle Formen annehmen, die ich je wünschte oder kannte. Als erstes verspürte ich den Impuls mich in einen weißen Vogel zu verwandeln und einfach frei zu fliegen. Ein anmutiger Ausdruck, weite Flügel und lange Schwanzfedern, zeichneten diese Gestalt aus. Jeshua tat es mir gleich und so flogen wie mit ausgebreiteten Schwingen über atemberaubende Landschaften und Formen.

Alles hier war von der wundervollen göttlichen Einheit erfüllt und konnte doch auch separat erlebt werden. Es gab keine Entfernungen. Allein durch eine kurze Absicht konnten wir in einen ganz speziellen Teil dieser Lichtwelt eintauchen.

Verschiedene Gruppen von Seelen hatten sich hier zusammengefunden und es gab noch viele höhere und feinere Dimensionen dieser Welt. Von hier aus hatten wir uns einst für die Reise zur Erde entschieden, sie bot den Zutritt in unser Universum.

In dieser Welt fanden unter anderem vorbereitende Schulungen für Inkarnationen der Seelen, wie auch höhere Wissensvermittlung statt. Ein großartiges Miteinander war entstanden. Man konnte aktiv sein oder ruhen. Ein Teil der Landschaften war denen der Erde ähnlich, nur erschienen sie leuchtender und waren multidimensional wahrnehmbar und erfahrbar. Gleichzeitig existierte auch eine vollkommene Formlosigkeit, aus der alles entstehen und erschaffen werden konnte. Die Wahrnehmung von Raum und Zeit verhielt sich anders, als auf der Erde.

Der freie Bewusstseinszustand hier schenkte ein ganz anderes Erleben. Ich konnte über die Landschaften hinwegfliegen und durch die Lenkung meines Fokus etwas gleichzeitig aus unmittelbarer Nähe betrachten. Es waren freie Bewegungen in alle Richtungen möglich. Ich blieb an nichts gebunden, ich konnte mich auf etwas fokussieren und es auch sofort wieder freigeben. Teilweise gab es wellenförmige Anhöhen im weiten Raum, in die man hineingleiten konnte. Es konnten Gebäude, Behausungen erschaffen, verändert und auch wieder entschaffen werden. Die vielfältigsten Seinszustände waren hier möglich, ich konnte meine Formen jederzeit verändern oder sie vollständig loslassen. Alles bewegte sich in großer Leichtigkeit und Freiheit.

Unendliche Möglichkeiten glitzerten um mich herum. Ich könnte mich in einem Moment auf eine Begegnung mit einer anderen Seele einlassen, wir könnten gemeinsam etwas erleben und nichts davon wäre bindend oder begrenzend. Wir könnten Erlebnisse erschaffen und auch wieder loslassen.

Ich erlebte den freien Fluss meines Seins.

Ich sehnte mich danach in ein tiefes Wasser zu blicken und unmittelbar erlebte ich es. Ich betrachtete eine glitzernde Wasseroberfläche, mit einer tiefgründigen Welt darunter. Ich tauchte meine Hand ein und ich fühlte umfassende Liebe. Ich richtete meinen Blick in die Tiefe und erblickte eine eigene Welt. Alles war da, doch nichts war endgültig festgelegt. Ich konnte frei betrachten und erleben, wonach mir auch gerade war. Alles war vollkommen, alles erlebte sich in seiner Zeit.

Hier waren keine Verletzungen untereinander möglich, denn alles war vollkommen. Löste ich mich aus einem gemeinsamen Erlebnis mit einer anderen Seele so war niemand enttäuscht, denn es war bereits so umfassend erlebt, dass es erfüllend war. Hier konnte nichts geschehen, was andere oder mich selbst in irgendeiner Form zurückweisen oder verletzen könnte, denn diese Art von Zustand existierte hier nicht. Wir konnten uns in einer Form begegnen oder als freies Bewusstsein. Vollkommenes Sein in einem umfassenden Ausdruck. Weit ausgedehnte Freiheit des Seins in einem harmonischen Fluss des Erlebens.

Auch dies war noch nicht die höchste Ebene der Bewusstseinswelten, wie mir Jeshua später erzählte. Es gab noch weitaus andere Welten, die sich jedoch mit menschlichen Worten in ihrer Umfassenheit nicht mehr wirklich beschreiben ließen. Um sie zu begreifen, war es notwendig, das eigene Bewusstsein so weit zu öffnen, dass sie unmittelbar erfahrbar wurden. Mein Wunsch in ein tiefes Wasser zu blicken drückte meine Sehnsucht aus, mit noch weiteren Ebenen meines göttlichen Quellselbstes zu verschmelzen.

Dann hatte ich plötzlich ein Gefühl, als ob ich erwartet würde. Ich konnte eine Gruppe von Seelen wahrnehmen, die sich unbändig freute mich zu sehen. Meine Seelenfamilie war da und auch Mitglieder meines Seelenverbandes. Es war, als ob Eltern,

Geschwister und Freunde auf mich warteten. Ich war noch etwas zurückhaltend, alles erschien mir so neu. Es dauerte, bis die Erinnerungen wieder an die Oberfläche kamen. Ein Teil von mir wusste, dass er hierher gehörte, während mein menschlicher Teil noch sehr mit der Erde verbunden war. Jeshua fragte mich, ob ich bereit für ein Wiedersehen sei und ich willigte ein. Die Gefühle meiner Freude, der Verbundenheit und Liebe brachten mich direkt zu ihnen. Meine Lieben waren sehr behutsam mit mir. Sie konnten sich meinen Zustand kaum vorstellen, denn einige von ihnen hatten noch keinerlei Inkarnationserfahrungen außerhalb der Lichtwelten erlebt. Viele von ihnen waren hier verblieben, denn ihre Aufgabe war es, die Verbindung zu diesem hohen Ort des Bewusstseins zu halten, damit die inkarnierten Seelen hier Rückhalt finden würden. Sie waren wie eine Rückversicherung, damit sich die reisenden Seelen nicht in den Inkarnationen verlieren würden. Die Sehnsucht nach der Seelenfamilie, dem Seelenverband und nach dem wahren göttlichen Selbst würde sie immer wieder aus den Inkarnationen herauslösen können und ihnen helfen, sich irgendwann wieder an die höheren Existenzebenen zu erinnern.

Meine Seelenfamilie näherte sich mir vorsichtig. Eine der Seelen fühlte sich wie eine Mutter an und als erstes sank ich in ihre Arme. Ich erfuhr eine mütterliche Liebe, die mich vollkommen aufnahm und wie ich sie auf der Erde niemals erlebt hatte. Zu begrenzt waren die Seelen dort noch in ihren Inkarnationen, als dass sie eine solch umfassende Liebe hätten zulassen können. Ich spürte ihr reines Herz und lud das meine regelrecht daran auf. Es war so wohltuend, entspannend und erfüllend, dass Worte es nicht beschreiben konnten.

Ich spürte, wie erschöpft ich durch meine Erdenleben eigentlich war. Wie anstrengend war es doch, mein frei fließendes Bewusstsein so sehr zu begrenzen und in einer festen Form auf der Erde zu halten. Die Leben waren anstrengend, weil sie dem natürlichen, freien Bewusstseinszustand so fern waren und hier konnte ich das erstmals spüren. Wie viel leichter der Zustand hier war.

Die göttliche Ebene war so nahe, ich fühlte mich vollkommen eingebettet.

Meine Seelengeschwister umgaben mich neugierig, doch hielten sie sich zurück, um meinen Raum zu wahren. Sie bemerkten, dass es mir noch nicht wieder möglich war, ihre Liebe und Präsenz vollständig anzunehmen. Ich benötigte noch ein Stück des Weges, um dies eines Tages wieder zulassen zu können. Erinnerungen flammten in mir auf, dass ich sehr lange geübt hatte mein Bewusstsein auf einen festen Körper zu fokussieren und mich dort zu verbinden. Wie viel Mühe und auch interessante Erfahrungen hatte es hervorgebracht, mich auf ein Erdenleben vorzubereiten.

Jeshua kam nun zurück an meine Seite und führte eine ausladende Geste um mich herum aus. Er teilte mir auf diese Weise mit, dass ich nun einfach das Gefühl dieser hohen Lichtwelt in mir aufnehmen sollte. Ich spürte, wie auch hier Teile meines Seins zu mir zurückkehrten. Einiges von meinem Licht, Wissen und auch Qualitäten hatte ich hier einst zurückgelassen. Ich hatte mein Bewusstsein erheblich reduziert und viele Qualitäten von mir abgespalten, um überhaupt in die Begrenzung der verschiedenen Inkarnationen eintauchen zu können. Nun vervollständigte sich mein Sein auf dieser hohen Ebene.

Ein wohltuender Strom erfüllte mich und ich spürte, dass all dieses Licht, das wie hellste Fünkchen zurückkehrte, tatsächlich ich selbst war. Anteile von mir, die ich hier einst zurückgelassen hatte, strömten zu mir zurück und ein Strom reinster göttlicher Liebe erfüllte mich. Mein Herz und mein ganzes Sein heilten in den Ebenen dieser wundervollen Lichtwelt. Mein Bewusstsein dehnte sich weit aus und eine behutsame Rückverbindung geschah.

Es ist erstaunlich was Bewusstsein zu vollbringen vermag, wie sehr es sich begrenzen und auch wieder ausdehnen kann.

Ich begann zu erkennen, dass mein Bewusstsein fähig war Energien zu lenken und Dinge zu erschaffen. Ich erhielt einen Eindruck, wie ich meine Realitätsgestaltung noch umfassender lenken könnte. Weiterhin half mir diese Rückverbindung, die Identifikationen mit meinen Erdenleben noch weiter loszulassen. Mir wurde erneut zutiefst bewusst, dass ich diejenige Realität erlebte, auf die ich mein Bewusstsein ausrichtete. Meine erlebte Realität erschuf sich aus meinen innersten Gefühlen und Überzeugungen, denn diese zogen die Energien an, die das Außen für mich in eine Form brachten.

Die Einblicke in diese hohe Bewusstseinsebene brachten mir Freiheit zurück. Sie halfen mir meine Identifikationen auf der Erde anmutig noch tiefer freizugeben und mich mit meinem göttlichen Sein weiter zu öffnen. Mein Herz schlug gemeinsam mit meiner Seelenfamilie und der Lichtwelt. Ich erlebte mich in einer umfassenden Verbundenheit mit den Seelen und den sich wandelnden Landschafts- und Ausdrucksformen. Der Eindruck vielfältigster Formenwandlungen meines Seins erfüllte mich. Gefühle göttlicher Glückseligkeit begannen mich immer stärker zu durchströmen.

Erneut bemerkte ich Begrenzungen in mir, denn ich hatte das Gefühl, dass ich die umfassende Öffnung, die hier gerade geschehen wollte, einfach noch nicht zulassen konnte. Ich bekam ein Gefühl, als könnte ein Teil von mir bersten, als könnte eine Art Hülle zerplatzen und ich spürte, dass es mir noch nicht möglich war, damit umzugehen. Ich wollte mich so gerne öffnen, mich einfach unendlich weit ausdehnen, um alles was ich wirklich war, wieder zu leben. Ich stieß auf ein Gefühl des beinahe Unerträglichen. Ich spürte unendliche Sehnsucht nach der Erfüllung meines Seins und vermochte sie dennoch nicht zu vollbringen. Auf dieser Ebene wurde mir klar, dass ich mein Erwachen nicht erzwingen konnte. Alle Teile in mir müssten eines Tages bereit sein und mein göttliches Selbst würde in seiner umfassenden Liebe erkennen, wann es an der Zeit war.

Länger konnte ich mein Bewusstsein auf dieser hohen Ebene nun nicht mehr halten. Ich bemerkte plötzlich, wie sich mein Fokus von meiner Seelenfamilie entfernte. Meine Hand streckte sich nach ihnen aus, doch ich wurde zurückgezogen. Ich sank für einen kurzen Moment in die Form des weißen Vogels zurück und fiel mit weit ausgebreiteten Flügeln rückwärts in den Sternenhimmel des manifesten Universums hinein. Ich spürte noch, wie ich in die Arme von Jeshuas Lichtkörper sank und erst am nächsten Mittag erwachte ich auf meinem Lager auf der Erde.

Ich war wieder allein und fühlte mich dennoch nie einsam. Ich wusste, dass ich einige Zeit benötigen würde, um diese Reise in der Dichte der Erde zu verarbeiten. Ich würde diesen umfassenden Bewusstseinszustand nur schrittweise und über einen längeren Zeitraum integrieren können. Jeshua würde erst in einigen Wochen zu mir zurückkehren. Ich wusste, dass es so das Beste für mich war. Auf diese Weise konnte ich meinen intensivsten Nutzen daraus ziehen.

In der heutigen Erdenzeit wäre es anders, denn die Dichte der Energien auf der Erde hat bereits stark abgenommen. Dadurch, dass der Planet Erde bereits in die fünfte Dimension aufgestiegen ist und manche Seelen den Aufstiegsweg bereits vorausgegangen sind, sind die Integrationsprozesse in der heutigen Zeit schneller und leichter möglich. Während zu meiner Zeit nur wenige Einzelne erwachten, so ist der Aufstieg auf eine nächst höhere Bewusstseinsebene inzwischen für die gesamte Menschheit im göttlichen Plan vorgesehen. Die fortschreitenden Veränderungen werden immer deutlicher sichtbar und jeder Einzelne trägt durch seine Schwingungserhöhung und sein Erwachen zu einer Beschleunigung des Prozesses für alle bei.

Jeder Einzelne ist in diesem Prozess unendlich wichtig und jede innere Wandlung, zurück zur Göttlichkeit, wirkt sich auf alle aus.

Für mich war damals so wenig Ablenkung wie möglich das beste Geschenk, und ich hatte genügend Zeit, um mich selbst zu spüren und mir meiner selbst bewusst zu werden. Ich war im Frieden und genoss die Schönheit der Erde in vollen Zügen.

Loslassen der irdischen Inkarnationen

Ich spürte deutlich, wie sich mein Bewusstseinsfokus weiter ausdehnte und auch immer beweglicher wurde. Der Einfluss meiner Erdenleben verlor deutlich an Sogwirkung und Kraft. Ich fühlte mich leichter und freier. Die Rückverbindung zu meinen anderen Lebensgeschichten auf der Erde und Existenzen in den unterschiedlichsten Sternen- und Lichtwelten stärkten mich und gaben mir zusätzlichen Halt.

Mein Bewusstsein fixierte sich nun nicht mehr nur auf das eine Erdenleben. Das erfahrene Leiden verlor weiter an Einfluss. Ich fühlte mich nicht länger davon gefesselt, denn ich wusste nun, dass es nur eine vorübergehende Erfahrung war. Meine Kontakte zu meinen anderen Leben und Existenzen heilten fortwährend mein menschliches Sein. Raum und Zeit öffneten sich immer mehr und selbst in meinem Tagesbewusstsein erlebte ich immer mehr Gefühle einer Gleichzeitigkeit meiner Existenzen. Die Berührung mit ihnen und der sich immer weiter öffnende Zugang zu meinem Quellselbst, heilten auch weiterhin meine Vergangenheit. Mein Erleben der Vergangenheit veränderte sich immer weiter. Die positiven Möglichkeiten, die ich damals nicht auslebte, integrierten sich weiter in mein Sein und ließen mich eine erlösende Freude spüren.

Ich konnte den Fokus meines Bewusstseins immer leichter aus jeglichem Leid und den Begrenzungen lösen. Je mehr erfüllende Gefühle ich in mir spürte, desto harmonischer gestalteten sich auch meine Erfahrungen auf der Erde. Je lichter und freudiger mein Inneres wurde, desto leichter und freudvoller erlebte ich auch sämtliche Geschehnisse in meinem Leben. Alle äußeren Landschaften erschienen noch leuchtender, farbenfroher und erfüllender. Alle Begegnungen mit Menschen waren plötzlich sehr beschwingt, wir lachten viel gemeinsam und ich verlor den Rest meiner Scheu vor ihnen.

Viele Jahre zuvor, als wir im Land umherzogen und die Menschen lehrten und heilten, fühlte ich immer wieder eine Art Hemmschwelle in dem Kontakt zu ihnen. Es war ein Selbstschutz, geboren aus meinen schlechten Erfahrungen. Die umfassende Verbindung zu allen Teilen meines Seins gab mir eine ganz neue Form von Sicherheit und so konnte ich nun auch die Reste dieser feinen Schutzmechanismen endlich fallenlassen. Mit meinen Nachbarn fühlte ich mich nun wie in einer großen Familie. Flüchtige Bekannte wurden zu guten Freuden, weil ich es endlich zulassen konnte. Ich hatte zuvor gar nicht bemerkt, dass ich manche Menschen selbst auf Abstand zu mir gehalten hatte. Teile in mir hatten einfach Angst, sich ihnen ganz zu öffnen, aus Gefühlen der Hilflosigkeit und der Angst vor erneuten Verletzungen, Verlusten und Zurückweisungen. Ich spürte immer deutlicher, dass die Persönlichkeit der Maria Magdalena zu mir gehörte. Sie war vollkommen ich selbst, jedoch in einem noch recht reduzierten Ausschnitt meiner Bewusstheit. Nun nahm ich mich selbst immer umfassender wahr. Ich spürte, dass ich Maria Magdalena war und auch gleichzeitig so viele andere Ausdrucksformen. Ich war eine freie Seele und auch Teil einer Seelenfamilie. Ich war Priesterin in Lemuria und auf der Venus, Bäuerin in Frankreich und so vieles mehr. Ich war eine junge Frau in Afrika und Mitglied in einem galaktischen Rat, der die Inkarnationen im Sternensystem des Sirius begleitete. Ich war eine weiße Lilie und ein fabelhafter, tropischer Vogel. Ich war ein Fisch, ein Gepard und ein Reh. Ich war bereits eine Elfe und auch ein Stein. Ich umseelte Regentropfen in den Wäldern Brasiliens und es war eine wundervolle Erfahrung. Meine Seele hatte sich schon mit so vielen Formen verbunden und einzigartige Erfahrungen in ihr göttliches Herz aufgenommen. Ich erfuhr erhebende Einblicke in die unendlichen Ausdrucksmöglichkeiten. Alles das war auch ich. Ich konnte mein Bewusstsein auf bestimmte Körper ausrichten und sie umseelen oder mich durch eine Inkarnation gänzlich mit ihnen verbinden.

Um mich auf meine Inkarnationen vorzubereiten, hatte ich es einige Male vorgezogen meine Seele zunächst nicht vollständig mit einer bestimmten Körperform zu verbinden. Der Körper existierte bereits in der Welt, jedoch war meine Seele noch nicht vollständig in ihn eingetaucht. Ich hatte mich auf diese Weise mit einigen Körpern verbunden und ihr Leben von außen beobachtet. Wenn sich die Seele für eine Inkarnation entscheidet, so verbindet sie sich energetisch sorgfältig in alle Körperteile hinein. Dabei bilden sich Lichtkanäle in die verschiedenen Teile des Körpers. Sie erscheinen wie feinste, fadenförmige Gebilde, die sich mit dem Nervensystem, den Organen, mit den Muskeln, sowie mit dem Gewebe des Körpers verbinden. Dies war ein ganz anderes Erleben, als eine Form nur zu umseelen.

Eine Inkarnation bedeutet eine detaillierte Verbindung mit einer eigentlich fremden Form. Dadurch geschieht ganz von selbst eine Identifikation mit dem angenommenen Körper und er erscheint nun zunächst als die einzig mögliche Erscheinungsform. Dieses Erleben wird auch Illusion genannt, weil es nicht die letztendliche Wirklichkeit der gesamten Existenz ist. Mit Hilfe der Inkarnationen können die Realitäten der unterschiedlichsten Welten, aus ihrem Innersten heraus, erfahren werden.

Die starke Identifikation mit meinen Erdenleben und Körpern lockerte sich nun noch deutlicher für mich. Es war zutiefst angenehm und befreiend. Ich wusste, ich war so vieles und könnte all das wieder sein. Inzwischen liebte ich die Form der Maria Magdalena und alle damit verbundenen Erlebnisse. Nie zuvor konnte ich diese Persönlichkeit mehr annehmen als jetzt. Ich liebte ihren Ausdruck und hatte ihn sorgfältig ausgewählt. Viele Helfer standen dabei an meiner Seite und betreuten mich, auch wenn ich dies so lange Zeit nicht mehr erinnern konnte.

Maria Magdalena war ein wunderschönes Gewand, aus ganz bestimmten Qualitäten. Diese Form war am besten geeignet, um die Integrationen der Weiblichkeit auf der Erde abzuschließen und um einen möglichen Heil- und Aufstiegsweg zutiefst zu begreifen. Erst durch diese Erfahrung konnte ich andere Seelen auf ganz bestimmten Abschnitten ihres eigenen Weges inspirieren und begleiten.

Ich selbst hatte einst in diesen Zyklus eingewilligt und nun befreite ich mich aus ihm. Ich konnte den freudigen Klang meines göttlichen Kerns vernehmen. Ich spürte, dass sich noch eine viel umfassendere Liebe durch mich hindurch öffnen wollte. Die Schätze meines menschlichen Erlebens würden mit mir verschmelzen und mein Bewusstsein erweitern. Ich war Maria Magdalena und noch so vieles mehr.

Was für ein wundervolles Leben!

13

Die Königreiche der Pflanzen und Tiere

»Pflanzen sind noch viel mehr als die Lunge der Erde. Sie atmen reines göttliches Licht ein und atmen es zu allen Lebewesen auf der Erde aus. Sie sind Empfänger und Sender der reinen Frequenzen aus der göttlichen Wirklichkeit, welche die Urquelle aller Möglichkeiten ist.«

Im Reich der Tiere

Das Erwachen meines göttlichen Bewusstseins im menschlichen Sein verlief über viele Jahre hinweg, ohne dass meine Nachbarn oder Freunde es weiter bemerkt hätten. Wir lebten als ganz normale Familie, doch tief in meinem Inneren geschah die tiefste

Metamorphose, die ein Mensch auf der Erde erleben kann. Meine Göttlichkeit bereitete sich darauf vor, sich noch weitreichender mit meinem menschlichen Sein zu verbinden.

Bereits jetzt hatte ich keinerlei Erfahrungen von Leid mehr. Ich hatte die karmischen Wurzeln meiner Identifikationen mit Leid und Verletzungen zu einem großen Teil erlöst und mein Bewusstsein wieder auf eine erhöhte Ebene von angenehmen Gefühlen ausgerichtet. Ich erhielt zusätzliche Stärke aus der Verbindung mit meinen multidimensionalen Leben. Meine Familie schenkte mir Geborgenheit und Liebe. Ich konnte in einem sicheren Nest erwachen, das ich selbst erschaffen hatte. Tief in mir wusste ich, dass dies der weiseste Weg für mich war. Meine Seele wollte in diesem Leben jeden Schritt meines Aufstiegs bewusst erleben und ich wählte einen sanften Weg für mich.

Nach meinen Erfahrungen mit den weisen Frauen der goldenen Priesterschaft im Inneren der Erde war meine Neugierde auf die weiteren Reiche der Erde erweckt. Nur zu gerne wollte ich einen erneuten Kontakt erleben und so bat ich inniglich um Einlass und Einweihung. Nach einigen Monaten des Bittens und der Vorbereitung sollten meine Wünsche erhört werden. In einigen Tagen und Nächten erlebte ich Ausflüge meines Bewusstseins in das Innere der Erde. Die verschiedenen Reiche dort stellten sich mir vor und ich tauchte tief in sie ein.

In einem meiner Träume klopfte das Reich der Tiere an meine innere Türe. Und so begegnete ich eines Nachts plötzlich Geparden im Traum. Anmutige Wesen, die ich aus meinen Leben in Afrika kannte. Sie begrüßten mich wie eine Familie und ich wusste, dass auch ich ein Teil ihrer Familie war.

In diesem Traum durfte ich mein Leben als ein Gepard sehen. Wie sehr wir es liebten nach einer Mahlzeit im Schatten oder auch in der Sonne zu liegen. Wie wunderbar stark und anmutig sich unsere Körper anfühlten. Jeden Moment bereit sich zu strecken und zu laufen, selbst aus dem tiefsten Schlaf heraus. Der geschmeidige Gepardenkörper war immer bereit zu laufen, zu springen und zu klettern. Ich konnte mich blind auf ihn verlassen, und er war für seine Lebensumgebung perfekt geformt.

Wir lebten in einem tiefen Sinn für unsere Familie und Gemeinschaft und auch wenn wir viel alleine unterwegs waren, so waren wir über unser Bewusstsein doch stets mit der ganzen Gruppe verbunden. Es war ein herrlich majestätisches und freies Leben. Hier gab es keinerlei Sorgen, Befürchtungen oder Zwang, wie ein Mensch sie erleben könnte. Wir wussten, wir wären jeden Tag genährt, und wir konnten uns vollkommen auf unseren Körper verlassen. Wir lebten in tiefstem Vertrauen. Es tat mir gut, dieses Urvertrauen zu spüren. Ich fühlte die Kraft und Anmut des Gepards deutlich in mir, bis sich seine Kraft ganz mit meinem menschlichen Vertrauen verband.

In einem meditativen Zustand nahm ich eines Tages einen Schwarm tanzender Mücken aus einem erhöhten Bewusstsein wahr. Ich beobachte eine Gruppe von Insekten, die in der Luft schwirrten und zu tanzen schienen. Sie folgten ihrem ganz eigenen Rhythmus und ich fühlte bei ihrer Betrachtung ihren besonderen Rhythmus auch in mir. Es war ein Gefühl, das mir zunächst etwas fremd erschien. Ich beobachtete die Mücken und gleichzeitig war ich sie. Beides geschah zur selben Zeit. Ich lenkte ich sie, doch es geschah in keinem wollenden Sinne. Ich ließ sie fliegen, wohin ihr Rhythmus sie auch bewegte. Sie folgten einem noch höheren Impuls, der sie leitete. Sie fanden ihren Weg im Einklang mit der Natur und meine Erfahrung war es, sie dabei zu beobachten, den höheren Rhythmus in mir zu spüren und ihn durch mich zuzulassen. Der höhere, göttliche Rhythmus geschah durch mich hindurch auch für sie. Wir waren zutiefst verbunden. Ein gemeinsamer, anmutiger Tanz. Sie wurden geboren und vergingen, sie schwebten, tanzten und ruhten. Ich war bei ihnen und gleichzeitig war ich sie. Ich erlebte ihren wundervollen Rhythmus und lernte, mich von ihm führen zu lassen. Auch mein menschliches Sein war in die natürlichen Rhythmen der Erde eingebunden und folgte ihnen.

Alle Tier- und Pflanzenarten dienen den unterschiedlichen Erfahrungswünschen unseres höchsten Bewusstseins. Wir selbst haben sie miterschaffen, als eine mögliche Ausdrucksform unseres wundervollen Seins. Sie erleben, genau wie wir Menschen, ihren einzigartigen Lebens(t)raum und sind mit ganz besonderen Gefühlen und Erfahrungsmöglichkeiten verbunden. Ein jedes Erleben jeglicher Art und Form bereichert unsere Seelen und die göttliche Quelle, die wir alle gemeinsam sind. Es gibt keinen Unterschied zwischen Menschen, Tieren, Pflanzen, Planeten, Sternenwesen und anderen Ausdrucksformen, denn sie sind allesamt Erfahrungsmöglichkeiten unseres höchsten Quellselbst. Lediglich die äußeren Erscheinungsformen unterscheiden sich voneinander, da sie verschiedene Erfahrungen schenken möchten.

In der göttlichen Ordnung gibt es keine vorgegebene Entwicklung vom Tier oder der Pflanze zum Menschen oder umgekehrt, denn wir können alle Formen annehmen. Wir können wählen eine Entwicklung von einer Form zu einer anderen zu erleben, wie wir auch genauso gut einfach zwischen ihnen wechseln können. Unsere Inkarnationen richten sich immer danach aus, welches besondere Erleben wir gerade wünschen. Wir können uns frei entscheiden. Lediglich wenn unser Fokus in Verletzungen oder Leid gebunden bleibt, weil wir uns zu sehr mit ihnen identifizieren, erleben wir karmische Verstrickungen und können eine Weile in den Gesetzen von Ursache und Wirkung der Welten haften bleiben. Erst dann kann wahrhaftig Leid erfahren werden. Alles, was geschieht, dient der Erfahrung und dem Wachstum unseres Seins.

Der Gedanke, Tiere oder Pflanzen seien weniger entwickelt als ein Mensch, ist lediglich ein Ausdruck der Ablehnung eines Teils unseres Selbst. Wir können den Weg wählen, uns über das Tier zum Menschen zu entwickeln oder umgekehrt, ebenso, wie wir uns innerhalb der verschiedenen Inkarnationen weiterentwickeln können. Doch ist dies keine festgeschriebene Regel, sondern unser eigener Wunsch, der diese Realität erschafft.

Unser Bewusstsein ist frei, zwischen den Erfahrungen zu wechseln. Ein aufgestiegener Meister kann sein Erleben in den Realitäten bewusst lenken und bleibt an keiner seiner gewählten Ausdrucksformen haften. Es ist vielmehr wie die Auswahl einer Geschichte, die er erleben möchte. Der erwachte Meister löst sich aus der Identifikation mit seinen Ausdrucksformen in den Welten und erkennt sein göttliches Selbst wieder als Wirklichkeit. Er wird wieder fähig seine Formen nach seinem Wunsche zu verändern und sie solange zu erleben, wie er es wünscht. Der Erwachensprozess, der eines Tages in den Aufstieg unseres Bewusstseins mündet, schenkt uns die Fähigkeiten des Meisters, der wir in den Potenzialen der Quelle bereits sind, zurück.

Das Lichtnetz des Seelenplans

Eines Tages konnte ich erkennen, dass eine Art energetisch vorgezeichnetes Netz existierte, dem alle Kreaturen der Erde folgten. Dieses Lichtnetz gab eine Richtung vor, damit sie ihre Orientierung nicht verlieren würden. Es gibt große Freiheiten innerhalb dieser Leitimpulse, doch wenn die Seelen diesen Plan zu weit verlassen, werden die Impulse stärker, sich in seine Richtung zurückzubewegen. Die Köper reagieren auf eine Abweichung mit Unwohlsein. Das Gefühl der Leichtigkeit schwindet, wenn zu starke Abweichungen erfolgen. Das Netz der Leitimpulse besteht aus der Weisheit und Liebe der Seele, es ist der Plan, mit dem die Seelen zunächst inkarnieren und dem sie folgen. Dieser Plan ist nichts anderes als der Wunsch nach ihren gewählten Erfahrungen, und von einem ausreichend bewussten Menschen kann er jederzeit wieder verändert werden. Zusätzlich ist er aus den höchsten, göttlichen Bewusstseinsebenen unseres Quellselbst gespeist, aus dessen erhöhter Perspektive wir einst in die Erfahrungen als Mensch, Tier, Pflanze oder Stein einwilligten.

Es gibt keinen Wunsch nach Leid in den ursprünglichen Plänen der Seelen. Diese Folgen ergaben sich erst aus der übermäßigen Identifikation mit unseren Erscheinungsformen und fügten sich dem ursprünglichen Plan hinzu. Es sind Ursache und Wirkung, unser Karma, das durch Veränderungen in unserer inneren Ausrichtung und durch Erkenntnis wieder erlöst werden kann.

Der Weg der Tiergruppen wurde durch den gemeinsamen Plan der jeweiligen Seelengruppe entwickelt, die dort inkarnierte. Kamen neue Seelen zu diesem Inkarnationswunsch hinzu, so würden sie in diesen Plan einbezogen. Weiterhin gab es Engelgruppen, deren Bewusstsein außerhalb dieser Inkarnationen verweilte und die nun halfen, die Abläufe in der Natur zu lenken. Sie sind die Hüter der Landschaften, der Tiere und Pflanzen. Sie stehen ihnen ständig begleitend und führend zur Seite.

Alles ist mit dem göttlichen Potenzial der Erde im Einklang und mit dem übergeordneten Plan der göttlichen Quelle verbunden, dessen höchste Liebe in allem wirkt. Die göttliche Quelle, deren Teil unser eigenes Quellselbst ist, bleibt stets frei von allen Gesetzen und Auswirkungen innerhalb der Inkarnationswelten und hält die höchste Liebe des ursprünglichen Plans.

Unser inkarniertes Bewusstsein kann sich sowohl mit den Verletzungen, wie auch mit den positiven Erfahrungen der Realität einer Inkarnation vollkommen identifizieren. Es kann sie für die einzig existierende Realität halten und sich so sehr daran festklammern, dass ein Erwachen zurück in die göttliche Wirklichkeit mit der Zeit schwieriger wird. Über eine zu starke Identifikation mit der Inkarnation selbst kann auch ein reales Erleben von Schmerz erzeugt werden.

Im Erwachensprozess kehren allmählich die Erinnerungen an die göttliche Wahrheit zurück und die irdische Realität wird als vorübergehender Aufenthaltsort für Erfahrungen erkannt und losgelassen.

Mit jeder geheilten Verletzung lassen wir die Identifikationen los, bis wir einen Grad erreicht haben, der ein ungehindertes Erkennen der göttlichen Wirklichkeit ermöglicht.

Am Ende eines Erfahrungszyklus wird uns jede einzelne Erfahrung, ganz gleich ob wir sie als freud- oder leidvoll betrachteten, bereichert haben.

Ich erkannte, dass ich die Verantwortung für meinen Lebensplan nun wieder ganz bewusst annehmen konnte. Ich spürte, dass ich meine erlebte Realität wieder selbst lenken konnte. Zuvor begegneten mir Dinge im Leben, denen ich mich oft ausgeliefert fühlte. Sie ereilten mich und erschienen mir als unabänderliches Schicksal. Dieses Gefühl löste sich nun in mir auf.

Es war ein seltsamer Moment der Wahrnehmung. Eine zunächst ungewohnte Umstellung erfolgte. Der bildliche Eindruck der Vernetzung meines Seelenplans in mein Leben hinein löste sich vor meinen inneren Augen auf und im nächsten Moment erfüllte mich ein sicheres Gefühl, dass ich ihn auch nicht mehr benötigen würde. Ich war zu einem bewussten Schöpfer meiner Lebensumstände gereift, das wusste ich jetzt. Ich hatte diese Ebene meines Bewusstseins wieder integriert. Ich empfand sie nun nicht mehr als außerhalb von mir existierend, sie war nicht mehr als äußere Reflexion, in Form eines Plans, für mich existent. Die Verantwortung für meine Lebensschöpfungen lag bei mir und ich nahm sie in Leichtigkeit an.

Meine Eigenverantwortung wog nicht schwer, denn sie gehörte auf ganz natürliche Weise zu mir. Sie war eine freudige Leichtigkeit, denn sie war nichts anderes als mein selbstbestimmter, kreativer Wunsch nach Erfahrungen.

Ich würde meine Lebensereignisse nicht mehr aus einer Unbewusstheit oder aus meinen alten Verletzungen heraus erschaffen. Von einigen Wunden, die noch verblieben, wusste ich, dass sie keinen größeren Einfluss mehr haben würden. Ich war nicht mehr hilflos ausgeliefert, sondern fühlte Selbstliebe und Mitgefühl. In jedem Moment konnte ich frei entscheiden, mich gut und glücklich zu fühlen und aus diesen erfüllenden Gefühlen heraus mein Leben zu gestalten. Es war das gute, starke Gefühl einer Balance. Ich hatte das alte Lichtnetz meines Seelenplans losgelassen. Alle Eigenverantwortung lag wieder in meinen Händen und es fühlte sich befreiend an. Mein Leben floss aus meiner Liebe heraus. Ich konnte mich kaum noch daran erinnern, wie es je anders hatte sein können.

Im Reich der Pflanzen

Auch den Wundern des Pflanzenreiches wurde ich mir im Laufe meiner Zeit immer stärker bewusst. Wenn ich eine Pflanze berührte, hatte ich teilweise das Gefühl, ich würde meinen eigenen Körper berühren, so vertraut und nahe waren sie mir, so sehr spürte ich die Ebene der göttlichen Verbundenheit. Durch jede Blüte und Pflanze leuchteten mir die Augen eines sie umseelenden Seins entgegen. Die Pflanzen waren von Seelen umgeben, die aus dieser Erfahrung lernten. Sie umgaben und durchströmten sie mit ihrem Bewusstsein, aber waren nicht innerhalb der Pflanzenkörper auf dieselbe komplexe Weise inkarniert wie in einen menschlichen Körper. Vielmehr beobachtete die Seele die pflanzliche Erfahrung und erlebte sie über ihre Gefühle. Nur bei den größeren Pflanzen wie den Bäumen und Palmen erlebten die Seelen eine enge Verbindung mit den Pflanzenkörpern, ähnlich denen der menschlichen Inkarnationen.

Auch ich hatte das Pflanzenreich bereits erfahren. Meine Verbindung mit einer Lilie hatte sich mir bereits offenbart und nun begann ich deutlich die wundervollen Gefühle der Pflanzenwelt in mir wahrzunehmen. Die Pflanzen empfingen das Licht reiner, göttlicher Informationen auf der Erde. Sie halfen, reine göttliche Energien zu empfangen und sie durch ihre Körper in die Erddimensionen zu verströmen. Sie lehrten mich so viel über Hingabe und Anmut. Pflanzen sind noch viel mehr als die Lunge der Erde. Sie atmen reines göttliches Licht ein und atmen es zu allen Lebewesen auf der Erde aus. Sie sind Empfänger und Sender der reinen Frequenzen aus der göttlichen Wirklichkeit, welche die Urquelle aller Möglichkeiten ist.

Ich berührte das Blatt einer Pflanze und spürte gleichsam den Atem aller Pflanzen auf der Erde. Es war ein großes, gemeinsames Ein- und Ausatmen, während die göttliche Kraft unablässig durch sie hindurchströmte. Durch das Sonnenlicht strahlte die Kraft der Quelle zur Erde. Ich konnte das Licht der Quelle überall auf der Erde wahrnehmen. Es war immer da, es war überall, und nun atmete ich es ganz bewusst ein. Ich versank eine ganze Weile darin und lud meinen Körper auf. Ich blühte in der Leichtigkeit meines göttlichen Atems auf. Ich atmete und wogte wie eine Pflanze im sanften Wind. Ich gab mich hin und ließ mich durchatmen in einem Rhythmus, der sich ganz von alleine einstellte.

Die Pflanzen verkörpern eine Verbindung zum innersten Licht der Quelle. Sie dienen auch als Heilpflanzen und enthalten wirkungsvolle Essenzen, die speziell auf die irdischen Körper der Lebewesen abgestimmt sind. Sie stellen genau die richtige Menge an heilsamen, göttlichen Informationen für die Körper der Tiere und Menschen bereit und können sich auch untereinander helfen. Ihre Heilkraft beruht auf ihrem Kontakt zur innersten göttlichen Quelle und hilft den Körpern wieder zurück in ihr Gleichgewicht zu finden.

In der gesamten Gruppe der Pflanzen konnte ich nun ihre Herzensebene spüren. Hier lag ihr Zugang zur Quelle und zu ihrer Heilkraft. Ich berührte ihr versammeltes Herzzentrum mit meiner geistigen Hand und spürte, wie ihre Liebe als eine einzige Wohltat zu mir floss. Sie wirkte an diesem Tag besonders in meinem Magen und floss zudem in mein Blut. Ich war mir keiner Krankheit bewusst, doch es gab tatsächlich noch ein Ungleichgewicht in meinem Körper, das die Pflanzen gerade heilten. Ich sah, dass ich von unzähligen Blüten umgeben war und ihre Herzensessenz durchfloss mich wie ein heilender Trank.

Ich war ganz bei mir und ging in ihrem wundervollen Reich auf. Ein Reich voller Überraschungen und Neuentdeckungen. Sie folgten der Entwicklung auf der Erde und stellten immer neue Frequenzen der Heilung und der Balance für alle Wesen zur Verfügung. Ihre Grunderfahrung war die Hingabe und der Ausdruck der göttlichen Essenz auf der Erde. Sie waren Atmung und Heilung. Sie verkörperten göttliche Balance. Ihr Reich würde sich immer wieder an die Bedürfnisse der Wesen auf der Erde anpassen, um weiterhin eine Versorgung mit den benötigten Heilessenzen zu gewährleisten.

Ihre Gruppen konnten sich sehr schnell verändern und auf neue Bedürfnisse der Wesen auf der Erde reagieren. Sie konnten ihre Essenzen verändern, Facetten hinzufügen oder ganz neue Arten hervorbringen. Sie zeigten mir, dass es ihr Hauptimpuls war, die göttliche Essenz auf der Erde bereit zu stellen. Ihre Herzensessenz diente der Heilung und Balance aller Wesen.

Ohne sie könnte kein Lebewesen auf der Erde existieren. Sie verkörpern eine ganz bestimmte Facette der bedingungslosen Liebe des Herzens.

Ich fühlte mich tief eingebettet in ihr Reich. Wie freundlich und gütig sie waren. Sie gaben mir das Gefühl eine Königin zu sein. Sie kümmerten sich um mich, wie zugleich um alle anderen. Ein umfassender Dienst der Liebe und Selbstlosigkeit. Ich sandte meinen tiefsten Dank in ihr Herz und spürte ihre Freude. Noch einmal ließ ich mich in ihre wunderbaren Energien sinken und schlief an diesem herrlichen Tag, inmitten ihrer Blüten, einfach friedlich ein.

Das Freigeben der Ahnenlinie

In den folgenden Monaten trug mich mein weiterer Weg noch erheblich tiefer in die Erde hinein und zu den dort lebenden Wesen. Nachdem ich einen intensiven Kontakt zur Tier- und Pflanzenwelt erfahren hatte, offenbarten sich mir nun noch weitere Reiche der Inneren Erde.

Zum Teil fanden sich dort Seelen aus alten Urvölkern wieder, die diesen Ort den Erfahrungen an der Erdoberfläche vorgezogen hatten, wie auch Seelen, die halfen, die Erde zu behüten. Ihre Existenz ist zumeist feinstofflich, nur manche leben hier in festen Körpern. Doch selbst Seelen mit materiellen Körpern, wie den unseren, existieren in den Reichen unterhalb der Erdoberfläche, doch bin ich ihnen als Maria Magdalena nicht selbst begegnet. Mir zeigten sich viele Seelen der Inneren Erde, die dort in feinstofflichen Körpern lebten.

Als ich eines Tages meditierte, empfing mich in einer inneren Reise ein weiser Begleiter einer Gruppe, die ein Wissensarchiv in der Erde hüteten. Die Erde verfügt über mehrere Speicherorte von gesammeltem Wissen aus den verschiedensten Völkerstämmen. Er zeigte mir ein symbolisches Buch und deutete mir damit an, dass es sich nun um eine Reise in das innerste Wissen meiner Ahnen handeln würde. Ich begrüßte ihn und willigte ein, ihm zu folgen. Er hielt einen großen Wanderstab aus glänzendem Holz mit einem aufgesetzten, großen Knauf in seiner Hand. Die geschwungene Form glich den Windungen eines Schneckenhauses und hielt eine große, glänzende Perle aus Holz. Ich konnte wahrnehmen, wie wir tiefer in die Erde hinabstiegen und schon bald erreichten wir ein großes beeindruckendes Tor.

Dieser Ort war durchdrungen von Erhabenheit und Würde. Ein Hauch tiefer Weisheit umspielte ihn. Mein weiser Begleiter gab mir zu verstehen, dass wir nun in das Reich meiner Ahnen eintreten würden, deren Wissen hier hinterlegt war. Jede gemachte Erfahrung war ein wichtiger Teil im Gefüge des Gesamten und fand ihren Platz in den erhabenen Bibliotheken der Erde. Er war gekommen, um mir ganz besondere Einblicke in meine Blutslinie zu ermöglichen, denn auch hier wollten noch alte Verknüpfungen entlassen werden. Doch dazu war es notwendig, sie etwas besser zu verstehen, denn ein Teil von mir fühlte sich noch unabdingbar an die Ahnenlinie gebunden.

Mein Blut war ein Teil von ihnen, ich trug ihr Erbe, ihre unerlösten Themen wie auch ihre Stärken und so war mein Körper von ihren Erbinformationen durchdrungen. Ihre Prägungen waren tief in meine Wurzeln eingebettet. Ich hatte sie als so selbstverständlich akzeptiert, dass ich nicht auf die Idee gekommen wäre, sie besser wieder freizugeben. Belastende Energien meiner Ahnen waren immer noch ein Teil, der mich an einer wirklich umfassenden Freiheit hinderte.

Auf dieser Ebene konnte ich die Informationen meiner Ahnen sowohl als unterstützend, wie auch teilweise als begrenzend, wahrnehmen. Sie hatten mir gut gedient einen sicheren Platz in einer Familie auf der Erde zu finden. Sie hatten mir Körper um Körper geschenkt. Doch ihre Energien hatten sich auch sehr eng mit meinen verwoben. Dieser Zustand überlagerte noch meine eigene Essenz und hinderte mich daran, sie gänzlich zu erkennen und anzunehmen. Meine Identifikation war noch so groß, dass ich Gefühle und Informationen, die zu ihren Erfahrungen gehörten, teilweise für meine eigenen hielt.

Der weise Hüter der Ahnenbibliotheken deutete mir an einzutreten. Ich durchschritt das innere Tor und hatte den Eindruck in einem ehrwürdigen Tempel zu stehen. Die Essenz der gelebten Geschichten meiner Ahnen umgab mich hier und es war bereits ein Platz für mich vorbereitet. Auch meine Erfahrungen waren ein Teil des Wissensschatzes dieser Linie geworden. Auch mein Platz war hier hinterlegt. Ich nahm eine Art Mittelpunkt in dem Tempel meiner Ahnen wahr und begab mich hinein. Ich hatte das Gefühl, vollkommen getragen zu sein. Der weise Mann ergriff meine Hand und in diesem Moment tauchte ich in die Linie meiner Ahnen ein. Ich erhielt kurze Eindrücke ihrer Erlebnisse und spürte ihre Essenzen.

Erste Gesichter tauchten vor mir auf. Ich nahm das gegerbte Gesicht eines Steppenreiters wahr und auch chinesische Gesichtszüge. Ein weiser Mann aus dem Himalaya strahlte mir sanft entgegen, während ich eine naturverbundene Lebenskraft im Ausdruck des Reiters wahrnahm. Seine Ausstrahlung war von Revierkämpfen und Überleben geprägt. Ich hatte das Gefühl, als würde ich kreuz und quer durch verschiedene Völker und Generationen hindurchspringen. Ich fragte mich, weshalb meine Ahnenlinie sich über so viele verschiedene Völker erstrecken konnte und sogleich wurde meine Aufmerksamkeit auf einen großen Knotenpunkt in meiner Linie gelenkt. Dieser wurde mir als Beginn unserer Linie gezeigt. Diese Linie hatte bereits zuvor ihren Bestand. Doch von diesem Punkt aus inkarnierte nun unsere verabredete Seelengruppe in die Körper dieses Blutes.

Die Voraussetzungen waren ideal für uns. Die ersten unserer Ahnen verkörperten Rollen von weisen Führern, Heilern, Priestern, Handwerkern, Bauern und tief mit der Weisheit der Erde verbundenen Charakteren. Hier fühlte ich mich Zuhause und konnte fühlen, einst in diese Inkarnationen eingewilligt zu haben. Dieser Ausgangspunkt hatte sich im Laufe der Leben in immer feinere Seitenzweige unserer Ursprungslinie aufgeteilt, die sich später über verschiedenste Volksgruppen erstreckten.

Als nächstes zeigte sich mir Ägypten und die Gesichter weiser Hohepriester des alten Landes. Sie besaßen hohes Wissen über den biologischen Kreislauf des Körpers, medizinisches Wissen und gleichzeitig waren sie fähig, in die höheren Vorgänge der geistigen Welten zu blicken. Sie hatten Einblick in die Seelenpläne und Schicksale der Menschen. Sie konnten Energien befehlen und lenken. Sie waren wissend, aber auch magisch manipulativ befähigt. Dies war ihre dunkle Seite, durch die sie über ihren begrenzten menschlichen Willen der göttlichen Schöpferkraft habhaft werden wollten. Ihr mächtiger Anblick ängstigte mich zunächst, doch ich wusste, dass ich gerade diesen Punkt noch einmal betrachten sollte.

Ich sah einen der Hohepriester, der das Herz eines Menschen hocherhoben in die Luft hielt. Er tat dies in dem Glauben, sich über das Herz des Opfers dessen Gefühle und Wissen bemächtigen zu können. Der Priestermagier glaubte dadurch seine Herzensreinheit vereinnahmen zu können. Er nahm ein Leben und löschte einen Teil einer Familie aus. Dieses band eine große, dunkle Schwere an sein Herz. Zudem gab es Zeugen dieser Tat, die ihn mit dunklen Flüchen belegten. Er zog den Hass anderer Menschen auf sich und erschuf, tief in seinem Herzen, ein Gefühl der Schuld. An dieser Stelle befand sich eine große Wunde in meiner Ahnenlinie. Ich sah die Absicht des Priesters und seine Unwissenheit, was er sich dadurch in Wahrheit selbst angetan hatte. Ich wusste, dass diese alte Tat das Herz meiner Ahnen noch blockierte und auch das meine.

Ich gab die Energien des geraubten Herzens an den geopferten Menschen zurück und löste dadurch die Bande der Schuld. Mein eigenes Herz wurde freier und lichter, denn nun konnte ich diesen Teil meiner Ahnen aus mir entlassen. Er sollte nicht länger ein schmerzendes Band um mein Herz kreieren. Ich vergab meinem Ahnen und das Bild verschwand. Das Gesicht des ägyptischen Hohepriesters erschien mir nun in einem weichen Glanz, sein tiefes Wissen strahlte wieder ungehindert und in gütiger Liebe hervor.

Ich ließ los. Wellen der Veränderung strömten in alle Zweige meiner Blutslinie. Das gemeinsame Erleben meiner Ahnen wurde von der alten Tat befreit. Auch dieses gehörte zu unserer Verabredung. Wenn einer von uns eine alte Schuld und Ungleichheit erkennen würde, so könnte er sie erlösen und es wäre ein Geschenk für alle Mitglieder der Linie. So ergänzten sich unsere Erfahrungen und so ist es in allen Ahnenlinien der Fall.

Doch meine Reise war noch nicht beendet. Als nächstes tauchte das Gesicht einer alten Frau vor mir auf, die mich verächtlich anblickte. Sie war offensichtlich in einen großen Mangel geraten und machte dem Leben einen Vorwurf dafür. Sie hatte das Prinzip von Ursache und Auswirkung in der irdischen Realität noch nicht erkannt und projizierte ihre unverarbeiteten Gefühle nach außen. »Kind hab acht«, vernahm ich ihre Stimme in mir. »Die Welt ist schlecht und du musst dich zum Kampfe rüsten. Der Herr nahm mir meine Kinder, mein Obdach und machte mich auch noch krank. Ich hasse diese Welt und verweigere mich ihr.« Ich blickte sie an. Ihr Herz war versteinert und trug eine schwere Bürde. Sie musste ihr Erstgeborenes an einen König abgeben und dies hatte sie nie verziehen. Sie zog sich zurück, verhärmte und erschuf sich immer schlimmeres Leid. Sie spürte ihre Würde nicht mehr, sondern nur noch ihren Hass auf alles um sie herum. Sie konnte das Glück anderer nicht ertragen und trauerte um alles, was sie verloren hatte. Ich spürte, dass Splitter ihres Hasses auch in meinem Herzen steckten. Ich erkannte, dass diese Gefühle zu ihr gehörten und dass ich sie nicht länger tragen wollte. Auch für sie war es an der Zeit, ihr Leben wieder anzunehmen und das Beste daraus zu bereiten. Ich entließ ihre Energien aus mir und sie bekam ihre Kraft und Lebendigkeit zurück. Erste Sonnenstrahlen fielen auf ihr Gesicht und sie erfuhr Erleichterung.

Ich ließ den Mangel gehen und erkannte, dass Fülle nichts anderes als die göttliche Essenz selbst war. Unsere göttliche Essenz würde uns immer gut versorgen.

In der Liebe der Quelle war alle Fülle enthalten, denn sie liebte jede Seele als einen Teil von sich selbst zutiefst. Wir waren alle mit dieser Fülle gesegnet, denn sie war schon immer ein Teil unseres natürlichen Seins.

Wenn wir uns dem Leben aus Angst, Ablehnung oder anderen Gründen verschlossen, so schnitten wir uns selbst von dieser Fülle ab. Dann verweigerten wir uns nämlich dem ganz natürlichen Fluss. Wir begrenzten damit unsere Göttlichkeit und beraubten uns selbst der Fülle.

Ich sah in das Gesicht der Frau und fühle die tiefere Wahrheit. Auch in ihr flammte ein Licht der Erkenntnis auf. Ich fühlte mich ihr in diesem gesegneten Moment ganz nahe und wir atmeten in demselben Rhythmus. Ich reichte ihr die Hände und sie mir. Dann ließen wir uns wieder los und ein jeder glitt in die Zeit seiner Realitätsebene zurück. Bereichert, erlöst und erweitert.

Während ich zurücksank, erreichten mich weitere Eindrücke. Ich sah verschiedene Personen, in unterschiedlichen Epochen und Ländern. Ich konnte in die Zukunft blicken und sah Menschen in fremdartiger Bekleidung. Ich bekam Eindrücke nordischer Leben, unsere Linie würde sich bis ins heutige Europa ausweiten. Ich konnte nun deutlicher den Unterschied zwischen meinen eigenen Gefühlen und den Gefühlen meiner Ahnen wahrnehmen. Ich ließ ihr Feld immer weiter los und damit auch den Einfluss ihrer Energien auf mein Leben.

Ich brauchte ihre Lasten und Sorgen nicht länger in mir zu tragen. Ich hatte genügend Erfahrungen damit gesammelt. Meine Seele wollte dieses Erfahrungsfeld nun wieder freigeben. Die Energien und Prägungen meiner Ahnen wurden durch meine Geburt ein Teil von mir, denn ich hatte eingewilligt, ein Teil ihrer Blutslinie zu sein. Ich hatte viele Leben innerhalb der verschiedensten Zweige dieser Linie verbracht und nun erwachte ich aus dieser alten Verbindung. Ich brauchte sie nicht mehr, um einen Platz im Leben zu finden.

Sie hatte mir genügend Möglichkeiten geschenkt, meine eigenen Qualitäten zu entdecken. Ich machte mich frei von ihr und spürte meine eigene, befreite Essenz.

Ich besuchte meine Ahnenlinie noch mehrmals in tiefen Meditationen, bis ich alle ihre Energien endgültig losgelassen hatte. Bei jeder inneren Reise erkannte ich immer mehr wundervolle Qualitäten und Gesichter in der Vergangenheit, wie auch in der Zukunft. Ich sah friedlich lebende Bauern in Frankreich, einfache, naturverbundene Menschen in verschiedenen Ländern. Die Qualitäten meiner Ahnen beeindruckten mich. Ihren Schatten der Gier, der Vereinnahmung anderer, der Arroganz und des Machtmissbrauchs standen Qualitäten großer Güte, Heilkraft, Erfüllung, erhabene Sichtweisen, große Weisheit und vieles mehr gegenüber. Sie waren zutiefst familiär und unterstützen ihre Gruppe, so gut sie es vermochten. Ein fröhlicher Gemeinschaftssinn ließ uns alle immer wieder zusammenkommen. Ich segnete und liebte sie. Mit jedem Besuch wurde ich freier und auch sie. Unser Loslassen erfolgte in sanften Bewegungen und brachte den Kern unserer wahren Liebe und Dankbarkeit füreinander wieder hervor.

Ich segnete sie zutiefst an dem Tag, als ich den inneren Tempel meiner Ahnen zum letzten Mal verließ.

Ich wusste, es war vollbracht, wir waren im Herzen vereint und alle irdischen Bindungen an ihre Lebensgeschichten waren für mich erlöst. Ich tanzte mit ausgebreiteten Armen ausgelassen in den Sonnenaufgang hinein.

Welten unterhalb der Erdoberfläche

Die Welt unterhalb der Erdoberfläche bot mir viele neue Überraschungen. Nie hätte ich zu meinen Lebzeiten als Mensch geglaubt, dass sich unterhalb des Bodens, auf dem ich lebte, ein derart vielfältiges Leben befinden könnte. Viele Seelengruppen gingen dort als kleine Völker oder Gemeinschaften ihren Erfahrungen und Aufgaben nach.

Ihre Körper waren den Leben perfekt angepasst. Manche hatten sehr helle Haut und ihre Augen waren lichtempfindlich. Unterhalb der Erde gibt es auch Licht, es ist wie ein Abbild des

Sonnenlichtes auf der Erde, doch kommt es aus einer sekundären Quelle. Es ist wie ein projiziertes Sonnenlicht, das auch auf der feinstofflichen Ebene sichtbar ist. Ihre Welten sind lichtdurchdrungen und eingebettet in den Geborgenheit spendenden Erdenmantel.

Ein sehr ursprüngliches Volk schenkte mir eines Tages einen Einblick in ihr Leben. Auf einer meiner meditativen Reisen in die Erde konnte ich sie eines Tages wahrnehmen. Es war ein sehr kleines Volk, mit nur wenigen hundert Mitgliedern und sie lebten in verschiedenen Räumen innerhalb der Erde, die von einem sanften, ätherischen Licht durchflossen wurden. Sie gingen hier sehr ursprünglichen Lebenserfahrungen nach. Sie kannten nur ihre unterirdische Welt und ihr eigenes Volk. Sie kannten keinerlei Kontakt zu anderen Seinsformen und leben sehr abgeschieden. Sie hatten sich ganz auf die ursprünglichsten Erfahrungen des Lebens konzentriert.

Jedes Volk, ganz gleich ob es überirdisch oder unterirdisch lebt, ist mit den Bibliotheken der Erde verbunden und ihre Erfahrungen sind dort hinterlegt. Auf höheren Ebenen des Bewusstseins kann dieses Wissen zusammengeführt und auf neuen Schöpfungsebenen genutzt werden. Es enthält sehr wertvolle Informationen über die gesamten Kreisläufe der Auswirkungen von Handlungen, Gedanken und Gefühlen. Es sind sehr umfassende Studienwerke, die sorgfältig von betreuenden Seelen aus der Geistigen Welt behütet werden.

Die Bibliotheken in der Erde besitzen energetische Verbindungspunkte zur Erdoberfläche und ankern an verschiedenen Punkten. Derartige Verbindungpunkte gibt es viele und einige oberirdische Ankerpunkte werden sogar von Seelen, die gerade ein Leben auf der Erde führen, betreut.

Es sind bewusste Menschen, die sehr große Weisheit besitzen und sich im Hintergrund halten.

Mir offenbarte sich eine reichhaltige und bemerkenswerte Welt, die mich sehr neugierig stimmte. Tief in der Erde sind zudem uralte, feinstoffliche Zufluchtsorte für Seelen von verstorbenen Menschen verankert. Ihr Weg, nach ihrem irdischen Ableben, sollte sie eigentlich in höherschwingende Dimensionen der Jenseitswelt führen, so dass sie sich dort aus der Realität des menschlichen Lebens behutsam lösen könnten. Hier fanden kleine Menschengruppen aus langer Vorzeit Zuflucht, die ihren physischen Tod noch nicht anerkennen konnten oder ihr Leben in ihrer speziellen Gemeinschaft nicht loslassen konnten. Diese Orte sind nicht für andere Seelen zugänglich, denn diese Seelen leben in ihrer eigenen, abgeschotteten Illusion. Sie erhalten die Zeit, die sie benötigen, und auch für sie wird eines Tages der Punkt ihrer Heimkehr kommen. Sie spielen ihr altes Leben immer noch durch, als wäre nie eine Veränderung geschehen und sie fühlen sich an ihrem selbsterschaffenen Ort sicher, wenngleich sie ihren irdischen Körper bereits vor sehr langer Zeit verlassen haben.

Andere Reiche in der Erde gehören den Tieren und auch den Naturwesen. Es existieren Zwischenformen von Naturwesen und Engeln, die bisher noch kein Mensch erschaut hat und die sich gut verborgen halten werden. Sie regulieren unterirdische Abläufe und koordinieren Verbindungen zu den ursprünglichen Planungsebenen der Länder und Kontinente. Dadurch erhalten sie die Verbindung zum ursprünglichen Plan aufrecht. Sie betreuen energetische Kreisläufe und reinigen die Verbindungen zwischen den verschiedenen Realitätsebenen auf der Erde. Sie können als Erdengel bezeichnet werden und sorgen dafür, dass auch schwerwiegende Ereignisse keine Zeitlinien erschaffen, die nicht mit dem höheren, göttlichen Plan übereinstimmen. Dies ist eine sehr wichtige Aufgabe, auf diese Weise begleiten sie auch Entwicklungssprünge der Menschheit und aller Wesen auf der Erde, ebenso wie sie helfen alte Konflikte energetisch zu klären, wenn die Bereitschaft für Veränderung gekommen ist. Auf ihrer Ebene wurde bereits so manches Wunder gewirkt und manche Katastrophe verhindert oder gemildert, was nur sehr wenigen Menschen überhaupt bewusst ist.

Mir zeigte sich eine Gruppe von Naturwesen, die eine große Freude daran hatte Menschen zu entdecken, die sich um ihre bewussten Zugänge zur Erde bemühten. Es war ihnen eine Herzensfreude, diese Menschen dabei zu unterstützen. Sie halfen auch mir, die Energiezentren unterhalb meiner Füße zu reinigen und zu aktivieren. Sie dienten in der bedingungslosen Liebe und Freude. Sie wuschen regelrecht die Lichtbahnen meiner Verbindung zur Erde und halfen mir sie zu erweitern. Ich konnte sie darum bitten und in den Nächten darauf bemerkte ich ihr eifriges Werk in farbigen und andersartigen Träumen, die mich ihrem Reich näherbrachten.

Nach meinen Öffnungen in die Ebenen der Seele, der Sterne und Planeten geschah nun eine intensivere Verbindung mit meinen Wurzeln und den inneren Ebenen der Erde. So ist es ein häufig genutzter Erwachensweg, zunächst eine Ausrichtung auf die erhöhten Bewusstseinsebenen zu erfahren und danach eine Intensivierung des Zugangs zu den eigenen Wurzeln. Ist das Gleichgewicht wiederhergestellt, kann eine noch intensivere Integration der höheren Bewusstseinsebenen geschehen. Beides gehört zusammen und beides bildet einen Kreislauf innerhalb des Seins.

14

Dimensionsreisen

»Dem unendlichen Sein stehen alle Möglichkeiten des Ausdrucks zur Verfügung. Dein Bewusstsein kann sich in den unendlichen Möglichkeiten der Schöpfung immer wieder neu erfahren.«

Dimensionsreisen – Die Entdeckung wahrer Freiheit

Nach meinen monatelangen Erkundungen der Inneren Erde war es nun an der Zeit, mich für eine weitere Ebene zu öffnen. Ich fühlte mich für einen neuen Sprung meines Bewusstseins bereit. Meine Beziehung zu Jeshua intensivierte sich nochmals, unsere Energien und Körper erlaubten eine noch tiefere Verbindung.

Eines Nachts wachte ich plötzlich auf, befand mich jedoch noch außerhalb meines Körpers, auf einer astralen Reise. Ich blickte zunächst in das weite Universum und wusste nicht, auf welcher Ebene ich mich hier befand.

Jeshua reichte mir liebevoll seine Hand. Er hatte nur darauf gewartet, dass ich hier ankommen würde. Unsere Begegnung vollzog sich ohne Worte. Wir umarmten uns und unsere Energien erhöhten sich. Es war, als würden wir sanft zu einem höheren Ziel emporschweben.

Im Gegensatz zu mir, wusste er bereits wohin diese Reise uns tragen würde. Ich spürte seine wissende Freude. Wir tauchten in einen kristallenen Raum ein und ich wusste nicht, ob es Sterne des Universums waren oder leuchtende Kristalle unseres Bewusstseins. Ich wusste, dass wir eine höhere Schwelle durchschritten.

Ein neuer Zugang öffnete sich für mich und ich nahm glitzernde Lichtkristalle wahr.

Wir schwebten schwerelos in einen neuen, weiten Raum, der von sanftem, gold-orangenen Licht durchflossen war. Noch viel mehr farbige Lichtkristalle begannen um uns herum zu leuchten und zu schwingen. Ganz fein und zart. Sie verströmten eine helle Symphonie harmonischer Klänge.

Ich bemerkte, wie einige geometrische Formen sichtbar wurden. Wir badeten in diesen Formen, sie vibrierten durch unser Energiefeld und waren auch gleichzeitig ein Bestandteil davon. Bei jeder gegenseitigen Berührung veränderten sie sich und ordneten sich immer wieder neu an. Unsere Energiefelder harmonierten hier vollkommen miteinander. Dann breitete sich unser gemeinsames Energiefeld aus und durchbrach die vorherigen Grenzen des Raumes. Ich blickte in die weiten Felder der Geometrien und erkannte plötzlich, dass sie einen Durchgang formten. Es war, als schaute ich in einen langen Gang hinein, dessen Wände aus leuchtenden, heiligen Geometrien der Schöpfung bestanden. Jeshua deutete mir an, ihm weiter zu folgen. Mit ruhiger Selbstverständlichkeit schloss ich mich ihm an und wir schwebten ganz leicht hindurch. Wir befanden uns auf einer Reise durch die Dimensionen und Jeshua hatte mir gerade geholfen, eine meiner höheren Bewusstseinsebenen so weit zu öffnen, dass ich sie wieder wahrnehmen konnte.

»Auf diesen Ebenen sind wir vollkommen frei«, strahlte er mich an. »Wir können gehen, wohin wir auch möchten. Unser Bewusstsein ist auf dieser Ebene frei von den irdischen Begrenzungen.« Durch unsere Absicht konnten wir uns ein Ziel aussuchen und hätten alle nur erdenklichen Galaxien und Welten besuchen können. Wir konnten uns tatsächlich frei innerhalb der Schöpfung bewegen. Jeshua war durch seinen Aufstieg bereits fähig hier frei hindurchzugehen und auch weiterhin zur Erde zurückzukehren.

Von hier aus war ein Durchschreiten weitreichender Dimensionen und unserer damit verbundenen Bewusstseinsebenen möglich. Ob das Ziel die Erde oder die Venus war, spielte keine Rolle. Wir konnten die Reiche der Naturwesen, die Reiche der Engel, der Tiere, der Planeten und Sterne, andere Universen, Lichtwelten und viele weitere Reiche, jenseits der menschlichen Vorstellungskraft erkunden. Wir erlebten diejenigen Ebenen, auf die wir unser Bewusstsein ausrichteten.

Es war eine wundervolle Erfahrung, ein unbeschreibliches Gefühl von Freiheit erfasste mich. Ich folgte Jeshua, um zu sehen wohin uns diese neue Verbindung wohl führen mochte. Am Ende des Durchgangs blickte ich auf einen paradiesischen Strand, wie ich ihn auf der Erde noch nicht erblickt hatte. Dies war kein Ort auf einem Planeten unseres Universums. Wir waren in einem weit höheren Teil der Lichtwelten angelangt, an einem für uns ganz besonderen Platz. Hier existierte ein Gefühl unbeschreiblicher Liebe und umfassender Erfüllung.

Wir setzten uns nieder. Das warme, himmlische Wasser umspielte unsere Körper in einladendem Türkis und wir blickten in einen nachtblauen Taghimmel voller leuchtender Sterne, durch den gleichzeitig die Sonne schien. Durch unseren Wunsch konnten wir es Tag, Nacht oder auch beides gleichzeitig sein lassen. Auf dieser Ebene war die gleichzeitige Wahrnehmung verschiedener Zustände möglich.

Wir wurden von unendlicher Liebe erfüllt und konnten diese Welt genießen. Sie offenbarte mir ein vollkommenes Gefühl des

Annehmens und Zulassens. Wir hätten auch die Form unserer feinstofflichen Körper loslassen und ganz in dieser Welt aufgehen können, nur um danach wieder in eine Form zurückzukehren. Dies war wahre Freiheit und wir genossen sie.

Wir liefen den Strand entlang. Es gab keine Temperaturen, sondern nur ein einziges Wohlbefinden. Alles hatte genau die richtige Beschaffenheit. Wir gingen an diesem wundervollen Strand ins Wasser. Wir konnten darin schwimmen oder mit ihm verschmelzen und uns als reinste, unbeschreibliche Liebe erfahren. Wir konnten hier alleine sein, wie auch gemeinsam mit anderen Seelen. Wir konnten diesen Ort verändern und er veränderte uns.

Ich spürte, wie sich mein ganzes Sein hier von den Einwirkungen der Erde erholte und entspannte. Die irdischen, emotionalen Erfahrungen hatten zu einigen Verkrampfungen geführt. Mein Sein trug eine Schwere aus dem Übergang meines freien Bewusstseins in einen festen Körper und auch grundsätzlich aus den Inkarnationen. Mein einst freies Bewusstsein hatte sich vielen Begrenzungen unterworfen, um überhaupt inkarnieren zu können und diese hatten verschiedene Ebenen von Schwere und Anstrengung in mir kreiert. Hier konnte ich sie loslassen und meinen freien Seinszustand erleben. Alles in mir ließ los und ich war vollkommen glücklich. Alles hier erfüllte mich. Es gab keinerlei Bedürfnisse mehr, denn alles war bereits erfüllt, so wie ich es später auch in einem aufgestiegenen Bewusstseinszustand erleben würde. Wir waren hier eine ganze Weile beisammen und würden auch später immer wieder hierher zurückkehren, denn es war ein wundervoller Ort der Liebe und Freude für uns.

Heilung der Urtrennung

Auf diese paradiesische Existenzebene sollten wir noch öfter gelangen. Ich war immer mehr in der Lage erhöhte Zugänge meditativ aus eigener Kraft zu öffnen, reiste aber dennoch oft gemeinsam mit Jeshua in die höheren Ebenen. Teilweise geschah dies rein meditativ, in unseren Körpern verbleibend, und manchmal unternahmen wir Astralreisen, in denen ich meinen festen Körper verließ, um die anderen Ebenen in meinem feinstofflichen Astralleib zu erleben. Der Eindruck von Toren und Durchgängen verschwand immer mehr, je weiter sich mein Bewusstsein ausdehnte.

Ich wusste, dass ich noch eine ganze Weile benötigen würde, bis ich diese erhöhten Bewusstseinszustände in mein menschliches Sein integrieren könnte. Dann würde auch ich auf der Erde frei sein. Auch wenn Jeshua mich auf diese Ebenen führte, so wurden sie noch längst nicht zu einem anhaltenden Bewusstseinszustand für mich. Mein Aufstiegsweg sollte mich noch durch einige weitere Stationen und Erkenntnisse führen, ehe ich selbst eine völlige Öffnung zulassen konnte.

Mein Weg folgte keiner bestimmten Reihenfolge. Manche Schritte schienen mir bereits gegangen, nur um zu erfahren, dass noch eine tiefere Ebene der Erkenntnis nötig war, ehe sich ein erhöhter Bewusstseinszustand vollständig für mich integrieren konnte. Der Aufstiegsweg eines jeden Wesens ist zutiefst individuell und ergibt sich aus den Erfahrungen und Wünschen der Seele.

Manche Dinge, die ich bereits erlöst glaubte, kamen erneut hervor. Ich durfte erkennen, dass manche Verletzungen mehrere Ebenen meines Seins tief durchdrungen hatten und sich nur schrittweise erlösten. Selbst als mir mein irdisches Leben bereits himmlisch vollkommen erschien, galt es für mich immer noch weitere Anhaftungen loszulassen. Es sollte keine Überforderung geschehen und jeder Schritt auf meinem Weg führte mich in einen immer noch tieferen Kontakt mit mir selbst.

Meine Wunden wollten erlöst werden, bis sich eines Tages alle Teile meines Seins wieder sicher genug fühlen würden, um gemeinsam mit mir einen Sprung in ein aufgestiegenes Bewusstsein zu wagen.

Sie benötigten Liebe, Hingabe und immer weiterwachsende Ebenen von Vertrauen. Ich durfte lernen, das umfassende Vertrauen aufzubauen, dass ich aus mir selbst heraus stets sicher versorgt wäre und keine leidvollen Erfahrungen mehr aus den alten Begrenzungen entstehen würden.

Ich durfte nicht nur glauben, sondern zutiefst fühlen und wissen, dass mein göttliches Selbst, mit all seiner Liebe, mein Erleben gestaltete. Ich durfte immer weiter erlauben, es durch mich hindurch wirken zu lassen.

Im Laufe der Zeit tauchte ich in ein klares Wissen ein, dass meine Erfahrungen sicher und liebevoll getragen waren. Dies war eine hohe Ebene des Vertrauens und sie wuchs weit über das menschliche Vertrauen hinaus.

Eines Tages zeigte Jeshua mir einen weiteren wichtigen Raum meines Bewusstseins. Gemeinsam stimmten wir uns über unser Gefühl auf eine höhere Ebene ein und ich entdeckte einen Raum meines Bewusstseins, der die Erinnerung an meine ursprüngliche Trennung von der göttlichen Quelle enthielt. Er wartete nur darauf sich zu zeigen, um die Begrenzungen, die von dort noch auf mein irdisches Leben einwirkten, freizugeben.

In meiner inneren Wahrnehmung öffnete sich zunächst eine malerische Bucht inmitten eines tiefblauen Raumes. Diese kleine Bucht war wie ein natürliches Becken, fast völlig in sich geschlossen und mit einer Art Wasser gefüllt. Sie zog mich an und ich ließ mich zunächst in das überirdische Wasser hineingleiten. Ich benötigte diese Vorbereitung, um mich für den Raum der Urtrennung zu öffnen. Helle Lichtkristalle funkelten um mich herum und sobald ich das Wasser berührte, konnte ich sehen, dass verschiedene geometrische Formen und Lichtkristallmuster in meinem feinstofflichen Körper aufleuchteten. Ich spürte, wie sie in diesem Wasser in eine neue Harmonie und Ordnung fanden. Ein tiefes Gefühl innerer Neuordnung erfüllte mich und ich wusste plötzlich, dass mein Sakralchakra nun vollständig zu heilen begann. In meinem menschlichen Körper war es durch Erfahrungen von Missbrauch sehr stark verletzt worden und obwohl die Wunden bereits verheilt waren, wurde auf dieser erhöhten Ebene spürbar, dass es sich immer noch in einer Disharmonie befand.

Ich vertraute mich dem Wasser ganz an. Es fühlte sich auf diesen Ebenen wie flüssige Energie mit genau der richtigen Temperatur an. Ich konnte darin schweben und atmen. Der Schwerpunkt meines Körpers zog mich nun tiefer hinein und mein Sakralchakra wurde ganz sachte durchspült. Alles was hier geschah, übertrug sich auf meinen menschlichen Körper. Innere Bilder leuchteten in mir auf und setzten sich bruchstückhaft zusammen. Meine Bindungen an die Erde waren sehr präsent und erschwerten meine Wahrnehmung. Ich spürte, wie ich mich in verschiedensten Leben für die Belange anderer Menschen einsetzte und ihnen auch irgendwann erlaubte mich zu benutzen. Ich fand meine Abgrenzung und Kraft nicht mehr und ließ es einfach zu. Es kam als ein einziger, umfassender Einblick zu mir. Ich spürte, dass meine Anteile aus jenen Leben tief schmerzten und meine Liebe und Zuwendung brauchten. Und so hüllte ich sie darin ein. Ich vergab mir selbst für alles Erlebte und spürte plötzlich, dass mir eine weise Stimme weit im Hintergrund zuflüsterte, dass eine jede Seele alle erdenklichen Erfahrungen machen dürfte. Alles wäre frei von Bewertung, alle Erlebnisse wären möglich und erlaubt. Es gäbe keine Schuld und keine Vorwürfe, auch nicht an sich selbst. Wir dürften uns an unseren Erfahrungen entwickeln.

In diesem Moment fühlte ich tiefe Vergebung für mich selbst und alle Beteiligten. Sie hatten mir immer nur dazu gedient, meine Kraft zu leben. Es war eine nochmals erleichternde Erlösung aus schweren, dunklen Gefühlen. Die Eindrücke lösten sich durch meine Erkenntnis wie in einer sanften Welle auf, und mein Sein klärte sich. Eine wohltuende Leichtigkeit erfüllte mich.

Dann sah ich innerlich lichte Ebenen aufblitzen und wusste, dass es flüchtige Eindrücke aus dem Innersten der göttlichen Quelle waren. Es war die Wahrnehmung meiner reinen, von allen Verkörperungen unberührten Göttlichkeit. Auf dieser Ebene war mein Bewusstsein vollkommen mit der Quelle verbunden. Mein Bewusstseinszustand dort befand sich jenseits aller Identifikationen.

In dieser wundervollen Einheit konnte ich fühlen, dass mein Bewusstsein bereits in allen Erscheinungsformen enthalten war und sich daraus auch wieder separieren konnte.

Ich konnte etwas getrennt von dieser Verbundenheit mit Allem erleben und mich auch wieder damit vereinen. Ich konnte mich als Maria Magdalena auf der Erde erleben und ebenso als ein Baum, ein Vogel, als Wasser, Feuer, als alles gleichzeitig und Unendliches mehr. Ich war formloses Bewusstsein, das mit allen Potenzialen der Quelle verbunden war und sich als sie erleben konnte.

Es war ein unbeschreibliches Gefühl, das ich hier sanft erinnerte. Mein Sakralchakra begann sich neu darin auszurichten. Ich spürte, dass der Schmerz der Urtrennung eine Spur in meinem späteren Sakralchakra hinterlassen hatte. Es war, als hätte meine schöpferische Kraft eine Verletzung erlitten, als sich mein Bewusstsein aus der ursprünglichen Quelle löste, um auf seine eigene Erlebensreise der Inkarnationen zu gehen. Es sah wie ein Riss vor meinem inneren Auge aus. Von da an vertraute ich meiner schöpferischen Kraft nicht mehr. Durch die Urtrennung hatte ich mich aus dem Zustand der Einheit mit Allem Was Ist separiert und konnte mich nicht mehr erinnern, dass es ein ganz natürlicher Vorgang war, sich seines individuellen Bewusstseins gewahr zu werden.

Quälende Fragen waren einst in mir entstanden: Hatte ich etwas falsch gemacht? Hätte ich in meinem Quellbewusstsein verbleiben sollen? War ich schuld, dass ich mich nicht mehr in einem mit ALLEM vereinten Bewusstseinszustand erlebte? War ich zu übermütig in meinen Erfahrungswünschen gewesen? Es war mir unmöglich mich zu erinnern, mein Bewusstsein hatte sich so sehr verengt und verändert. Mein Kopf tat weh, die Anstrengung der Erinnerung war zu groß.

Seitdem lehnte ich meine Schöpferkraft ab und verweigerte mich, das konnte ich jetzt erkennen. Ich spürte den immensen Schmerz der Trennung von meinem Quellbewusstsein und machte meine Schöpferkraft dafür verantwortlich. Diese Grundprägung nahm ich mit in meine Leben hinein.

Eine jede Seele wird von der Urtrennung tief berührt und es entstehen die unterschiedlichsten Eindrücke und Urprägungen. In vielen meiner weiteren Leben würde das ein Muster von mir sein, und es könnte neben allen wundervollen Erlebnissen auch Erfahrungen von Missbrauch, Lüge, Verlust, Ungerechtigkeit, Einsamkeit und so vielem mehr erzeugen. Ich erkannte nun meine Prägung und entließ sie aus meinem Bewusstsein. Ich war am Urgrund meines Schmerzes angelangt und konnte meinen Bewusstseinsfokus neu auf meine Kraft ausrichten. Meine Schöpferkraft war nicht schuld, und ich hatte nichts falsch gemacht. Als ich dieses erkannte, erlösten sich tiefsitzende Schuldgefühle.

Auch die innersten Reiche der Quelle waren nichts anderes als ein Zustand meines Bewusstseins. Ich hatte niemals einen bestimmten Ort verlassen, lediglich mein Bewusstseinszustand hatte sich durch die Loslösung aus der Einheit der Quelle verändert und wurde dadurch fähig eigene Welten zu erschaffen und zu erleben. Ich könnte mich nicht über meinen Verstand daran erinnern, ich könnte nur meine Gefühle öffnen, um die Wahrheit wieder tief in mir zu spüren.

Gott und Göttin umarmten mich in dieser Erkenntnis und lächelten mir liebevoll zu. Sofort ließen sie mich spüren, dass mit mir alles in der besten Ordnung war. Es war ein heiliger und einzigartiger Moment. Nur sie und ich in völliger Verbundenheit und Erfüllung. Wir waren eins und gleichzeitig auch individuelles Bewusstsein. Alles konnte sein, alles war möglich!

Meine Gefühle begannen noch intensiver zu werden und ich spürte, dass ich kurz davorstand, in einer überwältigenden Glückseligkeit die vollkommene Verschmelzung mit meinem göttlichen Quellselbst zu erfahren. Dieser ekstatische Strom stand kurz davor mich vollkommen aufzunehmen, um mich in einem einzigen, heiligen Moment mit meiner Göttlichkeit verschmelzen zu lassen. Doch ich konnte es noch nicht zulassen. Etwas in mir zog sich zurück und ich verschloss meine Gefühle wieder. Noch waren nicht alle Teile meines Seins für diese umfassende Öffnung bereit. Doch ich wusste nun, dass sie tatsächlich geschehen könnte. Es würde einen Punkt in meinem Leben geben, an dem ich mich mit all meinen Anteilen sicher genug fühlen würde, um auch diese Öffnung zuzulassen, doch er war noch nicht gekommen.

Ich spürte tiefe Zufriedenheit und Heilung. Die Verbindung zu meiner Schöpferkraft war wieder frei und ich konnte sie als Kraft annehmen. Mein Sakralchakra balancierte sich in meinem irdischen Körper aus. Glücklich und ein wenig erschöpft sank ich in das Becken des Sternenraumes zurück. Mit dem nächsten Wimpernschlag befand sich mein Gewahrsein wieder ganz in meinem Körper und ich blickte in Jeshuas zufriedene Augen. Dieses Erlebnis schwang noch viele Monate in mir nach. Mein Körper reagierte mit Unterleibsblutungen und Kopfschmerzen und es sollte viele Wochen dauern, bis ich diese Veränderungen angenommen hatte.

Jeshua und ich teilten unsere gemeinsame Zeit sehr intensiv. Wir widmeten uns dem Familienleben, Gesprächen, Ausflügen und dem ruhigen Beisammensein in unserem Heim auf der Erde. Jeshua und ich lehrten unsere Kinder und sie nahmen so vieles neugierig und unbefangen auf.

Ich erlebte eigenartige Gefühle, wie sie in Übergängen auf eine neue Bewusstseinsebene entstehen konnten. Ich ließ vieles los und wusste nicht, was genau kommen würde. Altes verabschiedete sich und Neues war noch nicht in der Form. Ich hatte gelernt, als Mensch auf der Erde anzukommen und gleichzeitig wusste ich, dass ich das Potenzial hatte, noch weit über all das hinauszugehen.

Teilweise fühlte ich mich immer noch begrenzt, während ich andererseits meine göttliche Freiheit wahrnahm. In manchen Zeiten empfand ich quälenden Stillstand, nur um bald darauf wieder Fortschritte zu erleben. Ich empfand mich zusehends multidimensionaler und schon lange nicht mehr auf mein menschliches Selbst reduziert. Kein anderer Mensch wusste davon außer Jeshua. Selbst unseren Kindern blieb mein wahrer Bewusstseinszustand zunächst noch verborgen, denn ich die wollte die Aufgabe, ihre Mutter zu sein, erfüllen und nahm sie mit Freuden an.

In dieser Zeit spürte ich einen Impuls wieder zu lehren und entdeckte erneut meine Freude daran. Durch meinen Entschluss setzten sich schon bald Begegnungen in Gang und hauptsächlich Frauen fanden wieder einen Weg zu mir, um sich dem Wissen aus meinen Erfahrungen zu öffnen.

15

Die Göttlichkeit in der Dunkelheit

»Der Aufstiegsweg eines jeden Wesens ist zutiefst individuell und ergibt sich aus den Erfahrungen und Wünschen der Seele.«

Wandlung des Inneren

Viele Jahre meines Zusammenlebens mit Jeshua und unseren Kindern waren bereits vergangen. Es gab immer wieder viele Wochen und Monate, in denen ich ganz auf mich selbst gestellt war und meine eigenen Prozesse durchlebte.

Unsere Kinder reisten oftmals mit Jeshua umher, zum Teil waren sie in diesen Phasen aber auch bei mir. Und viele Zeiten meines Aufstiegsprozesses waren meinen tieferen Heil- und Erkenntnisprozessen gewidmet. Einige von ihnen gingen recht unmerklich vonstatten. Oft bereiteten sie sich wochenlang im Hintergrund vor und öffneten sich dann plötzlich über Gefühle, Träume oder innere Reisen.

Die Verarbeitung alter Erlebnisse oder Öffnungen in neue Gefühlsebenen geschahen. Ich beobachtete meine Gefühle und Reaktionen auf meine Umgebung sorgfältig und veränderte sie immer weiter. Und so ging ich lange Zeit durch einige Höhen und Tiefen meiner Gefühle hindurch.

Manchmal verlief mein Leben über viele Monate hinweg einfach ruhig und es gab keinen Unterschied zu den Menschen in unserer Nachbarschaft oder unserem befreundeten Kreis. Dann gab es Abschnitte, in denen ich dachte, ich würde den Kontakt zu meinem irdischen Leben vollkommen verlieren. Ich fragte mich, was ich auf der Erde eigentlich tat. Selbst die Beziehung zu Jeshua und meinen Kindern kam mir dann etwas fremd vor und es war, als hätte ich keinerlei Gefühle mehr für sie oder andere Menschen. Diese Phasen hielten oft einige Tage oder manchmal wenige Wochen an, doch dann wichen sie wieder meinen wahren Gefühlen der Liebe.

Die vorübergehende Neutralität in meinen Gefühlen hatte einen guten Grund, denn sie ermöglichte mir, in einen tiefsten Kontakt zu mir selbst zu finden. Sie war eng mit der Liebe verbunden, sie war eine Seite von ihr, die sich separat zeigen konnte. Ich durfte lernen beide Zustände für mich zu erfahren und sie weise zu nutzen, dann könnten sie wieder in mir verschmelzen und mich eine noch tiefere Liebe fühlen lassen. In diesen Phasen wurden alle meine Gefühle, die sich auf andere Personen oder Wesen bezogen, einfach ausgeblendet. Es schien, als hätten sie nie existiert.

Ich wollte in diesem Leben nicht in eine Abgeschiedenheit gehen müssen, um genügend Raum für meine Selbsterkenntnis zu haben und so boten mir die vorübergehenden abgeflachten Gefühle einen Ort des inneren Rückzugs. Auf diese Weise konnte ich mit meiner Familie leben und mich gleichzeitig intensiv genug auf mich selbst und meine inneren Wandlungen ausrichten. Diese Phasen waren mir zunächst sehr unangenehm, doch nach einer Weile erkannte ich, dass sie sehr wertvoll waren. Auch wenn mir nur selten bewusst wurde, was sich genau in ihnen abspielte, so ging ich doch stets mit einer neuen Öffnung und verändert aus ihnen hervor.

Teilweise glaubte ich meinen Verstand zu verlieren. Mein Inneres wurde auf eine völlig neue Ebene angehoben und es war mir, als würden sämtliche Bestandteile meines Seins neu geordnet. Alte Sichtweisen verabschiedeten sich, von denen ich niemals geglaubt hätte, dass ich sie je hätte loslassen können. Von vielen Ansichten und Gefühlen nahm ich an, sie wären Züge meines Charakters, doch ich stellte immer wieder fest, dass sie lediglich aus alten Erlebnissen und Verletzungen erwachsen waren. Manchmal hatte ich sie auch ganz einfach von anderen Personen übernommen. Ob es Zweifel, Ablehnung, Ängste oder Sorgen waren, ich erkannte immer deutlicher, dass sie nicht mit den erfüllenden Gefühlen meines wahren Wesenskerns übereinstimmten. Alles an Gefühlen und Ansichten, was nicht zu mir gehörte, entließ ich schließlich aus mir. Alles durfte wieder mit meinen Herzensgefühlen der Liebe und Freude im Einklang sein, denn nur darüber kam ich mit meinem göttlichen Wesen in Berührung. Nur dann konnte sich meine Göttlichkeit ungehindert durch mich ausdrücken. Ich überprüfte mein Leben und Tun jeden Tag darauf und erlaubte mir, mein Erleben immer weitreichender mit angenehmen Gefühlen zu erfüllen.

Selbst meine Erinnerungen fanden neue Plätze innerhalb meines Lichtkörpers. Dieser war sehr viel besser in der Lage mit ihnen umzugehen. So standen mir zur rechten Zeit alle wichtigen Informationen zur Verfügung. Doch es war eine Zeit der Umgewöhnung. Während in meinem menschlichen Verstand zuvor noch rege Gedanken und auch zeitweise Sorgen herrschten, so erfüllte mich inzwischen eine angenehme Stille. Informationen flossen erst dann, wenn ich sie benötigte. Ihr Fluss wurde von Impulsen meines Lichtkörpers gesteuert, der von meinem göttlichen Selbst gespeist wurde. Mein Weg dorthin brauchte eine Weile, ich dachte zwischenzeitlich, ich würde ein wenig verrückt.

Selbst meine Erinnerungen an die Vergangenheit schienen sich nun zu verändern. Alle geheilten Wunden ermöglichten mir überraschend Erinnerungen an verletzende Situationen, die jetzt plötzlich mit angenehmen statt mit schmerzlichen Gefühlen erfüllt waren. Ich konnte mit Liebe und innerem Frieden an die alten Ereignisse denken und sie vereinnahmten mich nicht mehr. Es ging sogar noch weit darüber hinaus, so dass ich mich manchmal fragte, warum mich die alten Geschehnisse eigentlich je so hatten verletzen können. Ich konnte mir zunächst nicht erklären, warum ich meine Vergangenheit irgendwann nicht mehr als so schmerzhaft wahrnahm, wie sie ursprünglich geschehen war. Erst im Laufe der Zeit wurde mir bewusst, dass sich durch meine multidimensionale Öffnung nun auch die damals ungelebten, positiven Potenziale deutlicher mit mir verbanden. Neben den verletzenden Erlebnissen, die mir wiederfahren waren, existierten parallel dazu auch stets Möglichkeiten, anders mit diesen Situationen umzugehen und ohne eine Verletzung aus ihnen hervorzugehen. Dies waren parallele Realitäten, die nun in mein Gewahrsein kamen. So nahm ich nicht mehr länger nur eine einzige, schmerzhaft erlebte Form meiner Vergangenheit wahr, sondern gleichzeitig schimmerten weitere, von angenehmen Gefühlen erfüllte Möglichkeiten ganz deutlich hindurch. Die erlösten Wunden verwandelten sich zusätzlich in die Kräfte und Qualitäten zurück, die sich in ihnen verborgen hatten. Mein bewusster Heilweg veränderte tatsächlich meine Vergangenheit und erlaubte mir, meine Zukunft auf einer Basis von Liebe und Freude neu zu erbauen.

Mein Köper wurde älter, wenngleich mein Alterungsprozess bereits deutlich verzögert war. Doch war ich immer noch an die

Veränderungen meines biologischen Körpers gebunden, während Jeshuas Körper ständig in einem frischen, unvergleichlich sanften Glanz erstrahlte. Je weiter ich erwachte, desto mehr war ich in der Lage meine Lebensenergie, in einem ständigen Fluss, direkt aus meiner Göttlichkeit zu beziehen. Ich durfte lernen ihr zeitloses Strahlen bis in die Tiefe meines Unterbewusstseins und meiner Körperzellen aufzunehmen. Immer wieder übte ich mich darin, mir mein göttliches Selbst als reinste, frische Quelle vorzustellen, die mich wie ein sanfter Wasserfall durchströmte. Ich brauchte sehr viel Geduld, bis meine Gefühle wieder ganz mit dieser erfrischenden Quelle in Einklang kamen. Mein Emotionalkörper klärte sich. Ich begann mein Alter loszulassen, Jahreszahlen spielten keine Rolle mehr. Ich übte mich in dem ständigen Gefühl, dass mein Körper zeitlos gesund und vital war.

Schritte zur Erleuchtung

Sehr oft fragte ich Jeshua, wann auch ich endlich in einen göttlich erleuchteten Zustand kommen würde, doch er bat mich immer wieder um Geduld. Eines Tages würde es schon so weit sein, sagte er mir immer wieder. Ich könnte meinen Weg nicht aus meinem menschlichen Wollen erzwingen. Angenehme Gefühle und wahre Dankbarkeit würden mir helfen meine Schwingung anzuheben und mein Herz immer weitreichender zu öffnen. Die Schwingung meines göttlichen Selbst wäre derartig hoch, dass es sich mir, mit all meinen menschlichen Begrenzungen und Verletzungen, nicht so einfach annähern könnte. Der Unterschied zwischen den beiden Ebenen wäre einfach zu groß.

Meine alten Verletzungen dürften heilen, ich dürfte neue Entscheidungen treffen und Erkenntnisse zulassen, um mich zunächst als Mensch an mein göttliches Selbst anzunähern. Ab einem gewissen Punkt meines Weges ginge es dann nicht mehr darum Verletzungen zu heilen, sondern nur noch darum, mein göttliches Selbst zu spüren und es anzunehmen. Alles Erlösen, Streben und Bemühen ginge auf den letzten Schritten des Weges in ein sanftes Annehmen und Zulassen über. Ich dürfte mich dann darin üben, mein göttliches Selbst durch mein menschliches Sein hindurch zu verwirklichen und es sich wieder frei in der Welt ausdrücken zu lassen, waren seine Worte. Dies wäre ein tiefer Akt des Zulassens und des Vertrauens. Alle verengenden Zustände wären dann erlöst und ich wäre als Mensch auf der Erde fähig, mein umfassendes Bewusstsein wieder in mir aufzunehmen.

Es wäre auch möglich gewesen, meine Göttlichkeit in sehr kurzer Zeit, durch jähe Erkenntnisse, zu verwirklichen. Doch für den Menschen in mir, der noch von schmerzhaften Gefühlen und Ansichten durchdrungen war, wäre ein plötzlicher Sprung in die pure Freiheit und Liebe, eine derart rasche Veränderung gewesen, die alles, was die Persönlichkeit in der gewohnten Begrenzung geprägt hatte, plötzlich hinweggenommen hätte. Ich hatte einen sanften Weg gewählt, denn ich wollte allen Gefühlsebenen meiner Persönlichkeit genügend Zeit schenken, um in Ruhe ausheilen und behutsam mit mir mitgehen zu können.

So ließ ich meine ungeduldige Erwartung weiter los und nahm die Dinge an, wie sie nun einmal waren. Ich übte mich in dem tiefen Vertrauen, dass mein göttliches Selbst mich stets versorgen würde. Ich wusste, es hatte mich auf diesen Weg geführt und es gab kein Zurückschreiten mehr. Mein Weg verlief immer weiter, zu dem einen Ziel: Die Verbindung meiner Göttlichkeit mit meinem menschlichen Sein. Und ich genoss jeden einzelnen Tag.

Die Göttlichkeit in der Dunkelheit

Noch immer erschien mir mein Aufstieg wie ein unbekanntes Land. Würde er vielleicht doch nicht möglich für mich sein? Wollte ich ihn nur, weil ich Jeshua in diesem Zustand erlebte?

Schmerzliche Zweifel durchbohrten mein Sein. Obwohl ich bereits so vieles erkannt hatte, schien es mir, als würden an diesem Punkt meine tiefsten Schatten und Begrenzungen erneut hervortreten. Sie erschienen nicht länger wie verschiedene verletzte Teile, sondern vielmehr wie ein einziges, umfassendes Gefühl von Trennung und Zweifel. Meine gesamte Schattenwelt wurde noch einmal spürbar. Ich hatte erneut eine Wahl: Würde ich zurückweichen oder würde ich weitergehen? In diesem tiefen Tal spürte ich erneut einen Impuls im Hintergrund, der mich Sicherheit fühlen und weitergehen ließ. Egal wie groß meine Zweifel auch waren, er ließ mich immer weiter voranschreiten.

Jeshua erklärte mir, dass an einem Punkt des Aufstiegsweges die Dunkelheit aus den Erfahrungen durchaus noch einmal zutage treten könnte. Es fühlte sich wie eine Ansammlung aller Schattenseiten an, die ich je erfahren hatte. Doch gerade aus allem, was ich je an mir ablehnt hatte, konnte ich die größten Kräfte entwickeln. Ich hatte bereits gelernt, Mangel in mir zu erlösen und mich mit allen wichtigen Bedürfnissen und Gefühlen selbst zu versorgen. Ich hatte bereits eine intensive Selbstliebe verwirklicht. Das Dunkel schien erneut hervorzutreten, um noch einmal bewusst anerkannt zu werden. Dieser Teil von mir hatte die Trennung von der Göttlichkeit erlebt und so viele Verletzungen auf sich genommen.

Inmitten der Dunkelheit erkannte ich irgendwann ein Licht. Im Grunde war der lichte Kern meiner Dunkelheit nichts anderes als die Ansammlung meiner Qualitäten, die ich auf der Erde noch nicht angenommen hatte. Qualitäten, die ich nicht nutzte, weil ich sie noch nicht erkannt hatte. Die Tatsache, dass ich sie nicht auslebte, erschuf überhaupt erst sämtliche Schatten. Ich hatte lange Zeit gebraucht, um aus meinen Ängsten herauszutreten und endlich meine wahre Kraft zu leben und noch länger hatte ich dafür benötigt meine Zweifel loszulassen, um Vertrauen in mir zu spüren. Langsam begriff ich. So vieles wurde mir in diesem Moment bewusst:

In dem Mantel meiner tiefsten Dunkelheit verbarg sich in Wahrheit meine abgelehnte und vergessene Göttlichkeit mit allen Qualitäten.

Was für eine Erkenntnis! Meine innere Dunkelheit trug tapfer alles mit sich, was ich je an mir abgelehnt hatte. Nahm ich meine Göttlichkeit wieder an, würde sich jegliche Dunkelheit zurück in ein Licht der Bewusstheit wandeln und der Erfahrungsweg hätte mich um sehr viel Weisheit bereichert. Ich ließ die Erkenntnis zu und sie veränderte erneut meinen Bewusstseinszustand. Ich dankte der Dunkelheit zutiefst, ich erkannte auch sie nun als einen Teil meines Seins, der sich für ganz besondere Erfahrungen zur Verfügung gestellt hatte.

Dieser Teil ermöglichte mir meine Qualitäten zu erkennen. Beide Zustände gehörten zu meinem vollständigen Sein.

In jedem Moment hatte ich die Wahl, mich entweder in den leidvollen Erfahrungen meiner Schatten zu verlieren oder ihre Aufforderung, meine Qualitäten und Kräfte zu leben, endlich anzunehmen und mir glückliche Erfahrungen zu erschaffen. Würde ich die Herausforderungen meines Lebens annehmen und sie meistern oder würde ich resignieren? Beide Möglichkeiten waren ganz einfach Erfahrungen und ich konnte meine Richtung jederzeit durch eine bewusste Entscheidung verändern.

Meine Dunkelheit war ein sehr guter Freund, der mir die Wahl anbot, meine göttlichen Eigenschaften zu leben, denn nur sie waren die ewige Wirklichkeit. Meine Dunkelheit ließ mich erkennen, welche Glückseligkeit ich leben konnte und verlieh meinen Erfahrungen eine ganz besondere Tiefe, die ich, nur im Lichtbewusstsein verbleibend, nicht hätte erkennen können. Nur weil ich einst auch Verluste erlebt hatte, konnte ich den umfassenden Segen grenzenlosen Vertrauens in jedem Teil meines Seins zutiefst spüren und schätzen. Meine göttlichen Qualitäten von Liebe, Vertrauen, Wertschätzung, Dankbarkeit, Frieden, Erfüllung, Glückseligkeit und so viele mehr wollten wieder gelebt werden. Zum ersten Mal konnte ich meine Dunkelheit annehmen, sie war ein Teil von mir, der sich auf die eine oder andere Weise ausdrücken konnte. Ich erlaubte auch diesem Teil von mir nun zutiefst, einfach nur mit mir zu sein.

Mein Dank erlöste die Schwere und meinen verbleibenden Kampf gegen meine Schattenseiten auf sehr tiefen Ebenen. In einer erlösenden Erkenntnis nahm ich sie an. Ich konnte mir selbst und anderen Wesen nun aus tiefstem Herzen für alle Erfahrungen vergeben. Ich erkannte, dass sich das göttliche Bewusstsein, in diesem Universum, in einem Ausdruck der gesonderten Formen erfuhr. Ohne einen dunkelblauen Nachthimmel, würde das Leuchten der einzelnen Sterne nicht sichtbar sein. Beide Ausdrucksformen gehörten zu dem vollständigen Ausdruck dazu. Hier, auf der Erde, konnten sie getrennt voneinander betrachtet werden.

Jeshua berichtete mir, es gäbe noch andere Universen mit ganz anderen Erfahrungs- und Ausdrucksmöglichkeiten, als die mir bisher bekannten Welten. Universen, die ich mir aus meiner jetzigen Perspektive heraus kaum vorstellen konnte, doch sie könnten von meinem Bewusstsein eines Tages, ebenso wie dieses Universum, erfahren werden. Der göttliche Ausdruck kennt keine Grenzen und erlebt sich durch alle Welten hindurch, fortwährend, immer wieder neue Schöpfung gebärend.

Heilmeditation: Heilung & Kraft aus glücklichen Leben schöpfen

Atme mit jedem Atemzug wohltuende Liebe ein. Erlaube, dass das liebevolle Gefühl deinen ganzen Körper erfüllt. Stelle dir vor, dass sich nun mit jedem Atemzug deine Schwingung erhöht. Wundervolle Engelbegleiter kommen zu dir und unterstützen dich. Bitte sie, deine Schwingungen zu erhöhen. Sie umarmen dich mit ihren leuchtenden Flügeln und tragen dich empor.

Lasse dich auf die Ebene deiner Gefühle ein und gib allen inneren Bildern und Assoziationen Raum.

Pause

Du kommst nun auf einer höher schwingenden Ebene an, die sich in einem angenehmen, farbigen Licht zeigt. Bade in ihrer weichen Energie. Ein heiliger Raum öffnet sich und offenbart dir einen Blick auf deine erfüllten und glücklichen Leben.

Dort erstrahlt das Licht deines göttlichen Selbst, wie eine Sonne, in hellem, goldenem Licht, so angenehm, dass es dich nicht blendet. Die göttliche Liebe strömt durch die leuchtende Sonne zu dir und berührt dich.

Du hattest sehr glückliche und erfüllte Leben auf der Erde, auch wenn du dich in diesem Moment nicht direkt zu erinnern vermagst. Dein göttliches Selbst lässt jetzt genügend Lichtinformationen zur dir fließen, die deine Erinnerung anregen und glückliche, erfüllte Inkarnationen in dir berühren. Das Licht berührt sie und sie leuchten wie Lichtpunkte um dich herum auf.

Nimm sie rund um dich herum wahr.

Pause

Beobachte die Lichtpunkte um dich herum. Sie sind durch feine Lichtkanäle mit dir verbunden. Jeder einzelne enthält Erinnerungen an ein erfülltes Leben.

Erlaube, dass alle glücklichen Gefühle zu dir fließen. Berühre die Lichtpunkte nun mit deinen inneren Händen und lasse ihre wohltuenden Energien zu dir strömen.

Angenehme und freudige Gefühle fließen zu dir, denn in jenen Leben konntest du deine Freude, Erfüllung und Liebe leben.

Erlaube, dass sie deinen Körper und dein Bewusstsein erfüllen.

In jenen Leben warst du deinem wahren Selbst ganz nahe. Du warst sicher und sanft in die Schöpfung eingebettet. Du fühltest dich willkommen und angenommen.

Spüre und empfange die heilsamen Gefühle.

Pause

Konzentriere dich nun auf einen der Lichtpunkte und bitte, dass Erinnerungen aus diesem erfüllten Leben zu dir fließen. Vielleicht kommen Bruchstücke von Bildern, Assoziationen oder einfach Gefühle und Energien zu dir. Alles, was jetzt zu dir fließt, ist genau richtig für dich. Vielleicht tauchen Sequenzen aus einem Leben auf der Erde, vielleicht aber auch aus ganz anderen Dimensionen auf. Vertraue deinen Wahrnehmungen. Nimm wahr und lasse geschehen.

Pause

Nimm nun noch einmal alle Lichtpunkte deiner erfüllten Leben gleichzeitig um dich herum wahr. Spüre in die Lichtfelder dieser Leben hinein, die dich umgeben.Erlaube, dass sie in Freude mit dir schwingen und ihre wundervollen Lebensqualitäten zu dir fließen. Bade in den wundervollen Energien deiner erfüllten Leben.

Pause

Alle angenehmen Eindrücke und Gefühle dürfen bei dir bleiben. Auch das bist du, auch das sind deine Erlebnisse. Auch wenn du vielleicht gerade schwierige Zeiten erlebst, so werden sich auch diese wieder wandeln. Auch wenn dieses Leben vielleicht gerade nicht leicht für dich ist, so kannst du es doch durch Erkenntnisse und Entscheidungen verändern und es wird Möglichkeiten für wundervolle Erlebnisse geben.

Stimme dich ruhig öfter auf deine glücklichen Leben ein und gib dir etwas Zeit. Allein ihre angenehmen Gefühle zu spüren, ist heilsam für dich und wirkt sich erlösend auf diejenigen Leben aus, in denen du Verletzungen erfahren hast.

Bade in den leichten, angenehmen Gefühlen. Lasse sie durch deinen Körper fließen und heile darin.

16

Eindrücke der Meisterschaft

»Auch der Meister weiß nicht, wie sich ein eröffnetes Potenzial in allen Details entwickelt. Er vertraut darauf, dass es ihm das Beste schenkt, und dieses Vertrauen ist tief in ihm verwirklicht. Er lebt den Moment und nimmt das Beste an, das ihm daraus geschenkt wird.«

Die Lichtebene des Aufstiegs

Mein weiteres Verweilen auf der Erde war ein Teil meines höheren Seelenplans. Auf einer sehr hohen Ebene meines Bewusstseins hatte ich einst beschlossen, das Licht der Erkenntnis der Göttlichkeit auf die Erde zu bringen und mich in dieser Freude zu erfahren. Dies war bereits zu den Zeiten Lemurias mein Wirken und danach folgten Inkarnationen, in denen ich etwas Ähnliches tat. Ebenso erschuf ich auch Leben, die mir allein dazu dienten meine Menschlichkeit sowie die Wirkweisen des Bewusstseins auf der Erde zu erfahren. Ich erhielt wertvolle Einblicke in Beziehungen und lernte eine Familie zu gründen.

Meine Leben als eine Botin der Quellessenz waren weise ausgewählt und mit den Lichtfrequenzen der Quelle fein abgestimmt. Sie wurden mit den Gruppen der Seelen, die diese Erfahrung mit mir teilen wollten, sorgfältig verabredet. In dieser Aufgabe boten wir anderen Seelen eine Rückverbindung zur Quelle an. Ein Licht, das ihrer Orientierung dienen würde, wenn sich ihr Bewusstsein bis an den äußersten Rand der Trennung hinausgewagt hätte. Die Erfahrungen auf der Erde würden so intensiv sein, dass sie eine Seele leicht vereinnahmen könnten. Man konnte sein wahres Sein vollkommen vergessen. Ohne eine Möglichkeit der Rückerinnerung an den freien Seinszustand, konnten die Identifikationen mit der irdischen Realität ein sehr langes Gefängnis für das einst freie Bewusstsein bleiben.

Dies war das Risiko der so verlockend erscheinenden Inkarnationen.

Die Energien der Erde übten eine einzigartige Faszination auf die Seelen aus. Das Miteinander und die Begegnungen in der unglaublichen Vielfalt dieser Welt erzeugten derartig kräftige Energien, dass die Seelen mit einem starken Verlangen darauf reagierten. Bilder blitzten in mir auf, in denen Seelen die Erde beobachteten und die Verlockung der Erlebnisse spürten. Ihre Freude und Begeisterung zog sie an und sie konnten es kaum erwarten, in die bunte Lebendigkeit einzutauchen.

Bereits vor der Erschaffung der Erde wurden sehr sorgfältige Verabredungen getroffen, die gewährleisten sollten, dass eine Seele, auch aus der tiefsten Illusion dieser Welt, wieder erwachen könnte. Die Leben und Wirkweisen auf anderen Planeten dieses Universums waren einfacher gestaltet, boten aber nicht die unglaubliche Tiefe an Erfahrungen wie jene auf der Erde.

Genau wie Jeshua erfuhr auch ich Beistand für meine Aufgabe. Als ich sie zu den Zeiten Lemurias ausübte, war ich nicht allein, sondern Teil einer großen Priesterschaft, deren Zweige später in Atlantis, Avalon, Ägypten, weiten Teilen Südamerikas und anderen Kulturen, fortbestehen sollte.

Gemeinsam mit anderen Aufgestiegenen Meistern der Erde betreue ich die Bewusstseinsebenen der Rückverbindung, die wie ein Lichtgewebe um die Erde liegen. Sie beinhalten Zugänge zu höchsten Lichttempeln, Wissen und Weisheit des Aufstiegs und unterstützen die inkarnierten Seelen. Sobald ein Mensch bereit ist, begleiten wir sein Erwachen und seinen Aufstieg. Zurückhaltend und weise ermöglichen wir ihm alle Freiheit und geben sanfte Impulse der Orientierung.

Der Zugang zu diesem Bewusstseinsfeld eröffnet sich jedem, der dazu bereit ist. Auf diesen Frequenzen wirken die Aufgestiegenen Meister, Engel und andere Helfer. Diese Lichtebene durchdringt das Energiefeld der Erde und durch dein fortschreitendes Erwachen trägst auch du deine Weisheit zu ihr bei. Jeder Einzelne erweitert sie durch seinen individuellen Erwachensweg, jeder Einzelne ist wichtig und so wird sie immer kraftvoller und unterstützt den Bewusstseinsaufstieg der gesamten Menschheit.

Ihre Schwingung schimmert durch diese Zeilen hindurch. Wenn du möchtest, bitte um deine Verbindung zu der Lichtebene des Aufstiegs. Fühle dich in dieses reine Feld hinein und lasse die Impulse zu dir fließen.

»Wir, die Aufgestiegenen Meister, haben unser Erwachen erlebt und begrüßen die Seelen, die ihren Weg hierher finden, in diesem freudigen Raum. Wir sind hier vom Anbeginn der Zeit, denn alles ist geführt von einem höchsten, göttlichen Plan. Unser geöffnetes Bewusstsein blickt durch die Dimensionen und so sind wir hier und gleichzeitig auch an anderen Orten, denn

alles sind Betrachtungsperspektiven unseres Bewusstseins. Wir haben das menschliche Sein selbst erfahren. Unsere Erfahrungen haben das Feld des Aufstiegs verstärkt und die heiligen Wissensbibliotheken der Erde erweitert, so wie auch die Erfahrungen deines Weges dieses tun. Eines Tages werden wir uns wieder umarmen, dann ist auch dein Bewusstsein aufgestiegen und deine Menschlichkeit hat sich mit deiner Göttlichkeit verbunden. Wir sind hier und empfangen dich. Wir sind mit dir und freuen uns auf dich. Wir freuen uns, wenn auch du wieder höchste Freuden erlebst!«

Eindrücke der Meisterschaft

Inzwischen ist eine Reifung der Menschheit geschehen und die Lichtspuren Jeshuas, wie auch meine und die vieler anderer Seelen, haben ihren Eindruck in den Realitätsebenen der Erde hinterlassen. In der heutigen Zeit sind die Schleier des Vergessens bereits sehr viel dünner geworden.

Der göttliche Plan des Aufstiegs der Menschheit verwirklicht sich. Die Einströmungen hochschwingender Energien werden auf der Erde immer deutlicher spürbar. Das Erwachen wird von den höchsten Ebenen unterstützt.

Durch die Inkarnationen sind die Seelen es so sehr gewohnt, den Fokus immer weiter zu verengen und nur noch auf bestimmte Ausschnitte der Realität zu blicken, während die multidimensionale, göttliche Wirklichkeit in den Hintergrund tritt. Damit wir die Erdenleben als derartig real erleben konnten, haben wir uns selbst so sehr in unserem freien Geist begrenzt. Niemand anderes hat uns ursprünglich auf diese Weise manipuliert. Die Trennung von unserem wahren Bewusstsein öffnete die Türen für Leid, Mangel und Manipulation auf der Erde. Wir hatten uns große Freuden und Abenteuer in der Realität der Erde versprochen und konnten sie auch erleben. Doch von Leben zu Leben verloren wir die Erinnerung an unsere göttliche Herkunft immer mehr und hielten die Realität der Erde für die einzige Möglichkeit unserer Existenz.

Diesen Zustand hatte ich bereits am eigenen Leib erfahren und als Maria Magdalena einen Punkt erreicht, an dem sich der göttliche Kern in meinem Herzen wieder regte, um mich zurück in meine Bewusstwerdung zu führen.

Ich war mehrfach bei Naturvölkern inkarniert und erlebte eine intensive Verbindung zur Natur. Ich vertiefte einen achtsamen Umgang mit den Geschenken und der Schönheit der Mutter Erde sowie ihren heilsamen Energien.

Wir achteten und ehrten die Ahnen, denn ihre reine Kraft würde uns stärken und weiter durch die Zeiten tragen, *um heutzutage eine der großartigsten Bewusstseinsöffnungen zu erleben, die auf der Erde möglich sind.*

Der Aufstieg bedeutet wahre Freiheit, der bislang begrenzte Fokus wird erweitert. Wir erleben uns wieder als frei und unabhängig und können das Quellbewusstsein durch uns selbst hindurch verwirklichen.

Die Verschmelzung des menschlichen mit dem göttlichen Selbst ist derartig intensiv und tiefgründig, dass es sogar eine vollkommen neue Ebene der Schöpfung eröffnet hat. Diese Schwelle wurde in diesem Universum bereits überschritten und wird uns allen einen prachtvollen weiteren Weg ermöglichen. Auf dieser Ebene werden völlig neue Kreationen von Erfahrungen möglich, die wir der Verschmelzung von Mensch und Göttlichkeit zu verdanken haben. Sie hat bereits neue Welten, »neue Erden« geboren, die alles bisher Erlebte verblassen lassen, derart umfassend sind ihre Schönheit und Intensität. Darauf können wir uns freuen, denn der Weg hat sich wahrlich gelohnt. Die neue Ebene ist bereits erschaffen und kann erlebt werden. In ihr sind die besonderen Qualitäten aus den menschlichen Erfahrungen mit der Göttlichkeit verbunden und schenken ein ganz neues multidimensionales Erleben in Verbindung mit der Liebe.

In stillen Momenten begann ich mir meiner Meisterschaft tiefer gewahr zu werden. In manchen Augenblicken war es, als träte eine weise und liebevoll erfüllte Präsenz hervor. Es waren erste Kontakte zu der Meisterin in mir, die bereits gereift war und nun lag es an mir, sie immer weiter hervortreten zu lassen.

Je weiter ich meine Begrenzungen und Widerstände losließ, desto mehr gab ich den Weg zu ihr frei. Je mehr Vertrauen ich zulassen konnte, desto näher kam sie mir. In manchen Momenten spürte ich ihre Weisheit ganz deutlich und sie schenkte mir einen Vorgeschmack auf meinen Aufstieg.

Ich durfte lernen auf meisterliche Weise mit meinem Leben umzugehen und elegante Lösungen zu finden, in denen ich stets mit den guten Gefühlen meines wahren Wesenskerns verbunden blieb.

Ich lernte meinen Emotionalkörper schrittweise zu meistern und nicht länger mit Ungeduld, Angst, Sorge, Wut oder ähnlichen Gefühlen auf Situationen zu reagieren, sondern mit Liebe, Verständnis, Annehmen, Loslassen, Leichtigkeit und weiteren göttlichen Qualitäten meines wahren Wesens.

Das Potenzial der Meisterin war bereits vor meiner Erdenreise vorhanden, denn es existieren alle Potenziale in der zeitlosen Schöpfung. Nun hatte ich den Weg meiner Reifung dorthin erlebt und stand kurz davor sie zu verwirklichen. Meine innere Meisterin war meine versammelte Weisheit und in den kommenden Schritten durfte ich lernen beiseite zu treten und ihr immer mehr Raum zu geben.

Manche meiner Tage waren außerordentlich intensiv. In vielen Momenten dachte ich es sei nun soweit und ich würde mich in einem einzigen jähen Durchbruch mit meiner Göttlichkeit vereinen. Doch ich zog mich wieder zurück und erlaubte mir immer noch nicht, dass es einfach geschah. Eine weitere Zeit lang überfüllte ich mich mit falschen Erwartungen und Vorstellungen. An manchen Tagen fühlte ich mich erneut getrennt und so steuerte ich eine ganze Zeit an dieser Schwelle entlang. Gefühle, dass es vielleicht ein einziges erlösendes Aufstiegsgefühl gab, bis hin zu dem Gedanken, dass es wohl vollkommen unmöglich sei, durchstreiften mein menschliches Sein.

Ich spürte irgendwann, dass sich mein Weg immer mehr auf einen einzigen Punkt der Verwirklichung auszurichten schien. Oft hatte ich tagelang das Gefühl, als sei ich bereits angekommen, während ich mich im nächsten Moment fast wieder wie zu Beginn meines Erwachensweges fühlte. Doch etwas reifte tief in mir.

Alle Ebenen meines Seins wollten in einem gemeinsamen Einverständnis in ein letztes, umfassendes Loslassen hineingehen. Ein einziger, tiefer Atemzug, in dem alle noch verbliebenen Fragen, Sorgen oder Belange einfach freigegeben würden. Ein einziger, tiefer Atemzug, der mir erlauben würde in einem heiligen, zeitlosen Moment meine Göttlichkeit wieder ganz in mir aufzunehmen. Immer mehr Teile von mir waren nun bereit in ein umfassendes Loslassen hineinzugehen.

Meine Göttlichkeit berührte den Menschen immer intensiver in mir und in diesem Lichte schritt ich weiter voran. In immer mehr Tagen und Nächten stieg diese Intensität an und beraubte mich manchmal fast meiner Sinne. Ich stand wie kurz vor dem größten Sprung meines Lebens, doch ich durfte akzeptieren, dass es noch nicht an der Zeit war. Ich spürte erneut, dass mich irgendetwas einfach immer weiter gehen ließ.

Mein Weg auf der Erde war noch nicht beendet und so öffnete ich mich für den nächsten Schritt …

Nachwort

Über Erwachen und Erleuchtung

Unser Erwachen beginnt zumeist mit einer tiefen Lebenskrise, die uns nach etwas suchen lässt, von dem wir zunächst kaum eine Vorstellung haben. Wir sehnen uns nach Liebe, Glück und Erfüllung und machen uns auf den Weg, sie zu finden. Diese Sehnsucht nach Glück ist der Weckruf unseres göttlichen Kerns im Herzen, der uns in die Rückverbindung mit unserem göttlichen Selbst führen möchte. Je mehr wir unsere alten, leidvollen Lebensgeschichten loslassen, negative Gefühle wandeln, neue Lebensentscheidungen treffen und dadurch unser Bewusstsein anheben, desto umfassender kommen wir mit unserem göttlichen Selbst in Kontakt. Es beginnt unser menschliches Sein zu erleuchten.

Anzeichen für diesen fortschreitenden Zustand sind, dass sich innerer Frieden einstellt und sich die aufgewühlten Gedanken beruhigen. Es werden keine Probleme mehr im Kopf gewälzt, sondern der Mensch löst sie unmittelbar über seine Gefühlsebene und kommt ganz dort an. Das Leben wird im Hier und Jetzt und von der Gefühlsebene aus erlebt.

Wir neigen dazu negative Emotionen aus alten Verletzungen zu unterdrücken, dadurch können sie sich nicht erlösen und wir leisten unbewusst Widerstand gegen unseren natürlichen Lebensfluss. In der Erleuchtung fließt das Leben wieder frei und ohne Widerstände durch den Menschen hindurch und wird in jedem Moment als erfüllend erlebt. Vollkommene Akzeptanz und Vertrauen stellen sich ein, Sorgen und Ängste verschwinden völlig. Das »kleine« menschliche Selbst vertraut sich dem «großen« göttlichen Selbst wieder an und lässt seine liebevolle Führung ganz natürlich geschehen.

Bewusstheit und Präsenz überwiegen nun den Verstand, Verhaltensmuster und Denkweisen, die dem Lebensglück im Wege stehen, werden sofort erkannt und wieder losgelassen. Jeder Lebensmoment wird im Hier und Jetzt angenommen und zutiefst genossen. Jede Handlung, jedes Gefühl, jeder Atemzug wird im Zustand des reinen Seins als zutiefst erfüllend erlebt. Ein erleuchteter Mensch bleibt im reinen Erleben, ohne sich irgendwelche Widerstände oder alte Lebensgeschichten im Weg stehen zu lassen. Es zeigt sich eine tiefste, innere Gelassenheit und auf einer Basis positiver Empfindungen werden nun, gemäß dem Resonanzgesetz, erfüllende äußere Umstände erlebt. Ein erleuchteter Mensch ist sich vollkommen bewusst, dass er seine Realität aus seinen Gefühlen und Einstellungen heraus selbst erschafft.

Das Herz blüht vollständig auf, für jedes Wesen und jedes Ding wird Liebe empfunden. In diesem Zustand wird die Ebene der Einheit erkannt, auf der alle Wesen der Schöpfung miteinander verbunden sind. Alle Gefühle der Trennung sind aufgehoben, die Liebe fließt wieder unbegrenzt und es finden keine Bewertungen mehr statt.

Erleuchtung wird zumeist schrittweise erreicht, vertieft und erweitert sich im Laufe der Zeit. Dies gibt dem Menschen genügend Zeit, diese Ebenen in sein alltägliches Sein zu integrieren. Höhenflüge und Gipfelerfahrungen können genauso gut auftauchen, doch wenn der Mensch seine verletzten Gefühle nicht geklärt hat, so kann ein solches Hochgefühl nicht dauerhaft integriert werden, und er wird wieder in seine negativen, unerlösten Gefühle und einen Bewusstseinszustand der Trennung zurücksinken.

Unsere sämtlichen Lebensprobleme beruhen im Kern auf verletzten Gefühlen. Wir haben erwartet, dass andere Menschen uns mit Liebe, Anerkennung, Fürsorge und ähnlichem versorgen, haben dadurch unsere Verantwortung abgegeben und uns für Verletzungen geöffnet. Wir dürfen, wie Maria Magdalena, lernen uns mit den gewünschten Gefühlen wieder vollkommen selbst zu versorgen und uns dadurch aus allen Abhängigkeiten zu lösen. Wir können nicht andere Menschen, sondern nur uns selbst verändern. Verändern wir unsere Gefühle und Überzeugungen und damit unsere Resonanzen, so können andere Menschen uns wieder ihre »Schokoladenseite« zeigen, und wir können tatsächlich einen ganz neuen Umgang mit ihnen erleben.

Während des Erwachens öffnen wir uns schrittweise der Navigation unseres göttlichen Selbst. In dieser Verbindung erfahren wir eine faszinierende Synchronizität, die genau die passenden Begegnungen, Situationen und Erlebnisse in unser Leben bringt. Wir erleben einen leichten, freudigen Lebensfluss ohne Anstrengung und sind mit allem versorgt, was wir benötigen.

Wir erkennen, dass wir in uns selbst vollständig sind, und dass unsere vermeintliche Unvollkommenheit in Wahrheit vollkommen ist. Wir haben alle Identifikationen losgelassen und können wieder die positiven Gefühle, die zu unserem göttlichen Selbst gehören, fühlen und leben. Wir sind mit der Liebe im Einklang und erleben ein Leben, das vollkommen unabhängig von allen äußeren Umständen ist. Dies ist die vollkommene Freiheit des Seins: der glückselige Liebes- und Lebensstrom unseres göttlichen Selbst fließt frei durch uns hindurch.

Erleuchtung führt nicht dazu, dass wir den Planeten oder das Leben verlassen möchten, sondern ganz im Gegenteil, können wir erst in diesem Zustand das Leben auf der Erde wirklich zutiefst annehmen, seine vieldimensionale Schönheit fühlen und genießen.

Wir sind zur Erde gekommen, um uns in einem menschlichen Leben, eingebettet in Beziehungen zu anderen Wesen und der Erde, zu erfahren. Dies ist eine größte Freude unseres göttlichen Selbst und der wahre Grund, weshalb wir hier sind. Ein Wunsch, möglichst schnell wieder von diesem Planeten zu verschwinden, weil in der Geistigen Welt alles vermeintlich besser erscheint, wäre lediglich aus alten Wunden geboren und würde zeigen, dass wir bestimmte Gefühle noch ablehnen und in Widerständen haften geblieben sind. In einem erleuchteten Zustand erleben wir das Leben, jenseits von Leid, auf einer Basis reinster Liebe und Freude. Man könnte auch sagen, erst von dort aus macht es so richtig Spaß!

Die Erleuchtung, unser Aufstieg, das Erwachen oder wie immer wir es nennen möchten, ist kein Endpunkt. Unsere Entwicklung geht in der unendlichen Schöpfung immer weiter und wird sich fortlaufend auf höheren Ebenen immer wieder neu entfalten. Das größte Geschenk, das wir uns selbst und unserer Göttlichkeit machen können ist es, sie wieder anzunehmen, sie in jedem wundervollen Moment unseres Lebens auszudrücken und zu genießen. Jeder Mensch erfährt seinen ganz individuellen Erwachensweg, der genau die richtigen Stationen und Geschenke für ihn mitbringen wird. Wir können uns und unserem Weg jederzeit vertrauen.

Auch ich durfte in meinem Leben schrittweise lernen, mich aus selbsterschaffenem Leid in allen Lebensbereichen zu befreien, mich für meine Göttlichkeit zu öffnen und darf heute ein erfülltes und glückliches Leben genießen. Jeder einzelne Schritt auf meinem Weg war wichtig und hat mir Bewusstseinserweiterungen und Impulse geschenkt, die ich heute mit anderen Menschen teilen kann. Ich möchte gerne aus eigener Erfahrung sagen, dass das Erwachen das Schönste ist, was uns passieren kann, es schenkt uns wahre Freiheit und ermöglicht ein ganz neues Lebensempfinden tiefsten Glücks. Das Leben kann endlich leicht, freudig und anmutig fließen, so wie es ursprünglich gemeint war.

Dies ist der nächste Evolutionsschritt für die Menschheit, der bereits im Gange ist, verwirklicht werden kann und möchte!

Danksagung

Ich danke meinem Verlobten aus tiefstem Herzen für seine liebevolle und geduldige Unterstützung. Danke, mein liebster Schatz, dass du mir deine ganze Liebe schenkst.

Und ich danke meinen Weggefährten Heidemarie und Ansgar für ihre Freundschaft und spirituelle Unterstützung auf meinem Weg durch ihre wunderbaren Fähigkeiten. Wir können uns auf unserem Weg gegenseitig so reich beschenken.

Ich danke Mutter Erde, mit ihren atemberaubenden Naturwundern, für ihre tägliche, lebendige Inspiration und ihre unglaubliche Schönheit, die mein Herz immer wieder aufs Neue erweitert und begeistert. Ich danke meiner Familie und allen Menschen, die auf irgendeine Weise Teile meines Lebens sind. Es ist so wunderbar, dass es euch gibt …

Danke aus vollem Herzen!

Tanja Matthöfer

wirkt als Channelmedium, spirituelle Lehrerin und Seminarleiterin in Velbert. Bereits seit ihrer Kindheit hellfühlig, ist sie mit großer Liebe der Natur und dem Leben verbunden. Nach einer Nahtoderfahrung entstanden in ihrer Jugend erste Kontakte zu Verstorbenen. Daraus entwickelte sich eine große Liebe und Hingabe, Seelen ins Licht zu begleiten und dadurch Klärungsprozesse und Erdheilungen zu unterstützen. Durch eine lebensverändernde Begegnung mit einem Engel wurde die Verbindung zu den Bewusstseinsebenen der Quelle und die Fähigkeit des Channelns wieder geöffnet. Sie ging einen bewussten Weg der Selbstbefreiung und lernte dabei, ihr Leben von Grund auf glücklich und liebevoll neu zu gestalten. Seit 2007 begleitet sie Menschen dabei, erhöhte Bewusstseinszustände zu öffnen, ihre Medialität zu schulen, Lebensblockaden zu erlösen und ein erfülltes, selbstbestimmtes Leben zu erschaffen. Sie ist eng mit der Essenz der göttlichen Quelle, Engeln und Aufgestiegenen Meistern verbunden, empfängt neues Wissen und vermittelt göttliche Impulse in der Zeit des Aufstiegs und der Meisterschaft auf der Erde.

»Von Herzen möchte ich Menschen inspirieren und unterstützen, ihr Herz und Bewusstsein in einer Zeit des Wandels zu öffnen und ihre Göttlichkeit auf Erden zu leben.«

www.channel-balance.de

Tanja Matthöfer

MARIA MAGDALENA

Herzensweg und Leben im aufgestiegenen Sein

AMRA Verlag, ISBN 978-3-95447-414-1
Hardcover, Leseband, 240 Seiten
€ [D] 22,99; auch als eBook!

... die Geschichte der Herzensgöttin geht weiter ...

Ihr Weg auf der Erde ist noch nicht zu Ende gegangen. Und auch dieses »Ende« ist lediglich der Beginn eines noch viel größeren und umfassenderen Erlebens in allen nur erdenklichen Schöpfungswelten.

Maria Magdalena schenkt uns weitere Einblicke in den wohl faszinierendsten Wandlungsprozess, den wir als Mensch auf der Erde erleben können. Ihr Aufstieg bis zur Erleuchtung verwirklicht sich!

Einblicke in ihre verschiedenen Leben zeichnen ein immer umfassenderes Bild ihres multidimensionalen Seins. Sie beginnt die atemberaubende Schönheit der Existenz zu begreifen, eingebettet in die ewige Liebe der Einen Quelle.

Tief berührende Spannung, die inspiriert!

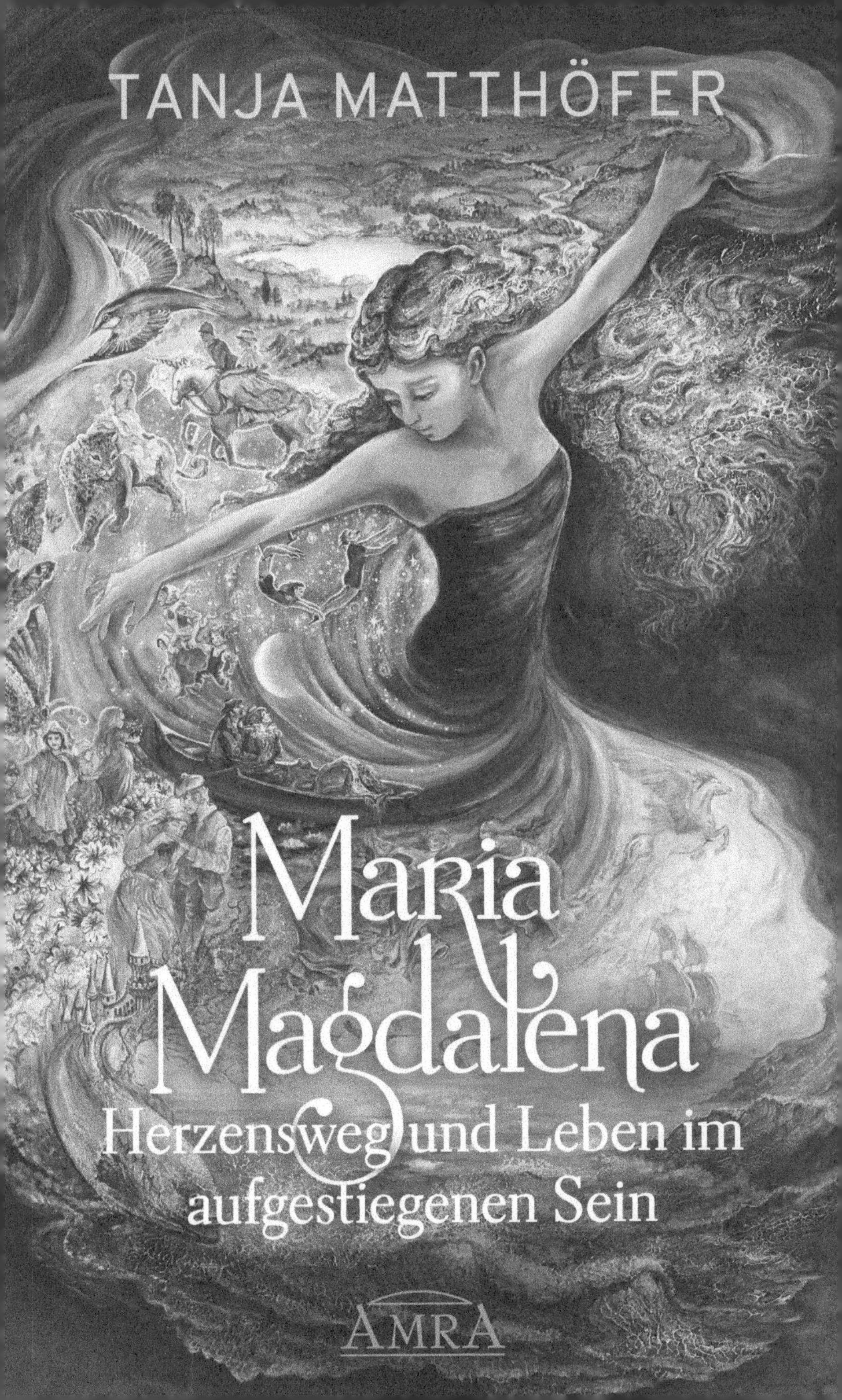
TANJA MATTHÖFER
Maria Magdalena
Herzensweg und Leben im aufgestiegenen Sein
AMRA

Kerstin Simoné
THOTH – PROJEKT MENSCHHEIT:
Im All-Tag. Arbeitsbuch für die Jetzt-Zeit
224 Seiten, gebunden, oranges Leseband
€ [D] 22,99 / € [A] 23,70 • ISBN 978-3-95447-416-5

Damit die neue Ära der Menschheitsgeschichte ihren Einzug halten kann, bedarf es Menschen, die tiefes Wissen und vollkommene Liebe für sich anwenden und zur gelebten Weisheit geleiten. Dieses Arbeitsbuch erläutert die wichtigsten Schlüssel für die Meisterschaft des Lichts und ihre praktische Anwendung, von den sieben Siegeln und Schöpfungsgöttern bis zu den Pforten in uns selbst. Das Ziel ist die Anpassung an das neue Frequenzfeld der Erde in Leichtigkeit.

Überarbeitete und erweiterte Neuausgabe!

Christine Woydt
SAINT GERMAIN –
Dein Aufstieg in die Meisterschaft
Ein Leitfaden von A-Z
416 Seiten, gebunden, oranges Leseband
€ [D] 24,99 / € [A] 25,70 • ISBN 978-3-95447-405-9

Saint Germain reinigt dich mit seiner violetten Flamme und führt dich durch zahlreiche Übungen zunächst nach innen, so dass du ganz neue Erkenntnisse über dich selbst empfangen kannst. Das unterstützt dich dabei, zur Selbstermächtigung zu gelangen, was zur Herzöffnung und zur Entfaltung deiner Schöpferkraft führt.

Du gewinnst neue Fähigkeiten der Manifestation.

Susanne Hirsch
HEILSEIN – Die Kraft deiner lebendigen Emotionen
Botschaften und Meditationen von Djwal Kuhl
240 Seiten, gebunden, oranges Leseband
€ [D] 19,99 / € [A] 20,60 • ISBN 978-3-95447-373-1

Der Aufgestiegene Meister Djwal Kuhl beschreibt zahlreiche positive Emotionen, die anschließend mit einer Meditation im Körper lebendig gemacht werden. So werden wir mit unserer wahren Essenz verbunden und können unsere positive Kraft in den Alltag fließen lassen. Dieses gechannelte Buch hilft uns, ein wundervolles, freudvolles und friedliches Leben zu erschaffen.

Mit einem Vorwort und Nachwort des Maha Chohan, der die Kommunikation auf Herzebene stärkt.

Neue Botschaften regelmäßig auf www.AmraVerlag.de